rororo

«Tut mir leid, du musst ran. Wir haben eine erstochene Frau in Witten. Sieht aber nicht nach einem komplizierten Fall aus, der Täter hat sich bereits gestellt.»
Auch wenn es verrückt klingt: Ich war trotz der schlimmen Tat erst einmal erleichtert. Bei Tötungsdelikten dieser Art sagen wir Ermittler: «Der Mörder sitzt auf der Leiche.»
Nach drei Tagen hatten wir den Fall mehr oder weniger abgeschlossen. Der Täter saß in U-Haft. Er war geständig, die Beweise waren eindeutig, und wir hatten ein klares Motiv – verschmähte Liebe. Dass Motive aber auch abstrus und unfassbar sein können, sollte ich schon ganz bald erfahren. Sehr bald. Im Grunde am selben Tag …

Nach seinem Studium zum Kriminalkommissar wurde Axel Pütter 1988 Mitglied, 1994 Leiter einer Mordkommission und 2002 stellvertretender Dienststellenleiter im Fachkommissariat für Tötungsdelikte bei der Polizei Bochum. Gleichzeitig war er Dozent für Kriminologie, Kriminalistik und Rechtskunde. Heute ist er Leiter der Pressestelle des Polizeipräsidiums Bochum.

VORWORT

Ein Buch über meine Arbeit zu schreiben ist für mich ein großes Glück. Es bietet die Möglichkeit, meinen phantastischen Beruf mit seinen verschiedenen Facetten anderen Menschen näherzubringen. So kann ich seine Freuden verdeutlichen, aber auch, wie psychisch belastend es sein kann, festzustellen, dass es Personen gibt, die Lust dabei verspüren, jemanden auf brutale Weise zu töten. Ich kann zeigen, wie es ist, einen Täter festzunehmen, den es erregt, wenn er nachts durch dunkle Straßen fährt, Frauen auf ihrem Heimweg folgt und sie dann niedersticht. Wenn ein nach außen hin «normaler» Familienvater aus Verzweiflung zum grausamen Mörder an seiner Frau und seinen Kindern wird. Oder dass manchmal nur Bruchteile von Sekunden, der pure Zufall oder vielleicht das Schicksal zwischen Leben und Tod entscheiden.

Besonders wichtig ist für mich, darzustellen, dass die Polizei einen entscheidenden Beitrag zu unserer aller Sicherheit leistet. Polizeiliche Arbeit bedeutet für mich aber auch: Leidenschaft bei den Ermittlungen, ein unbändiger Wille, Verbrechen aufzuklären, und nicht zuletzt Teamgeist. Nahezu unfassbar sind die Glücksmomente, die ich gemeinsam mit meinen Kollegen erlebte, wenn wir endlich einen Täter hatten. Oder der

Verdächtige gerade ein Geständnis ablegte. Diese Zeit als Leiter einer Mordkommission war für mich die Erfüllung meines beruflichen Lebens.

Allerdings musste ich feststellen, dass der Stress nach fast einundzwanzig Jahren Mordermittlung und mit zunehmendem Alter größer wurde. Aus diesem Grund suchte ich zuletzt eine neue Herausforderung – und fand sie. Als Pressesprecher des Polizeipräsidiums Bochum habe ich jetzt die wunderbare Aufgabe, die Erfolge meiner Kollegen von der Schutzpolizei und der Kripo der Öffentlichkeit bekannt zu geben. Manchmal, wenn meine alten «Weggefährten» einen spektakulären Mord zu ermitteln haben, spüre ich in mir ein wenig Wehmut, nicht mehr richtig dabei sein zu können.

Ich möchte mich aber auch bedanken. Bei den Menschen, die mich auf meinem beruflichen Weg begleitet und beim Schreiben dieses Buchs unterstützt haben. Als Erstes fallen mir da meine Kollegen und Freunde meiner Mordkommission V und aus dem Kriminalkommissariat 11 ein. Weiterhin die Staatsanwälte, mit denen ich immer vertrauensvoll zusammengearbeitet habe, sowie die Rechtsmediziner, die uns Ermittlern häufig mit ihrem großen Wissen weitergeholfen haben.

Nicht zuletzt möchte ich mich bei meiner Familie bedanken, die mich während laufender Mordkommissionen oft entbehren musste und ohne deren Unterstützung ich das alles nie hätte leisten und verarbeiten können.

// Eine blutige Woche //

Fall 1

DAS EHEDRAMA

Wie immer fahre ich alleine zum Tatort. Ein Mann soll seine Frau mit einem Messer getötet und sich anschließend bei der Polizei gestellt haben. Jetzt sitzt der Verdächtige in einer Zelle der Polizeiwache Witten.

Meine Kollegen von der Mordkommission – auch MK genannt – habe ich vor dem Einsatz in mehrere Teams aufgeteilt. Auch sie sind auf dem Weg zum Tatort, denn jeder Beamte der MK muss wissen, wie es dort aussieht. In den Vernehmungen von Beschuldigten oder Zeugen können so alle genau nachvollziehen, ob die jeweilige Aussage überhaupt zum Spurenbild am Tatort passt.

In der Kreispolizeibehörde Bochum, dazu gehören auch die Städte Witten und Herne, gibt es insgesamt sechs Mordkommissionen. Von diesen sechs MKs hat eine immer eine Woche lang Bereitschaft. Passiert also ein Mord, wird die entsprechende Kommission eingesetzt. Es ist also Zufall, welche Tötungsdelikte wer von uns aufklären muss.

Eine Mordkommission besteht aus einem MK-Leiter und sechs Ermittlern, die aus verschiedenen Kommissariaten kommen. Sie müssen während des Einsatzes ihre normale Tätigkeit liegenlassen und sind bis zum Schluss der Ermittlungen mit dem Morddelikt beschäftigt. Ist ein Fall besonders spektakulär oder aufwendig, kann eine MK auch deutlich aufgestockt werden, dann arbeiten manchmal bis zu dreißig Beamte an der Aufklärung.

Die einzelnen Kriminalkommissariate unterscheiden sich durch die Sachgebiete, für die sie zuständig sind, das KK 12 zum Beispiel für Sexualdelikte, das KK 13 für Raubdelikte, und das KK 14 behandelt Wohnungseinbrüche.

Einer von den sechs MK-Leitern in Bochum bin ich. Mein Name ist Axel Pütter. Ich bin Kriminalhauptkommissar, siebenundfünfzig Jahre alt, in zweiter Ehe verheiratet und habe einen erwachsenen Sohn sowie eine Stieftochter. Mein Kriminalkommissariat ist das KK 11. Hier werden Todesermittlungsverfahren, Brand-, Waffen- und Sprengstoffdelikte sowie Vermisstenfälle bearbeitet, aber auch die sechs Mordkommissionen sind dem KK 11 unterstellt. Wenn also eine Leichensache anfällt, sind meine Kollegen und ich vor Ort. Wir entscheiden dann, ob eine Mordkommission eingesetzt werden muss oder nicht. Im Fall der erstochenen Frau ist es so. Ich leite die Mordkommission V – und die hat gerade Bereitschaft.

Es ist Dienstag, der 4. Dezember 2001. Zu meinem Team gehören Michael Kusemann, genannt Micha, und Tommi Flake. Nach der Tatortbesichtigung sollen sie auf der Wache den Beschuldigten vernehmen. Micha vertritt mich als MK-Leiter, wenn ich aus irgendeinem Grund ausfalle. Er ist knapp zehn Jahre jünger als ich, und schon viele Jahre arbeiten wir vertrauensvoll im KK 11 zusammen – auf ihn kann ich mich hundertprozentig verlassen. Tommi ist ein großgewachsener, breitschultriger Kollege. Ein Gemütsmensch, immer ruhig und ausgeglichen. Wegen seiner imposanten Erscheinung und seines Wesens ist sein Spitzname «Hightower», benannt nach der gleichnamigen Figur aus den *Police Academy*-Filmen.

Während der Fahrt denke ich daran, dass sich Rolf Schwake und Volker Damberg den großen Kombi genommen haben, in dem die komplette Ausrüstung für die Spurensicherung liegt. Rolf arbeitet beim KK 13 und Volker beim Erkennungsdienst (ED). Sie werden noch vor der Tatortbesichtigung den mutmaßlichen Täter in seiner Zelle aufsuchen, um an seiner Kleidung und am Körper Kampf- sowie DNA- und Faserspuren zu sichern. Danach werden sie die Spuren am Tatort sichern, um sie miteinander zu vergleichen. Rolf ist auch ein Mann mit Gardemaß. Er ist knapp 1,90 Meter groß und schlank, immer hat er einen lustigen Spruch auf den Lippen.

Guido Meng und Robert bilden das dritte Team. Guido ist ein durchtrainierter Sportler, der eine Leidenschaft fürs Drachenbootrennen entwickelt hat. Ein Mann Mitte dreißig mit extrem spärlichem Haarwuchs. Man könnte auch sagen, dass Guido eine Glatze hat. Zu ihm passt sie aber, sie macht ihn zu einem echten Typen. Robert ist der Oldie in unserer Truppe. Sein Humor ist meist von leichter Ironie durchsetzt. Er kleidet sich sehr salopp und denkt bei den Ermittlungen auch gern in eine andere Richtung. Auch nimmt er kein Blatt vor den Mund. Als Mann mit großer Erfahrung ist er eine Bereicherung für meine MK.

Guido und Robert haben den Auftrag, Klinken zu putzen und im Haus der getöteten Frau die stets gleichen Fragen eines Ermittlers zu stellen: Wer hat was gehört? Wer hat was gesehen? Wer kann etwas zum Motiv sagen? Es sind die Fragen, die einem Kriminalbeamten nach vielen Berufsjahren nahezu automatisch durch den Kopf schwirren.

Ich muss daran denken, wie erst vor einer Stunde mein Diensthandy geklingelt hat. Ich saß schon zu Hause auf der Couch, die *Tagesschau* lief. Eigentlich war klar, dass etwas passieren musste. Da ich diese Woche mit meiner Mordkommission Bereitschaftsdienst hatte, war es absehbar. Meist geschieht dann etwas.

Ein Kollege der Kriminalwache, der K-Wache, war am anderen Ende der Leitung. Elo erklärte mir kurz, was geschehen war: «Tut mir leid, du musst ran. Wir haben eine erstochene Frau in Witten. Sieht aber nicht nach einem komplizierten Fall aus, der Täter hat sich bereits gestellt.» Auch wenn es verrückt klingt: Ich war trotz der schlimmen Tat erst einmal erleichtert. Und dachte: Hier müssen wir nicht lange nach einem Täter suchen, anscheinend ist er bekannt. Bei Tötungsdelikten dieser Art sagen wir Ermittler: «Der Mörder sitzt auf der Leiche.» Das hört sich makaber an, aber die manchmal zynische Weise, über persönliche Schicksale zu sprechen, ist auch ein Schutzschild. Damit die Tragik, die sich hinter jedem Verbrechen oder Unglück verbirgt, einen nicht zu emotional trifft. Nicht selten kommt es vor, dass sich Kollegen ein anderes Tätigkeitsfeld innerhalb der Polizei suchen, weil sie bestimmte Erlebnisse nicht richtig verarbeiten konnten.

Elo, der mich angerufen hat, ist Dienstgruppenleiter der Kriminalwache, im Polizeideutsch: der DGL der K-Wache. Die liegt im ersten Obergeschoss des Altbaus in unserem Polizeipräsidium in Bochum. Hier sind im Spät- und Nachtdienst Kollegen tätig, die bei größeren Straftaten kurz nach den uniformierten Beamten am Tatort eintreffen und sofort mit den ersten Ermittlungen beginnen. Diese Ergebnisse übergeben sie später an die zuständigen Kommissariate. Oder sie werden, wie in diesem Fall, von der Mordkommission bereits am Tatort abgelöst.

Sofort habe ich sein Bild vor Augen: Elos rotblonde Stoppelhaare sind auffällig, ansonsten ist der Mittvierziger eher zurückhaltend. Seine Ruhe überträgt sich auch auf die Kollegen, was in hektischen Situationen sehr angenehm ist. Am Telefon erklärte er genauer, wer der Tatverdächtige ist: «Es handelt sich um den Ehemann. Der hat selbst den Notruf gewählt und sich dann widerstandslos am Tatort festnehmen lassen. Und genau das macht die Sache einfach.»

Bevor Elo auflegte, bat ich ihn, den Erkennungsdienst zu informieren und alle Mitarbeiter der MK zur K-Wache zu schicken. Seine Antwort: «Klar, mach ich. Und ich werde auch die Kollegen der Wache Witten bitten, dass sie vom mutmaßlichen Täter Blutproben nehmen. Die kennen sich mit den Formularen besser aus als wir. Schließlich machen sie oft genug Blutproben von angetrunkenen Autofahrern.» Es ist toll, dass ich einen solchen Kollegen habe, denn andernfalls hätte ich mich selbst darum kümmern müssen.

Es war genau 20.08 Uhr, als Elo auflegte. Sofort schaltete ich den Fernseher aus, ich hatte etwas anderes vor: Ich musste die Nacht durcharbeiten. Schnell nahm ich mir noch einen Apfel aus dem Obstkorb auf dem Küchentisch, setzte mich in meinen Wagen und fuhr zum Polizeipräsidium. Als Erstes begrüßte ich die Kollegen auf der K-Wache, danach schenkte ich mir einen heißen Kaffee ein und suchte Elo auf.

«Was wissen wir denn bislang?», fragte ich.

«Wie gesagt, in Witten-Bommern ist eine Frau in ihrer Wohnung erstochen aufgefunden worden. Vermutlich hat sich der von ihr getrennt lebende Ehemann nicht damit abfinden können, dass sie nicht zu ihm zurückwollte. Nach der Tat alarmierte er uns dann.»

Elo erzählte weiter: Angehörige des Opfers, die sofort benachrichtigt worden waren, hätten den ersten am Tatort eingetroffenen Polizisten berichtet, der Mann hätte seiner Frau in den letzten Wochen immer wieder aufgelauert und sie nahezu auf Schritt und Tritt verfolgt. «Ja, und das Verrückte ist:

Heute Abend hatten sich die beiden in ihrer Wohnung verabredet, nachdem die Frau diesem Treffen zugestimmt hatte – das war ihr Unglück. Den Verwandten zufolge wollte sie sich mit ihm aussprechen. Sie hatte wohl die Hoffnung, ihn überzeugen zu können, sie doch endlich in Ruhe zu lassen.» Offensichtlich ein fataler Irrtum. Elo fuhr fort: «Nach ersten Spuren und seinen Angaben soll er mit einem Messer auf seine Frau eingestochen und sie dabei getötet haben. Sollte er das Messer mitgebracht haben – bislang wurde die Tatwaffe noch nicht gefunden –, können wir ihm unterstellen, dass er von vornherein die Absicht hatte, sie umzubringen, würde sie nicht bereit sein, wieder zu ihm zurückzukehren.»

Ich konnte ihm nur zustimmen. Keiner, der nach einer friedlichen Lösung sucht, nimmt zu einer Aussprache ein Messer mit. «Doch das müssen wir ihm erst einmal beweisen», sagte ich. «Stimmt nämlich diese Annahme, würde das den verschmähten Ehemann zum Mörder machen. In einem Prozess würde er nicht mehr als Totschläger davonkommen.» Der Unterschied zwischen den beiden Straftaten liegt darin, dass einem Mörder sogenannte Mordmerkmale nachgewiesen werden können. Im Rahmen einer Tötung können das Habgier, Heimtücke, überhaupt niedere Beweggründe sein. Bei Totschlag handelt es sich häufig um Taten im Affekt.

Mir schoss durch den Kopf: Haben wir es mit dem Eifersuchtswahn eines verlassenen Ehemannes zu tun? Sollte er wirklich nach dem Motto gehandelt haben: «Wenn ich dich nicht mehr haben kann, soll dich auch kein anderer mehr bekommen»? Wie krank ist das eigentlich? Oder hat ihn die verletzte Eitelkeit zu einer Tat getrieben, die ihm sonst nie einer zutrauen würde? Wie auch immer: Verschmähte Liebe ist eines der ältesten Mordmotive.

Auf dem Präsidium trafen jetzt im Minutentakt meine Kollegen der Mordkommission ein. Schnell verteilte ich die Arbeit: «Micha, du kümmerst dich mit Tommi um den Beschuldigten. Denk daran, wir stellen alle Bekleidungsgegenstände bei ihm sicher, und lass sie dann von Rolf oder Volker asservieren.» Am Tatort Spuren sichern, wir nennen das in unserem Polizeideutsch asservieren. Eine extrem wichtige Arbeit ist das, denn diese Spuren überführen später häufig den Täter. Es sind objektive Beweise, die genauso viel zählen wie ein eindeutiger Fingerabdruck. Fragend schaute ich schließlich in die Runde: «Wer übernimmt den Tatort?» Niemand meldete sich freiwillig. Natürlich. Den Tatort aufzunehmen, das macht meist keiner gern. Damit sind viele Mühen verbunden, und am Ende findet dann irgendein Rechtsanwalt oder Richter während der Gerichtsverhandlung doch noch einen vermeintlichen Fehler. In einem Tatortbericht stehen nämlich sämtliche Details, die für die Rekonstruktion eines Tatgeschehens wichtig sein können. Manchmal ist es sogar erforderlich, den gesamten Hausstand mit Tellern, Tassen und Messern zu zählen, zu beschreiben und zu fotografieren. Man weiß eben vorher nie, auf was man alles achten muss.

Rolf ist normalerweise beim KK 13, dort bearbeitet er täglich Raub- und Einbruchsdelikte. Als «erfahrener Einbrecher und Räuber» wurde er deshalb von mir zum Tatortmann bestimmt. Widerstand zwecklos. Der Grund ist einfach: Beim KK 13 muss man fast jeden Tag Einbruchstatorte aufnehmen, deshalb beherrschen die «13er-Kollegen» die Tatortaufnahme wie kaum andere. Und Rolf vom KK 13 gehört zugleich zu meiner Mordkommission. Ihm zur Seite stellte ich Volker. Sein Vater war auch schon bei der Polizei, seine Familie ist eine richtige Polizistenfamilie.

Nach der Fahrt durch nahezu leere Straßen komme ich am Tatgebäude an. Ein graues Mehrfamilienhaus an einer Hauptstraße in Witten-Bommern. Früher war die Fassade wahrscheinlich einmal weiß gewesen, nun blättert überall die Farbe ab. Auch die Eingangstür hat schon bessere Tage gesehen. Sie ist nur angelehnt, sodass wir nicht klingeln müssen. Die Kollegen der Polizeiwache Witten haben vorsorglich einen Holzkeil zwischen Türrahmen und Tür geklemmt. So können die nacheinander eintreffenden Kollegen schnell ins Haus kommen. Die Wohnung, in der die Frau getötet wurde, liegt im ersten Obergeschoss. Das Treppenhaus sieht ordentlich aus, wie ich feststelle. Es riecht, als hätte heute jemand gewischt. Jedenfalls erschnuppere ich den schwachen Zitronenduft eines Reinigungsmittels.

Vor der Wohnung werde ich bereits erwartet: Zwei Kollegen der K-Wache und die Staatsanwältin stehen auf dem Treppenabsatz. «'n Abend!» Ich begrüße jeden mit Handschlag. Danach frage ich die Kripo-Kollegen: «Was könnt ihr uns sagen, was habt ihr schon gemacht?» Nach einigen kurzen Erklärungen zeigt sich Freude auf ihren Gesichtern. Das ist auch kein Wunder. Seit anderthalb Stunden warten sie auf die Übergabe, nun wollen sie nur noch zurück auf die Wache und einen heißen Kaffee trinken, wie sie zum Abschied sagen. In diesem Augenblick merke ich, dass es im Treppenhaus von irgendwoher unangenehm zieht.

Die Beamten haben – davon überzeuge ich mich jetzt selbst – alles abgesichert, damit keine Spuren zerstört werden können. Was passiert ist, weiß ich ja schon, und wirklich Neues hat sich in der Zwischenzeit nicht ergeben. Die Kollegen werden auf der Wache aber nicht nur Kaffee trinken, sondern auch einen Bericht schreiben. Morgen früh werde ich ihn als Erstes in meinem Büro lesen.

Ich wende mich der Staatsanwältin zu. Silvia Hartmann hat heute ihren ersten Fall als Kapitaldezernentin. Sie ist schlank und kleiner als ich, irgendwie wirkt sie zart besaitet. Aber das täuscht. Normalerweise arbeitet sie in der Abteilung «Kinderpornographie». Ein harter Job. Ich will gar nicht wissen, was sie schon alles erlebt und gesehen hat. Keinesfalls möchte ich mit ihr tauschen. Das Sachgebiet meiner Kollegen vom Kriminalkommissariat 12, gern auch Sitte genannt, wäre absolut nichts für mich. Niemals, dann schon lieber meine Leichen ... oder Mörder.

Ein einziges Mal hatte ich einen Sittentäter vor mir sitzen. Er hatte ein siebenjähriges Mädchen missbraucht und fast totgeschlagen. Ich musste mich damals sehr beherrschen, um nicht laut zu werden. Dieser Mensch wollte einfach nicht mehr wissen, dass er das getan hatte. Er sprach von einer plötzlichen Amnesie, einer Krankheit. Eine Ausrede, wie es in psychiatrischen Gutachten später auch bestätigt wurde. Aber als Polizist muss man sich immer im Griff haben und beherrschen, selbst wenn es einem manchmal sehr schwer fällt.

Ich lächele die Juristin an: «Wir haben anscheinend Glück, es ist wohl alles ziemlich eindeutig! Der Ehemann hat selbst die Polizei angerufen und soll die Tat bereits gestanden haben. Zwei meiner Kollegen suchen gerade nach Spuren an seinem Körper und der Kleidung. Wir stellen alles sicher. Wir entnehmen vom Täter auch zwei Blutproben, die eine ist für einen Alkohol-, die andere für einen Drogentest. Es ist bereits alles veranlasst.» Silvia Hartmann wirkt entspannt, während ich fortfahre: «Wir müssen nur noch den Rechtsmediziner informieren, um die Leichenschau am Tatort durchzuführen.» Sie nickt, und fast zeitgleich rufe ich den Bereitschaftsdienst der

Rechtsmedizin Essen an. Dr. Freislederer, so erfahre ich, kann erst in anderthalb Stunden kommen.

In der Zwischenzeit wollen wir uns einen Eindruck von der Wohnung und dem direkten Tatort verschaffen, also der Stelle, an der die Leiche liegt. Wir Kriminalisten bezeichnen das als «Auffindesituation». Vorher müssen wir die weiße Schutzkleidung anziehen, auch die Staatsanwältin ist dazu aufgefordert. Danach betrete ich mit einigen Kollegen die Wohnung. Frau Hartmann folgt uns. Sehr vorsichtig, wie ich beobachte.

Es ist eine kleine Wohnung, höchstens siebzig Quadratmeter. Geradeaus liegt der Flur, links geht die Küche ab, dahinter folgt das Badezimmer. Am Ende des Flurs befindet sich das Wohnzimmer. Alles unauffällig. Keine Kampfspuren, kein Blut, kein von der Wand oder einem Regal heruntergefallenes Bild. Fast wie ein sauberer *Derrick*-Tatort, denke ich. *Derrick*-Tatorte sind normalerweise Tatorte, die es nur im Fernsehen gibt. Kaum Blut, nur Rinnsale, und gut situierte Herrschaften. Das Haus, in dem die Leiche liegt, macht was her, auch die Leiche selbst, denn sie sieht mit der frischen Gesichtsfarbe wie das blühende Leben aus. Zudem ist sie teuer gekleidet, und selbstverständlich sind Rock, Hose, Hemd oder Bluse nahezu faltenlos.

Während ich weiter durch die Wohnung gehe, arbeitet es in meinem Kopf. Es ist alles ein wenig seltsam: Man sieht überhaupt nicht, dass hier vor wenigen Stunden ein Drama passiert ist. Bin ich doch in einem Fernsehkrimi gelandet? Nein. Mein Eindruck ändert sich schlagartig in der Küche. Die Leiche der Frau liegt mit dem Rücken auf dem Boden. Und dann sehe ich das, was mir im Flur gefehlt hat: Blut. Aber nicht viel Blut.

Überall sehe ich nach, doch auch ich entdecke kein Messer. Beim Täter wurde ebenfalls keines sichergestellt, das hatte mir

Elo noch auf der Wache gesagt. Nach dieser Feststellung telefoniere ich mit meinem ersten Team: «Micha, frag doch mal verstärkt nach, wo das Tatwerkzeug abgeblieben ist.» Während ich weiterrede, drehe ich mich zur Staatsanwältin um, denn sie soll nachvollziehen, welche Gedanken ich im Einzelnen verfolge: «Der Täter sollte eigentlich wissen, wo es geblieben ist. Außerdem wäre es für den Prozess wichtig, sollte der Ehemann der Ermordeten uns das mitteilen. Das wäre dann ein sogenanntes Täterwissen. Wer sollte sonst über das Messer Auskunft geben können, wenn nicht der Täter? Mag er später sein Geständnis widerrufen, dieses Täterwissen – wenn preisgegeben – kann ihn der Lüge und damit möglicherweise auch der Tat überführen.»

Von meinem Befragungsteam, von Robert und Guido, erfahre ich, dass es zwischen dem Ehepaar öfter Streit gegeben hat. Das erzählten jedenfalls übereinstimmend alle Hausbewohner. Hin und wieder sei sogar die Polizei gerufen worden. Ein Rentner aus der Wohnung berichtete Robert: «Ihre Kollegen haben den Mann auch einmal über Nacht mitgenommen. Aber dass er zu so etwas Schrecklichem fähig ist, haben wir alle nicht gedacht. Ehrlich, keiner hat ihm so etwas zugetraut.» Das tun die wenigsten Zeugen, deshalb hören wir diesen Satz öfter, als man vermuten könnte.

Weiterhin schaue ich den Tatortbeamten über die Schulter. Volker, der Kollege vom Erkennungsdienst, vermisst jeden Raum der Wohnung. Eine Skizze wird angefertigt, sie wird dem Richter im späteren Prozess einen Überblick über die Situation verschaffen. Die Fotos der ED-Leute werden dazu beitragen, dass der Tatort visuell vorstellbar wird. Kampfspuren sind so gut wie keine vorhanden.

Bei einem erneuten Blick in die Küche fällt mir auf, dass auf einer Ablage ein Brotmesser liegt. Das könnte doch das Tatmesser sein, überlege ich. Wieso hatte es denn keiner vorher beachtet? In Gedanken schüttele ich den Kopf. Über Telefon informiere ich Micha, der bereits den Täter vernimmt. Ich höre, wie ein Stuhl weggeschoben wird. Vermutlich ist mein Kollege gerade aufgestanden, um den Vernehmungsraum zu verlassen. Der Beschuldigte soll nicht mithören, was wir uns zu sagen haben.

«Gut, dass du anrufst», sagt Micha. «Zu deiner Info: Verletzungen hat der Ehemann keine, jedenfalls keine, die auf ein Kampfgeschehen hindeuten. Zur endgültigen Klärung brauchen wir aber noch den Rechtsmediziner. Er sollte sich den Beschuldigten ansehen.»

«Da hast du recht. Ich werde gleich versuchen, Dr. Freislederer zu erreichen. Er soll zuerst zu euch kommen, danach kann er sich dann den Tatort vornehmen.»

«Alles klar», sagt Micha, wobei mir nicht entgeht, dass er sich verabschieden und auflegen will.

Schnell rufe ich deshalb in den Hörer: «Halt! Ich wollte dir noch sagen, dass auf der Küchenablage ein Messer liegt. In deiner Vernehmung solltest du danach fragen, das könnte hilfreich sein. Wir müssen sonst alle Messer, die wir finden, sicherstellen.»

«Ja, mach ich.» Micha ist total bei der Sache, wie nicht zu überhören ist. Auch eine gewisse Freude stelle ich bei ihm fest. Vielleicht liegt es daran, dass er die Aufgabe hat, den Beschuldigten zu vernehmen. Aber Micha ist nicht nur mein Stellvertreter, sondern auch ein sehr erfahrener Kollege, der sich gut auf Menschen einstellen kann. Somit ist er bestens geeignet für die Beschuldigtenvernehmung.

«Wie ist er denn drauf?», frage ich weiter.

«Hä?» Micha lacht. «Wie soll er wohl drauf sein? Der freut sich riesig, dass wir uns um ihn kümmern und gleich in die Zelle stecken!»

«Blödmann», sage ich schmunzelnd. «Du weißt genau, was ich meine!»

«Ist schon klar.» Micha wird wieder ernst. «Der Mann wirkt ziemlich gefasst und macht alles mit. Ich glaube, er hat realisiert, dass auf ihn einige Jahre Knast warten. Und dass seine Messerattacke ein riesiger Fehler war.»

«Perfekt. Und gib mir Bescheid, wenn ihr Neuigkeiten habt.»

«Mach ich, dann bis nachher.» Micha legt auf.

Kurz darauf meldet sich Dr. Andreas Freislederer auf meinem Diensthandy. Nach dem Gespräch mit Micha hatte ich ihn persönlich nicht erreicht, ihm aber eine kurze Nachricht auf die Mailbox gesprochen.

«Hallo, Herr Pütter, das ist ja kaum zu glauben! Immer wenn Sie Bereitschaft haben, passiert etwas.»

Als wenn ich das nicht selbst wüsste. Das sage ich aber nicht laut. Stattdessen erwidere ich: «Irgendwie ziehe ich das Unheil an. Tut mir wirklich außerordentlich leid, dass es Sie so spät am Abend noch getroffen hat. Aber ich denke, die Sache ist nicht so zeitintensiv.»

Nach dieser Bemerkung bitte ich den Rechtsmediziner, erst zur Wache Witten zu fahren, um dort den Täter zu untersuchen, und anschließend zum Tatort. Dr. Freislederer ist sofort ganz Ohr. Er ist ein echter Fachmann, dabei nicht ohne Witz. Zu jedem medizinischen Thema kann man ihm Fragen stellen. Er beantwortet sie immer gern, erklärt auch viel bei Obduktionen. Er ist ein wirklich guter und sehr netter Doc.

Während wir auf ihn warten, fange ich mit der Staatsanwältin ein eher privates Gespräch an. Silvia Hartmann erzählt mir von ihren sportlichen Aktivitäten. Sie scheint eine gute Tennisspielerin zu sein, und es bleibt nicht aus, dass wir einen Termin für ein Match ausmachen. Danach reden wir über ihre Arbeit. Während wir uns über das Problem von gewaltsamen Zuhältern unterhalten, trifft Dr. Freislederer ein. Nach einem kurzen und kräftigen Handschlag zieht sich der gut fünfzigjährige Mediziner sofort einen der weißen Schutzanzüge an. Zusammen betreten wir die Wohnung der Ermordeten und gehen in die Küche.

Bei der Untersuchung der Leiche stellt der Mediziner fest, dass ein Stich in den Brustkorb todesursächlich war, fügt aber hinzu: «Genaueres kann ich jedoch erst nach der Obduktion sagen.» Weitere Verletzungen sind auf den ersten Blick nicht vorhanden. Auch bei der nachfolgenden Obduktion wird sich nichts anderes ergeben. Der Stich in den Brustkorb hat das Herz getroffen. Frau K. ist durch ihn relativ schnell innerlich verblutet.

Mit diesen neuen Erkenntnissen fahre ich nach der Leichenuntersuchung zur Polizeiwache Witten, die in der Casinostraße liegt. Dort warte ich auf die Kollegen, um das Ergebnis der Vernehmung zu erfahren.

Micha kommt zuerst aus dem Zimmer, in dem diese stattfindet. «Ach, da bist du ja schon», sagt er zur Begrüßung. «Der Ehemann ist völlig geständig. Er gibt alles zu, und auch sein Motiv ist eindeutig: verschmähte Liebe. Das Paar hat sich in der Wohnung von Frau K. getroffen. Das Gespräch fand am Küchentisch statt, und am Anfang soll es ganz harmonisch verlaufen sein. Sagt er jedenfalls. Als er jedoch die Fortführung der Beziehung verlangte, habe sie ihn barsch abgewiesen und aus der Wohnung schmeißen wollen. Da habe er rot gesehen und sie mit einem Messer bedroht. Seiner Aussage nach wollte seine Frau daraufhin aus der Wohnung flüchten. Er hätte sie aber gepackt, zurück in die Küche gezogen und dann zugestochen. Damit sie endlich ruhig werden würde, sagt er. Und weil sie ihn nicht mehr wollte. Er ist der Meinung, dass er das Tatmesser bei sich gehabt hätte, doch er hätte es nicht in Tötungsabsicht mitgenommen.»

Micha hat sich richtig in Fahrt geredet. Deshalb stelle ich auch keine Zwischenfragen, sondern lasse ihn weiter berichten: «Der Ehemann bestätigt übrigens, dass das Tatmesser von ihm auf die Ablage gelegt wurde. Eigentlich verrückt! Nach solch einer Bluttat legt dieser Mensch das Messer auf die Spüle, als wäre nichts geschehen. Hat es wahrscheinlich sogar noch abgespült.»

Die Untersuchungen werden später zu dem Ergebnis kommen, dass die DNA von Frau K., also ihr genetischer Fingerabdruck, im Blut an der Klinge auszumachen ist und die DNA von ihrem Ehemann am Griff. Diese Beweislage rundet die Sache ab. Die Staatsanwältin beantragt daraufhin am nächsten Tag einen Haftbefehl. Die Folge: Der Richter veranlasst für den Ehemann Untersuchungshaft.

Nach drei Tagen, also am Freitag, haben wir den Fall mehr oder weniger abgeschlossen. Der Täter sitzt in U-Haft. Es sind noch einige Vernehmungen von Nachbarn und Freunden des Opfers wie natürlich auch des Täters durchzuführen. Die Zeit drängt jedoch nicht. Der Täter ist geständig, die Beweise sind eindeutig, und wir haben ein klares Motiv. Dieses ist bei jedem Tötungsdelikt ein sehr wichtiger Beweis, denn wenn ein Verdächtiger überhaupt keinen ersichtlichen Grund für ein Verbrechen hat, spricht das gegen seine Täterschaft und kann ihn entlasten. In diesem Fall ist das Motiv eindeutig. Eigentlich kann nichts mehr schiefgehen. Dass Motive aber auch abstrus und unfassbar sein können, soll ich schon ganz bald erfahren. Sehr bald. Im Grunde am selben Tag.

Fall 2

MORDLUST

Die Fotos zeigen die Eingänge zum Büro-/ und Wohncontainer, sowie das Firmengelände.

Es ist jener besagte Freitag, der 7. Dezember 2001, noch früher Morgen. Wir haben weiterhin Bereitschaftsdienst. In der Kaffeerunde beim KK 11 bemerkt Micha, was alle an diesem Tag nach Nikolaus denken: «Es ist gut, dass wir gerade einen relativ einfachen Fall zu Ende gebracht haben. Jetzt können die Feiertage kommen, uns lässt man bestimmt in Ruhe.» In diesem Moment klingelt der Apparat unseres Chefs. Interessiert höre ich zu, wie Walter Pindur, ein sehr erfahrener Mordermittler, sagt: «Hmm, erstochen? Tja, wo denn? Aha, Großmarkt in Herne. Ja, die MK V hat Bereitschaft. Ich gebe denen Bescheid. Und mache allen vor Ort klar, dass sie nichts verändern sollen, aber das ist ja selbstverständlich. Wir kommen sofort raus!» Walter blickt mich an – und braucht nichts mehr zu sagen. Von wegen ruhige Zeiten. Das ist der zweite Mordeinsatz in nur einer Woche. Verbrechern ist es vollkommen gleichgültig, dass wir gerade erst ein Tötungsdelikt hatten.

Walter leitet das gesamte Kriminalkommissariat 11, er ist der Chef aller Mordkommissionen. Ruhige Stimme, klarer Blick, trockener Humor. Er hat schon Mörder gefasst, als es noch keinen genetischen Fingerabdruck gab. Im Telegrammstil verkündet er der Runde: «Eine Leiche ist aufgefunden worden. In einem Wohncontainer einer Firma am Großmarkt in Herne. Der Notarzt konnte keinen natürlichen Tod bescheinigen, der Leichnam wurde blutüberströmt entdeckt. Der Mann ist vermutlich durch mehrere Messerstiche getötet worden.» Typisch Walter: sachlich exakt und kein Wort zu viel.

Mir schießt durch den Kopf: Super! Der nächste Einsatz! Und es hört sich alles andere als gut an. Denn eines steht jetzt schon fest: Dieser Fall wird nicht so einfach und unkompliziert zu lösen sein. Hier hat sich ganz offensichtlich kein Täter gestellt. Und im nächsten Moment denke ich: Bloß kein neuer ungeklärter Fall! Denn einen bis heute ungeklärten Mord trage ich seit Jahren mit mir herum. Es ist wie eine Wunde, die nicht schließen will. Jeder, der Mörder jagt, will partout, dass der Täter gefunden wird. Zu wissen, dass nach vielen Wochen, ja Jahren Arbeit der Täter noch immer frei herumläuft, ist für jeden Ermittler nämlich der Albtraum. Ganz automatisch fällt mir dieser alte Fall von 1996 ein. Da wurde ein Mitarbeiter von Opel kurz nach Mitternacht in Bochum-Wattenscheid auf offener Straße erstochen. Bis heute gibt es keinen Hinweis auf den Mörder. Schnell wische ich den Gedanken weg, ich will ihm keinen Raum geben. Ich gehe einfach davon aus, dass wir den zweiten Täter in dieser Woche auch erwischen werden.

Erneut werden die Kollegen der Mordkommission V, meiner Kommission, zusammengetrommelt. Bis auf unseren «Ersatzmann Thomas» vom Kriminalkommissariat in Witten – nicht zu verwechseln mit Tommi – sind alle, die auf dem MK-Bereitschaftsplan stehen, innerhalb von fünfzehn Minuten im Besprechungsraum des KK 11. Thomas, ein Polizist, der nicht nur die Details, sondern auch das Ganze im Blick hat, muss noch einen Gerichtstermin absolvieren und lässt uns telefonisch mitteilen, dass er nachkommt, sobald er damit fertig ist. Auf ihn warten können wir nicht, wir müssen los.

Zuvor instruiere ich kurz die Truppe, teile sie wie immer in Teams ein. Schnell noch sämtliche dienstlichen Telefonnummern auf einen Zettel kopieren, damit nicht lange gesucht werden muss, wenn man einen Kollegen erreichen will – und dann ab in die Autos. Es geht zum Tatort, wo wir die Kollegen von der Schutzpolizei ablösen wollen. Sie haben schon den Tatort für uns abgesperrt.

Wir brauchen zum Großmarkt etwa zwanzig Minuten. Es ist kalt, knapp über null, ein eisiger Wind weht, aber immerhin scheint die Sonne. Eigentlich ein schöner, klarer Wintertag. Eigentlich. Schon nach wenigen Minuten im Freien friere ich, denn an diesem Tag habe ich mir nur eine leichte Winterjacke angezogen. Ich konnte ja nicht ahnen, dass wir in dieser Woche noch einen Mord klären müssen. Wie soll ich das bloß überstehen, überlege ich, wenn ich lange draußen herumstehen muss? Na ja, versuche ich mich selbst zu beruhigen, notfalls besorgst du dir von den Kollegen der Schutzpolizei einen gefütterten Parka.

Die Beamten der Polizeiwache Herne erwarten uns am Tatort. Mit dabei: Kareen. Die Schutzpolizistin kommt auf mich zu und begrüßt mich freudig. Ich umarme sie und sage: «Wo du bist, ist Arbeit! Was machst du für Sachen? Ständig das Gleiche.» Sie lächelt, ihre blonden Haare sind unter einer Mütze streng zusammengehalten, selbst der Wind hat keine Chance, sie zu zerzausen. Dann erwidert sie: «Ich? Ich tue gar nichts! Dein Problem, wenn du Bereitschaft hast!» Stets frech, die jungen Frauen. Keinen Respekt mehr vor dem Alter.

Kareen kenne ich seit einigen Jahren. Mit ihrem Vater Bernd habe ich früher zusammen Dienst geschoben. Ein alter Haudegen, der wusste, wo's langgeht. Als junger Kommissar habe ich viel von ihm und seinem Partner Jochen gelernt. Wenn da nicht seine Schiedsrichtertätigkeit gewesen wäre: Zu meiner aktiven Zeit als Fußballer hatte Bernd öfter unsere

Spiele gepfiffen. Ich spielte in der Bezirksliga in Witten, genauer gesagt, in Witten-Bommern und später in Witten-Ardey. Eine schöne Zeit, die ich nicht missen möchte.

Bei einem Spiel hatte Bernd mich jedoch ermahnt. Der Grund: Er meinte, ich hätte zu viel gemeckert. Aber ich war eben nicht mit jeder Entscheidung des Schiedsrichters einverstanden gewesen. Und außerdem: Wenn die Kugel rollt, bin ich ein anderer Mensch. Ich will unbedingt gewinnen, das geht aber nicht bei jedem Spiel. Als das wieder einmal der Fall war, musste der Ärger heraus. Schuld an allem war natürlich der Schiedsrichter. Na ja, auch nicht immer! Nach der Ermahnung kam die Verwarnung: «Herr Pütter, ich verwarne Sie!» Er sprach mich sogar mit «Sie» an, was er nie zuvor getan hatte. Das hieß nichts Gutes. Genauer gesagt hieß das: «Beim nächsten Mal fliegst du.»

Ich brauchte nur Bernd anzusehen und wusste: «Kein Kommentar mehr!» Daran habe ich mich auch gehalten. Und so durfte ich bis zum Schlusspfiff durchspielen. Nachher standen wir zusammen am Bierstand, und er lachte über diese Szene. Klar, dass ich ihn damals fragte, ob er mich bei einer weiteren Meckerei wirklich vom Platz gestellt hätte. Die Antwort kam schnell: «Blöde Frage, sicher!» Als Schiedsrichter war er gnadenlos. Musste er wohl auch.

Jetzt steht seine Tochter vor mir und erklärt mir, was sie bisher an Erkenntnissen gewonnen hat. Nicht viel. Noch weiß keiner etwas Genaues. «Der Ermordete ist von Mitarbeitern dieser Firma gefunden worden.» Kareen deutet auf einen milchverarbeitenden Betrieb. «Der Mann war hier als Lagerarbeiter beschäftigt und lebte in dem Container hinter mir. Als er heute gegen sechs Uhr morgens nicht zur Arbeit erschien, hat man im Container nachgesehen. Da lag dieser Karl E. in seinem Blut. Sofort haben die Mitarbeiter einen Notarzt gerufen, aber der Mann war da bereits längst tot.»

«Weißt du, warum der Lagerarbeiter in diesem Container gewohnt hat?», frage ich Kareen neugierig.

«Nee, keine Ahnung. Da musst du dich bei der Firmenleitung schlaumachen», antwortet sie knapp.

Kareen drückt mir die Todesbescheinigung, die der Notarzt ausgestellt hat, in die Hand. Sie hat ihren Job getan, jetzt sind wir an der Reihe. Noch ein Küsschen auf die Wange. «Bis bald», sagt sie. «Hoffentlich dann nicht wieder aus solch einem Anlass.» Sie lächelt, auch weil sie weiß: Das ist ein frommer Wunsch. Wenn die Schutzpolizisten uns vom KK 11 rufen, ist meistens einer tot, oder etwas ähnlich Schlimmes ist passiert. Es ist also immer ein unerfreulicher Anlass. Sonst bräuchten sie uns ja nicht zu holen. Der Tod ist nun einmal unser tägliches Geschäft.

Das Areal um den Großmarkt in Herne ist ein weitläufiges Industriegebiet, auf dem sich mehrere Firmen angesiedelt haben. Unter anderem die erwähnte Molkerei, in der der Ermordete anscheinend tätig gewesen war. Der Inhaber des Betriebs ist, wie mir bekannt ist, der Sponsor von Westfalia Herne, jenem Traditionsverein, in dem ich als Jugendlicher Fußball spielte. Diese Zeit war weniger schön. Selten wurde ich aufgestellt, war mehr auf der Ersatzbank als auf dem Feld. Der Trainer und seine «Berater» mochten mich nicht und stellten mich wohl deshalb nicht auf. Egal. Die Zeiten sind längst vorbei.

Die Presse ist bereits vor Ort, wie ich feststelle. Immer öfter erlebe ich es, dass die Journalisten noch vor uns am Tatort auftauchen. Erst ist nur ein freier Kameramann da, später kommen noch zwei weitere Reporter dazu, einer vom WDR und ein anderer von einem Privatsender, von Sat.1, dann ein ganzer Pulk.

Statt weiter über die Medien nachzudenken, beschäftige ich mich mit den offenen Fragen: Was wissen wir eigentlich? Bisher nur, dass auf dem Firmengelände ein Lagerarbeiter in einem Container gelebt hat, der am heutigen Morgen nicht wie üblich um sechs Uhr zur Arbeit erschienen ist. Wieso hat er eigentlich dort gewohnt? In einem kleinen Container? Schon komisch. Was war das Opfer für ein Mensch? Hatte er Freunde, eine Freundin? Hatte er Hobbys? Wie waren seine Lebensumstände überhaupt? Wie wurde er umgebracht? Und vor allem: Wer kann es gewesen sein? Tausend Fragen, auf die wir noch keine Antworten haben. Die aber alle mahnend in meinem Kopf herumschwirren.

Von Arbeitskollegen des Ermordeten erfahren wir: Karl E. sei ein sechsundfünfzigjähriger Mann gewesen, der keinem etwas Böses getan hätte. Er sei dazu gar nicht in der Lage gewesen. Viel zu gutmütig. Warum wird ein so netter Mensch dann ermordet? Oder gibt es dunkle Geheimnisse, von denen keiner etwas weiß? Die entscheidende Frage ist: Wie kann es uns bei einer solchen Ausgangslage gelingen, den Mörder zu identifizieren und zu überführen?

An dieser Stelle muss ich etwas ganz Wichtiges sagen. Auf die Frage, wie man einen Mord aufklärt, kann man keine pauschale Antwort geben. Aber eines kann ich mit Bestimmtheit sagen: Nie ist es ein sogenannter Supercop, der im Alleingang ein Verbrechen dieser Art aufdeckt! Es ist in den seltensten Fällen der gerissene Schachzug oder die zündende Idee eines einzigen Ermittlers, die zur Aufklärung führt, sondern häufig sind es die guten Einfälle aus der gesamten Kommission. Die Aufdeckung eines Mordes ist Teamarbeit. Und zu dieser zählen auch Fleiß, Geduld und Beharrlichkeit. Und natürlich ist die Gier aller Ermittler, den Täter unbedingt fassen zu wollen, von großer Bedeutung. Wichtig sind aber ebenso Zeugenhinweise. Vielfach sind wir angewiesen auf die Beobachtungen aus der Bevölkerung. Und manchmal braucht man einfach ein bisschen Glück. Aber Glück, das bewahrheitet sich immer wieder, hat nur der Tüchtige.

Und Glück im Zusammenhang mit einem Tötungsdelikt meint auch Erfolg! Einen Täter gerichtsfest zu überführen, empfindet der Ermittler als Glücksgefühl. Gerichtsfest heißt, dass der Täter am Ende einer Verhandlung verurteilt wird. Was nützt ein vermeintlich überführter Verdächtiger, der später vor Gericht aus Mangel an Beweisen freigesprochen wird? Das Urteil ist unsere Genugtuung! Die viele Arbeit, die gute Teamarbeit – das zahlt sich dann aus.

Dieses Gefühl, einen Mörder oder Totschläger festzunehmen, kann ich kaum in Worte fassen. Es ist eine Art Höhepunkt. Eine innere Zufriedenheit. Man hat einen kleinen Teil dazu beigetragen, dass man sich auf die Polizei verlassen kann. Dass man einen Verbrecher dorthin gebracht hat, wo er hingehört: hinter Gittern. Man hat auch ein wenig dafür gesorgt, dass sich die Bevölkerung wieder sicherer fühlen kann. Genau das ist unsere Aufgabe, das ist unser Ziel. Und das treibt uns immer wieder an.

Einen Täter nicht nur festzunehmen, sondern auch zu überführen, gelingt allerdings einzig dann, wenn man mit ihm ins Gespräch kommt. Doch eine gemeinsame Ebene erreicht man erst, wenn eine Voraussetzung gegeben ist: ein besonderes Fingerspitzengefühl. Wenn man weiß, wie man mit ihm umzugehen hat und auf ihn eingehen kann. Wir müssen versuchen, «das polizeiliche Gegenüber» zum Reden zu bringen.

Das erreicht man nicht, indem man den mutmaßlichen Täter anschreit, ihm die Leselampe ins Gesicht hält oder ihm schlimme Dinge androht. Nicht zuletzt wäre das verboten, wir würden uns selbst strafbar machen. Und es würde dazu führen, dass so ein rechtswidrig zustande gekommenes Geständnis vor Gericht nicht verwertet werden dürfte. So geht es also nicht, es schadet nur der Aufklärung!

Ein Jahr nach dem Mord an dem Lagerarbeiter Karl E. gab es den Fall Metzler. Jakob von Metzler war der Junge, der 2002 entführt und von einem Freund der Familie getötet wurde. Der oberste Ermittler hatte dem Täter seinerzeit Folter androhen lassen, damit er verriet, wo sich der Elfjährige befindet. Der Beamte wollte das Leben des Kindes retten, allerdings mit verbotenen Mitteln. Er wurde dafür bestraft, und möglicherweise wäre der Täter deswegen nicht verurteilt worden. Eben weil das abgegebene Geständnis vor Gericht nicht verwertet werden durfte. So emotional und menschlich nachvollziehbar das Vorgehen des Kollegen auch sein mag, aus diesen Vorfällen muss man Lehren ziehen.

Ein einziger Fehler im Umgang mit einem potenziellen Täter kann also fatale Folgen haben. Bis zu dem Punkt, dass ein Mörder nicht verurteilt wird. Und genau das wollen wir auf gar keinen Fall. Das Ergebnis unserer Arbeit misst sich, wie gesagt, am Gerichtsurteil. Und eine Verurteilung ist häufig nur möglich, wenn der Täter mit uns gesprochen hat. Dafür müssen wir sorgen. Wir wollen von ihm Täterwissen erfahren, um sicher zu sein, dass er auch wirklich die Tat begangen hat. Keiner soll verurteilt werden, der nicht der Täter war. Wir nennen uns nicht Mordkommission, weil wir jemanden zum Mörder machen wollen, sondern weil es unsere Absicht ist, einen mutmaßlichen Mörder oder Totschläger zu überführen. Der

Weg dahin ist der Kontakt mit ihm. Man mag es kaum glauben, aber Tatsache ist: Es gibt viele Täter, die mit uns sprechen wollen. Einige fühlen sich dann erleichtert. Andere müssen wir aber dazu bringen, mit uns über ihre Tat zu reden. Das kann manchmal langwierig und schwer sein.

Doch bei Karl E. sind wir noch lange nicht so weit. Ganz im Gegenteil. Alle Kollegen der Mordkommission stehen vor dem Container und ahnen: Diesmal wird es schwierig, den Täter zu ermitteln. Es gibt keinen einzigen Zeugenhinweis auf einen Tatverdächtigen – und damit wenig Chancen auf Täterspuren. Oder haben wir doch welche?

Der lange Tommi soll dieses Mal den Tatort übernehmen, die ED-Leute Stefan und Michael Kulm arbeiten an seiner Seite. Micha und Rolf vernehmen zusammen mit Robert weiter die Mitarbeiter des Milchbetriebs. Michael und Stefan sind Brüder, beide sind ausgesprochen gute Fußballer. Als Thomas nach seinem Gerichtstermin in Witten zu uns stößt, schicke ich ihn nach einer Kurzeinweisung auf das Großmarktgelände, um dort zu ermitteln: «Vielleicht hat irgendjemand etwas beobachtet, das uns weiterhelfen könnte. Schließlich wird hier hauptsächlich nachts gearbeitet. Das jedenfalls haben die Mitarbeiter der Molkerei erklärt.» Meine Vermutung ist, dass die Tat während der Nacht begangen wurde.

Jetzt schaue ich mir den Tatort genau an, vorher hatte ich nur kurz einen Blick darauf geworfen. Der milchverarbeitende Betrieb ist von einer großen Freifläche umgeben und liegt fast am Ende einer Sackgasse. Das Gelände ist vollständig umzäunt. Die einzigen Möglichkeiten, auf das Betriebsgelände zu gelangen, sind eine große Toreinfahrt sowie eine kleine Tür im Zaun. Neben der Einfahrt stehen zwei Container. Im ersten hat der getötete Karl gewohnt, der zweite ist ein Bürocontainer.

Der «Tat-Container» ist weiß. Über zwei Steinstufen steige ich zur Eingangstür hoch. Am Türblatt außen, man könnte es glatt übersehen, entdecke ich einen kleinen Blutstropfen. Wie kommt der dahin? Warum außen? Während ich die Fragen in meinem Gehirn abspeichere – in der Hoffnung, bald eine Antwort auf sie zu finden –, betrachte ich weiter die Tür. Mit einem handelsüblichen Zylinderschloss kann man sie abschließen, es weist keine sichtbaren Schäden auf. Mit einem Zweitschlüssel, den wir über die Geschäftsführung der Firma erhalten haben, öffnen wir die Eingangstür, die die Schutzpolizisten wieder verschlossen hatten.

Schummriges Licht empfängt uns, dazu ein muffiger Geruch. Alte Wäsche, Essensreste und Bier. Der Container ist etwa zwei Meter breit und fünf Meter lang. Rechts ist ein Durchgang zu einer Küche mit einer kleinen Arbeitszeile. Links, hinten an der Wand, steht ein Einzelbett. Hier liegt die Leiche in einer großen Blutlache. An der Stirnwand befindet sich ein Sideboard. Man kann erkennen, dass auf diesem einige Elektrogeräte gestanden haben. Lose Kabel hängen nämlich von der Ablage herunter. Die hat der Täter wohl aus den elektronischen Geräten herausgezogen, um Letztere mitzunehmen. Hoffentlich finden wir die Rechnungen mit den Gerätenummern, denke ich. Wenn man ein gestohlenes Gerät bei einem Tatverdächtigen findet, kann man die Gerätenummern abgleichen. Das wäre ein möglicher wichtiger Hinweis. Aber der erste wirkliche Hoffnungsschimmer ist der Tisch neben der Eingangstür, der direkt vor dem Bett steht. Einige Flaschen kann ich darauf erkennen. Cola, Korn und Bier. Dazu noch ein Trinkglas und einige Zeitungen.

Mein erster Gedanke: Hoffentlich sind Fingerabdrücke darauf. Nur: Was beweist das? Die Flaschen können schon einige Tage dort gestanden haben und müssen nicht vom Täter benutzt worden sein. Aber wenn man sonst nichts hat, ist das jetzt der Strohhalm, an den man sich am Anfang klammert.

Mein nächster Blick fällt auf die Leiche. Unter dem Toten mache ich ein gelbes Bettlaken aus, Karl E. selbst liegt auf der rechten Körperseite. Die Blutlache umgibt hauptsächlich den Kopfbereich. Ich habe das Gefühl, das Blut riechen zu können. Nein, ich bilde es mir nicht nur ein. Es ist tatsächlich so. Der rote Pulli des Opfers ist leicht hochgeschoben. Warum? War das der Täter oder der von den Arbeitskollegen herbeigerufene Notarzt, der die Herztöne abhören wollte, die es nicht mehr gab? Die Leiche ist zudem bekleidet mit einer blauen Jeans, Socken und Schuhen.

Silvia Hartmann, die Staatsanwältin, erscheint, als unsere erste Tatortbesichtigung beendet ist. Die Ärmste, denke ich, ihre erste Bereitschaft und dann gleich zwei Morde in einer Woche. Und jetzt auch noch ein schwieriger Fall. Aufmunternd lächele ich sie an: «Tja, Frau Hartmann, das hier sieht nicht so gut aus wie in Witten. Wir haben bisher noch nichts, was uns dem Täter näherbringt.»

Sie lächelt zurück und fragt: «Wie kann ich helfen?»

Ich zucke mit den Schultern und bringe Silvia Hartmann auf den aktuellen Stand: «Zuerst muss der Gerichtsmediziner die Leiche untersuchen, anschließend wollen wir mit dem Erkennungsdienst den Tatort abarbeiten. Der Rechtsmediziner ist angefordert. Mit den Vernehmungen der Kollegen von Karl E. haben wir bereits angefangen. Bisher gibt es aber keine entscheidenden Hinweise. Helfen können Sie im Augenblick wirklich nicht, aber trotzdem danke.»

Sie überlegt einen Moment, dann sagt sie: «Und was ist mit der Presse?»

«Stimmt. Nun, wenn Sie nichts dagegen haben, mach ich das.»

Erleichtert sieht sie mich an: «Nichts dagegen, Sie kennen sich damit aus.»

Gemeinsam mit ihr betrete ich ein weiteres Mal den Container. Ich erkläre ihr, wie ich das Spurenbild bewerte. Dabei will ich ihr, aber auch mir Mut machen, als ich zu verstehen gebe, dass Spurenmaterial an den Flaschen und am Glas vorhanden sein könnte: «Wünschen wir uns, dass das Opfer mit dem Mörder getrunken hat, bevor es zur Tat kam. Dann hätten wir einen Ansatz.»

Beim Hinausgehen müssen wir aufpassen, dass die Fotografen und Fernsehleute nicht durch den offenen Türspalt schauen können. Die Reporter drängeln sich nun dicht an dicht am Zaun, aber sie haben keine Möglichkeit, wie ich feststelle, in den Container zu filmen oder gar die Leiche zu sehen. Frau Hartmann und ich stehen nebeneinander im Türrahmen. Keine Chance für die Journalisten. Und jetzt Tür zu und fertig.

Mittlerweile sind nicht nur mehrere Fernsehteams anwesend, sondern auch örtliche Zeitungsreporter, darunter jemand von der *BILD*-Zeitung. Großes Medieninteresse also. Mord ist immer eine Schlagzeile wert. Besonders bei ungeklärten Verbrechen, wenn die Angst dabei ist, dass der Mörder noch frei herumläuft und die Gefahr besteht, er könnte wieder zuschlagen.

Ich gehe auf die Journalisten zu, begrüße sie freundlich und gebe Interviews. Meine Sätze sind knapp gehalten, mit wenig Details. Ich weiß ja selbst kaum etwas, und entsprechend muss ich dieses Unwissen «verkaufen». Was heißt: Ich bekomme viele Fragen, kann aber darauf kaum antworten. Nicht, weil ich nicht will, sondern weil ich tatsächlich wenig Informationen habe. Natürlich kann ich keinem Journalisten sagen, wie der Mann getötet wurde. Das wüsste ich ja selbst gern. Doch auch wenn es mir bekannt wäre, so müsste ich dieses Täterwissen geheim halten. Sonst behauptet später ein Verdächtiger, der sich mit Tatdetails verplappert und somit ungewollt ein Geständnis abgelegt hat, er habe das alles nur in der Zeitung gelesen und sei unschuldig.

Während wir alle auf den Rechtsmediziner warten, fährt ein Auto am Firmengelände vorbei, wendet und bleibt fast in der Einfahrt stehen. Ein Mann steigt aus und kommt auf mich zu.

«Matthias», sage ich zu ihm, nachdem ich ihn erkannt habe (wir spielen zusammen Tennis im Club Grün-Weiß Herne), «was machst du denn hier?»

Die Antwort erfolgt prompt: «Ich habe dich gesehen. Und die Kameras. Da dachte ich, halte mal an und frag den Axel, was hier los ist. Es muss jemand getötet worden sein, sonst wärest du nicht hier. Und um auf deine Frage zu kommen: Ich beliefere einige Firmen mit Lebensmitteln, und die kaufe ich hier auf dem Großmarkt ein.»

Mein Tennispartner taucht gerade im richtigen Moment auf, denn ich bin mir sicher, dass er Zigaretten dabeihat. Der einzige Raucher in unserer Truppe ist Kollege Micha, aber der ist gerade nicht greifbar. Leider ist es schon Tradition, dass ich bei fast jedem neuen Mord wieder anfange zu rauchen. Ein Laster, das ich eigentlich längst abgeschüttelt habe. Ich habe mir aber eingeredet, dass mich das Rauchen bei Einsätzen beruhigt. Da der letzte Fall so schnell gelöst war, konnte ich einen Rückfall vermeiden. Aber jetzt scheint es mir nicht möglich zu sein, auf meine Zigarette zu verzichten.

Verlegen grinse ich Matthias an: «Haste mal 'ne Zigarette für mich?»

Verständnislos blickt er mich an: «Seit wann rauchst du denn wieder?»

«Liegt am Job, mal ja, mal nein», erwidere ich achselzuckend.

Matthias gibt mir gleich mehrere Zigaretten. Wir verabreden uns zu einem Glas Bier im Club, dann fährt er weiter. Sofort zünde ich mir eine Zigarette an, ein Feuerzeug ist eigenartigerweise immer in meiner Tasche. Nach den ersten Zügen wird mir schwindelig. Der Kreislauf. Bei der zweiten und dritten Zigarette geht's besser.

Um Viertel nach elf trifft der Rechtsmediziner ein. Diesmal ist es Lars Althaus, der Bereitschaft hat. Ein noch junger, aber immer souveräner und fachlich hervorragender Doc. Mit seinen Koffern tritt er auf uns zu und begrüßt uns. Vor dem Container zieht er sich den weißen Schutzanzug an, den wir schon anhaben. Tommi, mein Tatortmann, und die beiden Kollegen vom Erkennungsdienst, Stefan und Michael, gehen mit ihm in den Wohncontainer hinein, der Rest wartet draußen. Nicht mehr Beamte als notwendig sollten den Tatort betreten. Es wäre ein Unglück, wenn einer von uns falsche Spuren legt oder – noch schlimmer – wir versehentlich als «Spurenvernichtungskommando» auftreten.

Rechtsmediziner Lars Althaus stellt die ersten Details der Bluttat fest. Das Opfer hat eine Art Seil um den Hals und eine Vielzahl an Messerstichen im Oberkörperbereich. Außerdem ist der Halsbereich aufgeschlitzt. Eine grauenvolle Tat. Sofort habe ich wieder Fragen im Kopf: Wer macht so etwas? Und vor allem: Warum macht jemand so etwas? Ein Motiv ist offensichtlich: Der Täter wollte rauben. Somit haben wir es mit einem Mörder zu tun, nicht mit einem Totschläger. Mordmerkmal: Habgier! Aber wer begeht für ein paar sicherlich nicht mehr ganz neue Elektrogeräte ein so brutales Verbrechen?

Dann stellen wir fest, dass nicht nur die Elektrogeräte, sondern auch das Handy und die Geldbörse des Opfers fehlen. Die Hausschlüssel sind ebenfalls weg. Da die Containertür von den Mitarbeitern des Milchbetriebs von außen abgeschlossen vorgefunden worden war, muss der Täter die Schlüssel mitgenommen haben. Vielleicht hat er sie danach weggeworfen. Das heißt: Wir können alle Müllbehälter in den umliegenden Straßen ausräumen. Wo aber fangen wir an und wo hören wir auf? Eine Frage, die später von Bedeutung sein wird.

Zeitgleich laufen weiter die Vernehmungen der Firmenmitarbeiter. Was für ein Mensch war der getötete Karl? Ein herzensguter Typ, das hatten wir schon gehört. Ein Kollege berichtet mir, er hätte für seine Freunde sogar sein letztes Hemd gegeben. Obwohl er selbst ja kaum etwas besaß. Er sei ein guter Arbeiter gewesen, hätte das Lager in Schuss gehalten. Fast immer sei er zuverlässig gewesen. Karl kam allerdings mit dem Geld nicht klar. Seinen Verdienst gab er laut seiner Kollegen direkt am Monatsanfang aus, kaufte sich dafür meistens Bier und Schnaps. Danach fehlte es an allen Ecken und Enden und reichte nicht einmal für Lebensmittel.

Ein Kollege aus dem Milchbetrieb erzählte einem Polizeibeamten: «Seine frühere Wohnung im Herner Süden hatte er mehr und mehr vernachlässigt. Hobbys gab es keine. Außer Alkohol. Karl hat auch keine Verwandten oder eine Freundin. Er hat aber schon mal fremde Leute mit zu sich in den Container genommen, um mit ihnen zu trinken.» Ja, bravo!, denke ich, nachdem mir dies mitgeteilt worden ist. Jetzt kann jeder der Täter gewesen sein. Alle Zechkumpane zu ermitteln, das grenzt an eine Unmöglichkeit. Frustrierend! Wir sind keinen

Schritt weiter, gefühlt sind wir sogar einen Schritt zurückgegangen.

Der Chef von Karl E. kümmerte sich um ihn, weil er nicht nur ein guter Lagerarbeiter war, sondern auch ein ausgezeichneter Handwerker, und eben ein lieber Mensch. Herr S. stellte ihm einen Kollegen an die Seite, der seine Finanzen regelte und für ihn einkaufte. Er löste ebenso seine alte Wohnung auf und besorgte ihm den Wohncontainer. Karl bekam den Arbeitslohn nicht mehr komplett, sondern nach und nach ausgezahlt, damit nicht alles auf einmal in Alkohol umgesetzt wurde. Er brauchte sich also um nichts mehr Gedanken zu machen. Grandios. Wo setzt sich ein Unternehmer noch so für seine Leute ein? Meine Hochachtung für diesen Chef.

Gegen Mittag meldet sich ein Mitarbeiter der Molkerei und erklärt, dass er einige Tage zuvor zusammen mit Karl im Container war. «Wenn dort Fingerabdrücke von mir sind, liegt das an meinem Besuch. Ich habe mit dem Mord aber nichts zu tun, der Karl war doch mein Kumpel. Dem würde ich nie etwas tun.» Aha, ein erster Verdächtiger. Der junge Mann wird sofort zur Polizeiwache gebracht und dort vernommen. Dabei erzählt er: «Vor zwei Tagen war ich mit Karl im Container. Wir haben getrunken, Cola und Korn.»

Stimmt, die Flaschen stehen noch auf dem Tisch. Hat Karl E. sie zwei Tage lang nicht weggeräumt? Oder war das Zechgelage doch erst gestern gewesen? Der Mitarbeiter sagt weiter aus: «Karl war doch immer so alleine. Ich hab gedacht, ich tu ihm einen Gefallen, wenn ich mal einen mit ihm trinke. Und jetzt steh ich unter Mordverdacht. Schöner Mist.»

«Ist er unser Täter? Will er uns eine legale Version dafür geben, dass seine Fingerabdrücke auf den Flaschen zu finden sind?», frage ich die anderen, die noch mit mir am Tatort sind, als man mir das Ergebnis der Vernehmung über Handy mitteilt.

Stefan meint: «So schnell können wir die Fingerabdrücke nicht auswerten. Das weiß dieser Mann aber nicht. Das sollte er auch nicht zu wissen bekommen.»

Weiter werde ich über die Vernehmung informiert, und so erfahre ich, was der junge Mann berichtet: «Am Donnerstag habe ich gegen 21.45 Uhr eine SMS von Karl erhalten. Ich weiß aber, dass er gar keine solche Mitteilung verfassen konnte. Das Handy hatte er nur zum Telefonieren, alle anderen Funktionen waren ihm zu kompliziert. Karl schrieb mir – oder wer auch immer –, dass er in der Kneipe ‹Julia-Eck› sei. Er fragte, ob ich nicht Lust hätte, auf ein Bier vorbeizukommen.» Unser Verdächtiger simste ihm angeblich zurück, er müsse am nächsten Tag früh arbeiten, sei müde und hätte daher keine Lust. Die SMS an den jungen Mann ist für uns Ermittler das bislang letzte Lebenszeichen von Karl E.

Nachdem ich dies meinen Leuten übermittelt habe, fasse ich zusammen: «Wenn das stimmt, was unser Verdächtiger sagt, dann wissen wir vielleicht, wo Karl auf seinen Mörder traf. Dann müsste man auch ermitteln können, wer die SMS geschrieben hat. Hat der junge Mann uns allerdings belogen, können wir ihm das nicht nachweisen. Jedenfalls bislang nicht.» Wir fragen uns also: Wenn der junge Kollege von Karl E. der Täter ist, warum sollte er uns diese Geschichte mit der SMS erzählen? Nein, das macht keinen Sinn. Ich lasse unseren ersten möglichen Verdächtigen nach seiner Vernehmung wieder gehen. Es gibt keinen dringenden Tatverdacht. Aber die Aussage kann uns, wenn sie stimmt, ein Stück weiterbringen.

Der Firmenchef ist der Nächste, der aussagt. Wir vernehmen ihn in seinem Büro am Großmarkt. Er gibt zu verstehen: «Ich habe zwei Personen gesehen, als ich frühmorgens gegen halb vier zur Arbeit kam. Ich fange immer so früh an.» Da geht es mir doch besser, denke ich insgeheim. Ich stehe erst um sechs Uhr auf. Als ich noch bei der Schutzpolizei war, musste ich jedoch Frühdienst machen – was hatte ich ihn gehasst. Das war Anfang der siebziger Jahre gewesen, erst 1980 wechselte ich zur Kripo. Grausam, wenn man im Grunde mitten in der Nacht hinausmuss. Aber auch der Nachtdienst war nicht viel besser. Manchmal war er ziemlich schleppend. Wenn nichts los war, kämpfte man spätestens ab zwei Uhr morgens mit der Müdigkeit. Eigentlich war nur der Spätdienst für mich wie geschaffen gewesen. Man konnte ausschlafen, fing gegen Mittag an und kehrte spätestens gegen halb elf nach Hause zurück. Man konnte zu dieser Uhrzeit sogar noch auf die Rolle gehen. Damals, als ich jung war. Zu schnell vergeht die Zeit.

Abrupt werde ich aus meinen Gedanken gerissen, denn der Chef erzählt weiter: «Auf der linken Seite der Großmarktstraße befindet sich die Halle eines Bierverlegers. Ungefähr auf dieser Höhe sah ich diese beiden jungen Männer, und zwar auf dem linken Bürgersteig. Sie folgten meiner Fahrtrichtung. Als ich an ihnen vorbeifuhr, drehten sie sich weg, sodass ich ihre Gesichter nicht erkennen konnte. Erst erschien mir das nicht komisch. Dann, nach etwa fünfzig Metern, erreichte ich mein Firmengelände. Als ich ausstieg, bemerkte ich die zwei Personen erneut. In diesem Moment wechselten sie die Straßenseite. Auch das fand ich noch nicht ungewöhnlich, aber plötzlich machten sie kehrt und gingen zurück in die Richtung, aus der sie gekommen waren. Beide waren schlank und um die zwanzig. Einer von ihnen war etwas größer als der andere. Erst als Karl gefunden wurde und klar war, dass man ihn umgebracht hatte, fiel mir das wieder ein. Ihr Verhalten erschien mir nun verdächtig. Vielleicht hilft Ihnen das ein Stück weiter.»

Ich nicke mit dem Kopf. Irgendwie habe ich das Gefühl, dass diese Aussage das auch tun wird.

Thomas kommt nach seinen Ermittlungen auf dem Großmarktgelände zu mir und will mich jetzt sprechen. «Ich habe einen Gabelstaplerfahrer aufgetan», berichtet er, «der interessante Beobachtungen gemacht hat. Er sagt, dass er zwischen drei und vier Uhr morgens Leute im Wohncontainer beobachtet hat.» In der späteren Vernehmung gibt der Arbeiter Folgendes zu Protokoll: «Ich fuhr mit meinem Stapler parallel zur Verkaufshalle der Molkerei, um neue Waren zu holen. Bei einem Blick zur Straße fiel mir auf, dass im Container Licht brannte. Dann ging es aber immer wieder aus und an, als ob ein Kind daran spielte. Als das Licht einmal länger aus war, erkannte ich das bläulich schwarze Flimmern und Flackern eines Fernsehers. Kurz darauf sah ich zwei Personen, doch dann wurde die Jalousie bis auf einen Spalt heruntergelassen. Danach ging das Licht wieder an. Das war irgendwie komisch. Die Situation konnte ich nicht einschätzen. Einer der beiden Männer hatte, glaube ich, einen Vollbart.»

Ich überlege: Wenn dieser Gabelstaplerfahrer von zwei Männern spricht, die sich in dem Container aufhielten, kann einer von ihnen der Mörder, der andere Karl gewesen sein. Die andere Variante: zwei Leute, von denen keiner Karl E. war. Mithin: zwei Täter. Das ist keine sensationelle Erkenntnis, aber auf jeden Fall eine, mit der man arbeiten kann. Angesichts der angegebenen Uhrzeit, also zwischen drei und vier Uhr nachts, kann es sich im Wohncontainer von Karl E. eigentlich nur um den Täter gehandelt haben – oder um die Täter. Denn ungefähr zu dieser Zeit brachte man wohl den Lagerarbeiter um.

Verschiedene Zeugen, so wird von meinen Kollegen ermittelt, hatten ebenfalls zwei Personen auf dem Weg zum Container oder in umgekehrter Richtung beobachtet. Was hatten die vor?, frage ich mich. Was wollten die mitten in der Nacht in dieser einsamen Gegend? Waren das die Männer, die der Gabelstaplerfahrer im Container gesehen hatte? Ich schaue Thomas an und überlege jetzt laut: «Die zwei Personen auf dem Gehweg – war das Karl mit seinem Mörder, oder waren das die beiden Täter nach der Tat?»

Ich hoffe, dass der Rechtsmediziner vielleicht etwas Konkretes über die Todeszeit sagen kann. Aber selten ist es so wie in den Fernsehkrimis, in denen der Arzt auf die Minute genau Auskunft geben kann, wann das Opfer getötet wurde. Leider. Um einen Todeszeitpunkt genau bestimmen zu können, sind meist lange Untersuchungen erforderlich. Und selbst dann kann man den Zeitraum häufig nur eingrenzen, und dabei handelt es sich oftmals um mehrere Stunden. Zwischen Realität und Fernsehwirklichkeit klaffen Welten. Wir können ja einen Mord auch nicht in neunzig Minuten aufklären. Auch hier: leider.

Nach den ersten Untersuchungen am Fundort der Leiche wird der Tote von Bestattern abtransportiert. Diese Aufgabe übernimmt unser Vertragsbestatter, den ich angerufen hatte. Der kennt sich aus und weiß, wie er Leichen bei Kapitaldelikten zu behandeln hat. Er weiß: Es dürfen keine Spuren vernichtet werden, auch keine neuen hinzukommen. Trotz seiner Sachkenntnisse achten die Kollegen vom Erkennungsdienst darauf, wie der Leichnam eingepackt und abtransportiert wird. Die Bestattungsmänner packen Karl E. in eine weiße Plastikfolie und legen ihn dann auf eine Trage; alle müssen dabei Handschuhe und Überzieher über den Schuhen tragen. Anschließend wird die Leiche in die Gerichtsmedizin nach Essen gebracht, wo alle unsere Leichen obduziert werden. Das sind mehr, als viele denken. Im Bereich Bochum, Herne und Witten gibt es jedes Jahr über eintausend Fälle, bei denen polizeiliche Ermittlungen erforderlich sind. Wir werden auch in den Fällen gerufen, wenn der Arzt eine unklare oder nicht natürliche Todesart feststellt. Jede fünfte Leiche wird aus diesem Grund obduziert – nur so lässt sich die genaue Todesart abklären. Aber nur sehr selten kommt dabei heraus, dass jemand getötet worden ist.

Ich frage die ED-Leute: «Habt ihr schon was?»

«Vielleicht», antwortet Stefan. «Es gibt Fingerabdrücke an den Flaschen. Die sind ganz gut.» Das heißt, dass sie wahrscheinlich auswertbar, also mit der Computerdatei vergleichbar sind. Von allen Straftätern werden Fingerabdrücke genommen, da diese einmalig sind. Es gibt keine Person, die denselben Fingerabdruck hat wie ein anderer Mensch. Jeder Finger hat individuelle Merkmale, die von der Lage und Art her ausgelesen und in einem Computer gespeichert werden. Beim Vergleich einer Tatortspur kann über den Rechner festgestellt werden, ob dieser Abdruck einem bekannten Straftäter zuzuordnen ist. Oder ob derselbe Täter bereits andere Verbrechen begangen hat – selbst wenn er vorher noch nicht identifiziert worden ist, sondern erst durch diese Computeranalyse.

Da ich im Augenblick vor Ort nichts weiter machen kann, begebe ich mich zu meinem Zivilwagen. Mein nächstes Ziel ist die Gerichtsmedizin. Auf der Fahrt nach Essen kann ich nicht abschalten, alle möglichen Aspekte der Tat werden von mir gedanklich durchgespielt. Dabei wird mir klar: In den nächsten

Tagen werde ich wohl wieder mehr rauchen, als ich eigentlich will. Die Zigaretten, die mir Matthias überreicht hat, sind komplett aufgeraucht.

Schließlich halte ich vor dem Gebäude der Gerichtsmedizin. Es befindet sich auf der Rückseite des Essener Klinikums. Der Eingang liegt etwas versteckt hinter Büschen und dem kleinen Parkplatz. Während ich an der Obduktion teilnehme, ermitteln die anderen weiter und informieren mich ständig über alle Entwicklungen.

Am späten Nachmittag meldet sich ein weiterer Mitarbeiter der Molkerei. Auch er hat zwei junge Männer gesehen, als er zur Arbeit fuhr. Das sei gegen fünf Uhr gewesen, und die Männer seien in Richtung Container gegangen. Diese Uhrzeit weicht von der ab, die die vorherigen Zeugen angegeben haben. Die Beschreibung der Personen passt aber wiederum auf die, die der Chef des milchverarbeitenden Betriebs, Herr S., gesehen hat. Leider gibt es in Herne und Wanne-Eickel eine Menge Menschen, die circa 170 bis 185 Zentimeter groß sind und schlank. Wieder tauchen mehr neue Fragen auf, als dass wir Klarheit bekommen.

Herr N., der «Betreuer» von Karl, macht uns eine Aufstellung der vermutlich entwendeten Geräte. Es fehlen ein Videorekorder und ein DVD-Player. Auch die Kaufbescheinigungen hat er, somit haben wir jetzt die Gerätenummern. Wenn wir mögliche Beute finden, können wir nachweisen, ob es die geraubten Besitztümer des Opfers sind. Das würde tendenziell Verdächtige in jeder Hinsicht in die Enge treiben.

Während der Obduktion kommen die grausamen Einzelheiten der Tat zutage. Das, was ich sehe und der Rechtsmediziner Lars Althaus schließlich zusammenfasst, schockt mich. Trotz meiner langjährigen Erfahrung. Der Doc sagt: «Dem Opfer wurde die Kehle vier Mal aufgeschlitzt. Es finden sich insgesamt vierunddreißig Schnitt- und Stichverletzungen am Oberkörper, im Rumpfbereich, in der Rippengegend und auf dem Rücken. Einer dieser Stiche traf die Schläfe des Kopfes, ein weiterer den Hals.»

Mein erster Gedanke: Hat hier eine Bestie zugeschlagen? Ein Sexualmörder? Ein Serienkiller? Ich bin überzeugt: Wer fähig ist, einen Menschen auf derart bestialische Weise zu töten, muss vorher durch Gewalttaten aufgefallen sein. Oder handelt es sich hier tatsächlich um einen Ersttäter? Das kann ich mir beim besten Willen nicht vorstellen. Doch ich kann mich täuschen. Nach diesen Informationen bedanke ich mich bei Lars Althaus und seinem Team und verlasse den Obduktionssaal.

Aufgrund der grauenhaften Details dieser Übertötung – was bedeutet, dass das Opfer tot ist, der Täter aber dennoch wie im Blutrausch weitermacht – geht mir eine Überlegung nicht mehr aus dem Kopf: Brauche ich bei der Aufklärung dieser Tat vielleicht einen Spezialisten zur Unterstützung? Seit geraumer Zeit wird über Profiler diskutiert. Das sind Psychologen, die über eine Tatortanalyse Hinweise auf einen Täter geben können. Zum Beispiel über die Motivation, warum jener Mensch genau dieses oder jenes mit dem Opfer gemacht hat und nicht etwas anderes. Über das, was sich ein Mörder bei seinem Tun in seiner Phantasie vorgestellt hat. Warum der Täter sich genau dieses bestimmte Opfer oder jenen speziellen Tatort ausgesucht hat.

Einen solchen Profiler, vielleicht sogar den bekanntesten im deutschsprachigen Raum, habe ich bei einem Referat in der Rechtsmedizin Essen persönlich erleben können. Thomas Müller stammt aus Innsbruck, ein Mann, der sich beim FBI ausbilden ließ. Als Fallanalytiker machte er sich einen Namen, weil er in den neunziger Jahren den österreichischen und inzwischen verstorbenen Briefbomber Franz Fuchs zur Strecke brachte. Fuchs hatte vier Menschenleben auf dem Gewissen. Eine Bombe hatte er an einem Container nahe eines Asylantenheims platziert. Sie ging hoch und tötete mehrere Menschen. Dieser rechtsradikale und fremdenfeindliche Täter schickte auch dem damaligen Wiener Bürgermeister Helmut Zilk und der Moderatorin Arabella Kiesbauer selbstgebastelte Sprengsätze per Post. Arabella Kiesbauer hatte Glück, die Bombe explodierte nicht. Der Wiener Bürgermeister hatte Pech, ihm wurden durch die Briefbombe zwei Finger der linken Hand abgetrennt. Thomas Müller brachte den Attentäter zur Strecke. Die Strategie: Mit einer öffentlichen Darstellung der einzelnen Taten wollte er ihn nervös machen. Denn wer nervös ist, so Müllers Plan, begeht Fehler. Den wiederum machte Fuchs bei einer routinemäßigen Polizeikontrolle. Er wollte eine fertige Rohrbombe, die er in seinem Auto parat hatte, den Polizisten entgegenwerfen, weil er glaubte, man hätte ihn aufgedeckt. Die Bombe explodierte aber vorher. Dabei wurden Fuchs beide Arme abgetrennt.

Seit ich das Gebäude der Rechtsmedizin verlasse habe, quält mich ein Problem: Gibt es auch in Wanne-Eickel einen Serienkiller? Nein, das kann nicht sein, denke ich, da ist bestimmt die Phantasie mit mir durchgegangen. Aber vielleicht ist dieser Gewaltexzess aus einer aggressiven Stimmung heraus geschehen, in der den Täter nichts mehr bremsen konnte. Oder existiert hier wirklich ein Irrer, der tötet, weil es ihm Spaß macht? Ich will das nicht glauben.

Trotzdem beschäftigen mich Fragen, die sich genauso Profiler stellen: Was hat der Täter gemacht, was er nicht hätte tun müssen? Wenn ich jemanden umbringen will, um ihn zu berauben, muss ich ihm nicht viermal die Kehle aufschlitzen und anschließend noch vierunddreißigmal auf seinen Körper einstechen. Das Opfer hat sich, das sagte jedenfalls Lars Althaus nach der Obduktion, nicht gewehrt. Vielleicht hatte er sich überhaupt nicht wehren können. Der Angriff kann plötzlich und unerwartet gekommen sein. Der Alkohol spielt hier sicherlich auch eine Rolle, überlege ich weiter. Wenn sich der Täter aber ein fast wehrloses Opfer sucht, warum bringt er es dann so brutal um? Gewaltphantasien und Machtgefühle müssen bei ihm – oder bei den Tätern – sehr weit ausgeprägt sein.

Mit diesen bedrückenden Gedanken im Kopf fahre ich zurück nach Herne.

Mittlerweile ist es Abend geworden. Jeder aus unserer Truppe hatte genug zu tun gehabt. Hauptsächlich wurden Personen aus dem Umfeld des Opfers vernommen. Jetzt treffen wir uns alle auf der Wache in Herne wieder. Für jede Mordkommission ist es einfacher, die Ermittlungen vor Ort zu führen. Wenn wir also einen Fall in Herne bearbeiten, versuchen wir, auch die Vernehmungen in den Räumen des jeweiligen Außenkommissariats durchzuführen. Aus diesem Grund hatte ich uns vorher bei der Kripo Herne angemeldet. Es gab auch keine Schwierigkeiten, als ich fragte, ob wir unsere Arbeit auf dieser Wache erledigen könnten, im Gegenteil. Außerdem ist es ganz angenehm, ein paar «alte Gesichter» aus vergangenen Polizeitagen zu sehen.

Die Herner Kollegen haben uns Vernehmungszimmer und einen Aufenthaltsraum zur Verfügung gestellt. Bei einer frischgekochten Tasse Kaffee sitzen wir jetzt um den Tisch des Aufenthaltsraums und fassen alle bisherigen Ermittlungsergebnisse zusammen: Bisher haben wir im Grunde nichts Konkretes. Zwei junge Männer, einer vielleicht mit Bart, haben sich in der Nähe des Tatorts verdächtig verhalten. Laut Zeugen aber zu völlig unterschiedlichen Zeiten. Drei Flaschen standen auf dem Tisch im Container, daneben ein Glas. Darauf möglicherweise Fingerabdrücke beziehungsweise DNA-Material. Dies würde aber nur beweisen, dass sich eine Person oder mehrere Personen in dem Container aufgehalten haben. Es beweist nicht, zu welcher Zeit. Und erst recht nicht, ob es zur Tatzeit war. Und natürlich auch nicht, ob der- oder diejenigen an der Tat beteiligt waren.

«Also, weiter geht's», sage ich nach einer Pause des Schweigens. Ich will die Truppe ein wenig aufmuntern. Wir haben ja noch die Kneipe vor uns, in der Karl E. verkehrte. Und aus der angeblich diese mysteriöse SMS kam. Das «Julia-Eck» ist ein Lokal, das ich als alteingesessener Herner natürlich kenne. Es wird von einem Türken geführt, und an den Wochenenden wird hier türkische Live-Musik gespielt. Manchmal tritt auch eine Bauchtänzerin auf. Wenn Karl E. sich im «Eck» zuletzt aufgehalten hat – traf er an diesem Ort möglicherweise seinen Mörder?

Um 20 Uhr treffe ich mit Micha, Rolf und Robert im «Julia-Eck» ein. Hinter dem Tresen steht ein türkisch aussehender Mann, ich schätze ihn auf Mitte fünfzig. Außer ihm ist niemand in der Kneipe. Nach kurzer Begrüßung frage ich, ob er der Inhaber der Gaststätte ist. «Nein», antwortet er. «Das war ich mal. Mittlerweile habe ich das Lokal an meinen Sohn übergeben.»

«Und wo ist jetzt Ihr Sohn?»

«Das kann ich Ihnen nicht sagen. Aber in einer Stunde will er hier sein.»

«Kennen Sie eigentlich einen Karl E.?»

«Wie heißt der?»

Doch statt den Namen zu wiederholen, zeige ich dem ehemaligen Wirt ein Foto des Getöteten.

«Klar kenn ich den. Der ist öfter hier. Zuletzt war er gestern da.»

«Können Sie sich an die Uhrzeit erinnern?»

«Er kam so gegen 20 Uhr.»

«Und wie lange ist er geblieben?»

«Gegen 22 Uhr bin ich nach Hause gegangen, da war er auf jeden Fall noch nicht weg. Wie lange er dann noch blieb, weiß ich nicht. Da müssen Sie meinen Sohn fragen. Der erschien so gegen 21 Uhr und hat mich am Tresen abgelöst. Zu Hause habe ich noch den Abrechnungskram gemacht. Mein Sohn hat das nicht so drauf.»

«Und heute will Ihr Sohn auch gegen 21 Uhr Ihren Job übernehmen?»

«Ja», sagt der Türke und wischt über den Tresen, obwohl es nichts zu wischen gibt.

«Alles klar», bemerke ich, «dann kommen wir um diese Zeit noch mal zurück.»

Da wir den ganzen Tag noch nichts gegessen haben, fahren wir zu einer nahe gelegenen Pizzeria in der Bielefelder Straße. Sie ist klein, aber urgemütlich. Es gibt nur wenige Tische, insgesamt etwa fünfundzwanzig Plätze. Der Inhaber Giovanni kocht hier selbst. Seine sympathische Frau steht hinter dem Tresen, einen Pizzabäcker gibt es außerdem, und zwei freundliche Kellner bedienen die Gäste. In diese Pizzeria habe ich mich sofort verliebt, als ich sie das erste Mal aufsuchte. Dieses Restaurant ist zu meiner Lieblingspizzeria geworden, sicher auch wegen der Fischgerichte, die ausgezeichnet ist.

Die Kollegen setzen sich an einen freien Tisch und bestellen Pizza oder ein Pastagericht. Da ich keinen Hunger habe, gehe ich vor die Tür. Draußen herrscht eine klirrende Kälte. Noch immer trage ich meine viel zu dünne Jacke, aber im Augenblick stört es mich nicht. Vielmehr irritiert mich, dass ich keinen Appetit verspüre. Eigentlich müsste ich wie die anderen einen knurrenden Magen haben. Offensichtlich liegt es an der Aufregung, der Anspannung und Ungewissheit, wie es weitergeht, dass ich nichts essen mag. Meine Jungs können anscheinend besser abschalten. Sie lachen und schlagen sich den Bauch voll, wie ich durchs Fenster der Pizzeria beobachten kann. Schon wieder rauche ich eine Zigarette. Nach den Stunden in der Gerichtsmedizin hatte ich mir an einer Tankstelle eine Packung gekauft. Auch ein neues Feuerzeug habe ich mir gleich mitbesorgt, wer weiß, wie lange das alte noch funktioniert ...

Fieberhaft überlege ich: Kann der Sohn des ehemaligen Kneipiers der Mörder sein? Wie wird er sich verhalten, wenn er von seinem Vater erfährt, dass die Polizei da war? Wie wird er reagieren, wenn wir ihn auf Karl E. ansprechen? Wie sieht dieser Jungwirt überhaupt aus? Passt die spärliche Personenbeschreibung auf ihn, oder scheidet er deshalb gleich aus? Ich schwanke zwischen Hoffen und Bangen.

Es ist bereits 21.05 Uhr. Meine Kollegen sitzen vor leeren Tellern, aber anscheinend fühlen sie sich in der Pizzeria so wohl, dass sie noch nicht vom Tisch aufstehen mögen. Langsam werde ich ungeduldig, lasse es mir aber nicht anmerken, sonst wäre ich ins Restaurant gegangen. Ich bin jetzt durchgefroren, aber das ist nicht der Grund für meine Unruhe. Die

Zeit drängt, wollten wir doch um 21 Uhr wieder im «Julia-Eck» sein. Schließlich gehe ich doch in die Pizzeria hinein und mahne zum Aufbruch. «Nur noch bezahlen, dann können wir los, Chef», sagt Micha.

«Aber beeilt euch, es ist schon nach neun!»

Micha merkt mir meine Anspannung an. «Wir kommen ja, Axel!»

Meine Ungeduld hat noch mit etwas anderem zu tun: Ich weiß, dass wir nicht die ganze Nacht durcharbeiten können. Der Akku ist irgendwann leer. Zugleich ist mir aber klar, dass eine Vernehmung des Wirts lange dauern kann, sehr lange. Aber gerade die ersten Stunden nach einem Tötungsdelikt sind die wichtigsten. Mutmaßliche Täter stehen dann noch unter dem Eindruck der Tat, haben sich zu diesem Zeitpunkt meist kein plausibles Alibi ausgedacht und Beweisstücke bislang nicht verschwinden lassen. Und Zeugen können sich an jedes Detail erinnern, weil ihr Eindruck frisch ist.

Aufgrund dieser Situation muss ich versuchen, meine Truppe bei Laune zu halten. Druck sollte ich nicht ausüben. Doch das habe ich gerade gemacht. Aber was, wenn wir tatsächlich im «Julia-Eck» auf unseren Täter stoßen? Dann dauert es eben lange, denn die Akkus sind nicht bei allen Kollegen auf einmal leer.

Jetzt sind alle so weit. Wir steigen wieder in die Autos und fahren los. Nach fünf Minuten halten wir vor der Eckwirtschaft. Es ist 21.15 Uhr. Als wir ein weiteres Mal die Gaststätte betreten, begrüßen uns der Seniorchef und sein Sohn. Letzterer heißt Tobias, seine Mutter ist nämlich Deutsche. Der Junior ist klein und schlank, durchtrainiert und sportlich. Seine Größe: etwa 165 bis 175 Zentimeter. War es nicht so, dass wir einen kleineren und einen größeren Mann, eventuell mit Bart, suchten? Zwei Personen, die sich auf der Straße vor dem Container verdächtig verhalten hatten? Zwei Männer, die zu abweichenden Zeiten von verschiedenen Personen in der Nähe des Tatorts gesehen wurden, einer davon vielleicht sogar im Container? Oder waren sogar beide dort?

Tobias A. hat natürlich von seinem Vater erfahren, dass wir ihn sprechen wollen. Er redet los wie ein Wasserfall. Verdächtig? Er erzählt, dass Karl gestern in der Kneipe gewesen sei. Man habe geknobelt und Dart gespielt. «Karl war ziemlich betrunken, als er ging», konstatiert Tobias. «Beim Gehen schwankte er regelrecht.»

«Ist er alleine losgezogen?», frage ich. «Und wann verließ er überhaupt die Kneipe?»

«So gegen zwei Uhr. Allein. Ich wollte ihm noch ein Taxi bestellen, aber Karl winkte ab», erwidert Tobias. «Karl hat gemeint, er müsse nicht weit laufen und bräuchte deshalb kein Taxi.»

Jetzt fängt es an, spannend zu werden. «Wer war zu diesem Zeitpunkt noch in der Kneipe?», frage ich weiter.

«Mein bester Freund, der Frederik L.»

«Sonst keiner mehr?»

«Nee, keiner.»

«Wo ist denn der Frederik jetzt?» Micha mischt sich ein.

«Keine Ahnung. Der wohnt aber gleich um die Ecke, bei seinen Eltern.»

«Herr A., wir müssen Sie richtig vernehmen. Ihre Informationen sind für uns so wichtig, wir sollten das schriftlich aufnehmen. Können Sie mit zur Wache nach Herne kommen? Wir bringen Sie anschließend auch wieder zurück. Ihr Vater wird Sie sicher in dieser Zeit hinter dem Tresen vertreten.» Freundlich blicke ich den Senior an: «Das haben Sie ja lange genug gemacht.»

Da der Vater sofort einverstanden ist, fahren Rolf und Micha mit Tobias A. zur Herner Wache, um das gerade Gehörte niederzuschreiben. Bei den Ermittlungen brauchen wir für die Akten alles schriftlich.

Thomas, Robert und ich begeben uns zeitgleich zur Cranger Straße, zu den Eltern von Frederik, dem letzten Gast. Es ist ein Reihenhaus mit mehreren Zugängen. Hausnummern kann ich in der Dunkelheit nicht ausmachen. Mit meiner Taschenlampe, einer dicken MagLite, leuchte ich an einer Klingelleiste im Hinterhof. Auf jeden Fall ist dort der vom Wirt genannte Nachname zu lesen. Auf unser Schellen wird ziemlich schnell geöffnet. Ein Typ von Mitte zwanzig steht in der Tür.

«Sind Sie Frederik L.?», frage ich.

Der junge Mann schüttelt den Kopf: «Nee, da müssen Sie nebenan klingeln. Ich bin der Bruder von Frederik.» Er zeigt auf eine Wohnungstür rechts von seiner eigenen. Nachdem wir dort geläutet haben, öffnet uns ein älterer, dicker Mann.

«Guten Abend, mein Name ist Pütter, Kriminalpolizei Bochum», sage ich.

Augenblicklich faucht mich der Mann an: «Sie waren doch letzte Woche bei uns und haben alles durchsucht. Was wollen Sie denn jetzt schon wieder?»

Durchsucht? Davon weiß ich nichts! Dem Mann versuche ich klarzumachen, dass die Kriminalpolizei dies nicht veranlasst hat. «Das müssen Kollegen von mir gewesen sein», erkläre ich beschwichtigend. «Was auch immer der Grund war, deshalb sind wir nicht hier.»

Doch der Mann bleibt ungehalten. «Ich glaube Ihnen kein Wort. Ihr denkt, ihr könnt uns fertigmachen. Aber nicht mit mir.»

Zum wiederholten Mal betone ich, dass die Durchsuchung

ein anderer Kollege angeordnet hat und ich nur kurz seinen Sohn Frederik sprechen will. Doch in seinem Zorn kann oder will Herr L. mich nicht verstehen.

In diesem Moment erscheint die Ehefrau an der Tür. Zum Glück. Sie schiebt ihren aggressiven Mann zurück in die Wohnung, und er lässt das auch mit sich geschehen. Dabei murmelt er etwas Undefinierbares vor sich hin. Ich will gar nicht wissen, was er sagt. Bestimmt keine Freundlichkeiten. Frederiks Mutter scheint aber begriffen zu haben, dass ich die erwähnte Durchsuchung tatsächlich nicht durchgeführt habe. Sie fragt: «Was wollen Sie denn von meinem Sohn?»

«Wir brauchen ihn als Zeugen in einem Fall, der sich gestern ereignet hat. Genaueres würde ich gern Ihrem Sohn Frederik persönlich erklären.»

Die Mutter gibt sich mit meiner Äußerung aber nicht zufrieden. «Warum tun Sie denn so geheimnisvoll? Was ist das für ein Fall?»

«Tut mir leid, das kann ich Ihnen wirklich nicht sagen. Aber Ihr Sohn könnte uns vielleicht bei der Aufklärung einer Tat helfen! Ist er zu Hause?»

Sie schüttelt den Kopf.

«Können Sie mir sagen, wie ich ihn finden kann?»

«Er ist bei seiner Freundin», sagt Frau L. und nennt mir seine Handynummer. Nachdem sie die Tür geschlossen hat, spüren wir drei die kalte Abendluft. Kleine Atemwolken kommen über unsere Lippen.

«Dann wollen wir mal», rufe ich in die Runde und wähle die Nummer von Frederiks Mobiltelefon. «Mist! Besetzt!», erkläre ich meinen Unmut. «In diesem Moment ruft bestimmt Frau L. bei ihrem Sohn an.» Wieder und wieder versuche ich ihn zu erreichen, und endlich ertönt das Freizeichen. Frederik L. meldet sich, und ich sage: «Guten Tag, Pütter, Polizei Bochum. Wir müssten Sie sprechen, weil wir Ihre Zeugenaussage benötigen. Wo sind Sie denn gerade?»

Ohne zu zögern, gibt er die Auskunft, dass er sich zusammen mit seiner Freundin bei einem anderen Pärchen in Herne-Holthausen aufhält. Als ich um die Adresse bitte und ihm mitteile, dass wir ihn gern sprechen würden, sagt er, wohin wir kommen sollen.

Nachdem ich das Gespräch beendet habe, wende ich mich Thomas zu: «Er weiß noch nicht, dass wir von der Mordkommission sind. Wir sollten es auch dabei belassen, bis wir ihn abgeholt haben und vernehmen. Er soll sich nicht vorbereiten können.»

Thomas und Robert machen sich sofort auf den Weg nach Holthausen und holen Frederik L. ab, während ich zur Wache fahre, um die bislang vorliegenden Schriftstücke zu ordnen.

Nachdem meine Kollegen mit dem letzten Gast aus dem «Julia-Eck» in Herne eingetroffen sind, erzählt mir Robert, dass Frederik L. beim Abholen ziemlich locker wirkte, allerdings hätte er sich auffallend innig von seiner Freundin verabschiedet. Auf dem Weg zum Auto und auch während der Fahrt hätte er keine einzige Frage gestellt.

Frederik ist, wie ich inzwischen herausgefunden habe, gerade achtzehn Jahre alt geworden und bei der Polizei bislang ein völlig unbeschriebenes Blatt. Noch nie ist er aufgefallen. Frederik hat einen Vollbart (!), ist schlank und etwa ein Meter fünfundachtzig groß. Ist er der Mörder? Der größere der beiden Männer, die beobachtet worden waren?

Micha und Rolf vernehmen im ersten Obergeschoss der Herner Wache Tobias A. Angefangen haben sie vor einer halben Stunde, jetzt ist es 23 Uhr. Der Jungwirt ist vierundzwanzig

Jahre alt und mehrmals wegen Diebstahls und einmal wegen einer einfachen Körperverletzung bei der Polizei aufgefallen. Ist er der kleine Mann, der auf dem Großmarkt neben dem Bärtigen gesehen wurde?

Frederik schaue ich mir genau an: Er ist ein schlaksiger Junge, der einen sympathischen Eindruck macht. Ein Jugendlicher wie viele andere. Der Wirt dagegen macht sich ein bisschen wichtig und erzählt sehr viel. Am liebsten über sich. Er sei Karatekämpfer, gibt er zu verstehen, und seinem Freund Frederik hätte er schon manches Mal aus der Patsche geholfen. Auch mal einem was aufs Maul gehauen, weil der seinen Kumpel bedroht habe. «Geschah dem Typen ganz recht», meint er selbstherrlich.

Bei den Vernehmungen ist es üblich, zuerst nach persönlichen Daten eines Zeugen oder Beschuldigten zu fragen. Als Ermittler möchte man wissen: Was für ein Mensch sitzt mir da gegenüber? Nicht zuletzt sind diese Informationen auch für einen Richter wichtig, der später ein Urteil über diese Person fällen muss. Wir möchten wissen, wie der mögliche Täter aufgewachsen ist und welche Schulen er besuchte. Hat er neben den üblichen Kinderkrankheiten noch andere Leiden gehabt? Wie war das Verhältnis zu den Eltern? Erlernte er einen Beruf? War er schon einmal straffällig geworden? Mit welcher Tat? Welche persönlichen Bindungen pflegt er? Gibt es Freunde? Wenn ja, welche?

Nach diesen Auskünften geht's zur Sache! Der Tag des Vorfalls wird dann genau rekonstruiert und analysiert. Der Zeuge oder Beschuldigte soll sagen, was er zu welchem Zeitpunkt gemacht hat. Vielleicht verstrickt er sich dabei in Widersprüche. Wichtig ist, zu erfahren, ob der- oder diejenige Drogen beziehungsweise Alkohol zu sich genommen hat. Das könnte später strafmildernd gewertet werden. Wir müssen nämlich auch alles ermitteln, was einen Verdächtigen entlasten könnte.

Allein sitze ich nun in der Kaffeebude des Herner Kommissariats in der ersten Etage. Ich lese die Berichte, auch den über den Tatortbefund. Dazu die bereits niedergelegten Vernehmungen von Zeugen. Es ist mittlerweile nach Mitternacht, beide Vernehmungen, also die von Tobias A. und die von Frederik L., sind noch im Gange. Gerade liegt Kareens Bericht vor mir. Sie schreibt, dass die Wache in Herne von Herrn N., dem Betreuer des Opfers, angerufen wurde: «Gegen sechs Uhr morgens haben die Mitarbeiter des milchverarbeitenden Betriebs im Container nachgeschaut, weil Karl E. nicht zur Arbeit erschien. Dabei haben sie den blutüberströmten Toten gefunden. Und Herr N. hat festgestellt, dass ein Videorekorder und DVD-Player von Karl fehlen.»

Mehr als diese Berichte interessieren mich aber die laufenden Vernehmungen. Ständig lasse ich mich auf den neuesten Stand bringen. Tobias A. erzählt meinen Kollegen Rolf und Micha, er sei im Alter von zehn Jahren zu einer Pflegefamilie gekommen. «Bis dahin habe ich bei meiner Mutter gelebt. Warum sie mich weggab, weiß ich bis heute nicht.» Sein Vater, der von der Mutter getrennt gelebt hätte, war dagegen gewesen, konnte sich aber nicht durchsetzen. «Meine Mutter hatte das mit dem Jugendamt so besprochen. Aber mit siebzehn hielt ich es bei meiner Pflegefamilie nicht mehr aus und zog zu meinem Vater.» Als man ihn nach Straftaten befragt, antwortet er: «Einige Diebstähle habe ich vor diesem Umzug begangen, sonst nichts.»

Aber das scheint nicht ganz zu stimmen. Es dauert nur einen Moment, dann sprudelt es aus dem Verdächtigen heraus:

«Damals habe ich aber auch einen anderen Pflegesohn der Familie zusammengeschlagen. So richtig ausgerastet bin ich, doch nicht ohne Grund. Von meinem Großvater habe ich ein Foto geschenkt bekommen. Sieben Jahre hatte ich ihn nicht gesehen, und als ich ihn dann wiedertraf und er mir das Bild überreichte, bedeutete es mir sehr viel. Eines Tages kam ich aus der Schule nach Hause und nahm das Foto in die Hand, um es zu küssen. Dabei entdeckte ich, dass es mehrere Löcher aufwies. Sofort wusste ich, wer das Bild zerstört hatte. Augenblicklich lief ich in den Keller. Dort habe ich über eine Stunde auf meinen Pflegebruder gewartet. Ronni hatte hier unten sein Zimmer.

Als er schließlich kam, begrüßte ich ihn wie immer und gab ihm die Hand. In diesem Moment drückte ich sie jedoch fest zusammen, drehte Ronni herum und trat ihm voll in den Hintern. Ronni flog mit dem Kopf gegen die Wand und fiel zu Boden. Ich setzte mich auf ihn und schlug mit der Faust auf sein Gesicht ein. Als ich dachte, dass es genug sei, hörte ich auf. Ronni zeigte mich nicht bei der Polizei an. Vielleicht, weil ich Kampfsport machte. Das tat ich, weil ich einmal von einem Stärkeren verprügelt wurde. Und dafür wollte ich mich unbedingt rächen und den Typen später zusammenschlagen.»

Dann berichtet Tobias, was an dem Donnerstagabend in der Kneipe geschah: «An diesem Nikolaustag bin ich gegen 21 Uhr ins ‹Julia-Eck› gekommen, um meinen Vater abzulösen. Karl war schon häufiger Gast bei mir gewesen, er saß angetrunken am Tresen. Zusammen knobelten wir. Das Würfelspiel nennt sich Schocken. Toni, ein anderer Stammgast, war noch dabei. Beim Schocken muss der Verlierer einen ausgeben, doch Karl hatte an diesem Abend eine echte Glückssträhne. Acht Flaschen Bier gewann er beim Knobeln – und natürlich hat er auch alle ausgetrunken. Irgendwann haben mein Vater und Toni um eine Flasche Wodka geknobelt. Mein Vater hat sie gewonnen – und sofort geöffnet. Wir alle haben dann nicht nur Bier, sondern auch Wodka getrunken.»

Sein Freund Frederik sei erst eine halbe Stunde vor Mitternacht erschienen, fährt Tobias A. fort. «Er hat dann mitgetrunken. Toni verschwand irgendwann, aber wir haben weitergeknobelt, und Frederik nahm seinen Platz ein. Mein Vater war längst nicht mehr in der Kneipe, er wollte nach Hause. Karl verließ uns gegen halb zwei morgens – plus minus zehn Minuten. Bevor er ging, hatte ich allen zu verstehen gegeben, dass ich müde sei und zumachen wolle.

Wie gesagt, ich habe Karl noch gefragt, ob ich ihm ein Taxi rufen soll. Er war nämlich mal wieder total besoffen. Er konnte nicht mehr geradeaus laufen, und ich machte mir Sorgen um ihn. Er sollte ja nicht unterwegs hinfallen und womöglich in der Kälte erfrieren. Ein Taxi lehnte er jedoch strikt ab. Mehr konnte ich aber nicht für ihn tun, ich konnte ihn schließlich nicht zwingen, sich nach Hause fahren zu lassen. Und falls Sie es interessiert, ich war auch nie bei ihm gewesen. Dann habe ich ihn übrigens noch vor die Kneipentür gebracht, weil die Eingangstreppe kein Geländer hat. Ich hatte Schiss, der macht sich auf den wenigen Stufen schon lang. Als er halbwegs sicher auf dem Bürgersteig stand, verabschiedete ich mich von ihm und ging zurück ins Lokal. Dabei schloss ich die Eingangstür von innen ab.»

«Meine Güte, wie ungewöhnlich fürsorglich», kommentiere ich das, was ich von Rolf und Micha in einer Vernehmungspause berichtet bekomme. «Ein Wirt, der sich so viele Sorgen um seine Gäste macht, ist nicht wirklich glaubwürdig.»

Micha kommt überhaupt regelmäßig aus dem Vernehmungszimmer, das auf derselben Etage wie die Kaffeebude liegt, und gibt mir die aktuellen Zwischenergebnisse kund. Genauso Thomas und Robert vom anderen Team. Dadurch bin ich bestens informiert, kann die Aussagen miteinander vergleichen und mögliche Widersprüche sofort erkennen. Außerdem kann ich die Teams mit den neuesten Erkenntnissen aus der jeweils anderen Vernehmung versorgen. Wir alle haben mehr und mehr die Hoffnung, dass wir mit dem jungen Wirt und seinem Freund die Täter haben. Optisch würde es perfekt passen, aber auch andere Aspekte lassen diesen Gedanken zu … Euphorisch ist aber keiner, bewiesen ist noch gar nichts. Und können wir den beiden überhaupt etwas nachweisen? Im Grunde können wir nur abwarten, was Tobias A. und Frederik L. weiter erzählen werden. Und ob sie sich widersprechen.

Der Wirt des «Julia-Ecks» sagt nun, dass sein Kumpel Frederik noch bis Viertel nach zwei in der abgeschlossenen Kneipe geblieben sei. «Dann ist auch er nach Hause gegangen. Frederik wohnt ja nicht weit weg. Gegen sechs Uhr hat er sich wieder bei mir gemeldet. Wir frühstückten dann am Bahnhof in einer Bäckerei.» Komisch, nach durchzechter Nacht gehen die beiden nach nur rund drei Stunden Schlaf gemeinsam frühstücken …

Jetzt kommt es darauf an, was Frederik berichtet. Von Robert erfahre ich den Vernehmungsstand. Frederik war an diesem Abend erst bei seiner Freundin gewesen: «Gegen 22 Uhr fuhr ich mit dem Bus nach Hause. Doch statt ins Bett zu gehen, begab ich mich auf direktem Weg in die Kneipe. Tobias war da, sein Vater und der Karl. Den Karl kenne ich ungefähr seit einem Jahr. Ach ja, der Toni, ein Stammgast, war auch noch da. Wir haben anfangs geschockt, wobei die anderen schon vorher geknobelt haben, jedenfalls sagten sie mir das. Danach haben wir noch mit Dartpfeilen geworfen.» Zwischendurch sei getrunken worden, mehrere Flaschen Bier. «Toni und Tobias' Vater sind irgendwann gegangen, am Ende waren nur noch Karl, Tobias und ich in der Kneipe. Karl hat uns gegen halb zwei verlassen. Er ging wohl zu Fuß zu seinem Container, den ich aber nie betreten habe.»

Das klingt wie abgesprochen, denke ich, als mir wieder der aktuelle Stand mitgeteilt wird.

Frederik erzählt jedoch weiter: «Tobias und ich saßen noch ein wenig in der Kneipe herum. Eine Viertelstunde später hat Tobias Feierabend gemacht. Wir löschten alle Lichter und sind danach in die hinter dem Lokal gelegene Wohnung von Tobias gegangen. Da haben wir Musik gehört und Fernsehen geguckt.» Davon hatte der Wirt nichts erzählt.

Es naht der Moment, auf den man bei jeder Mordermittlung hinarbeitet. Es ist der Augenblick, in dem man merkt, dass die Richtigen im Vernehmungszimmer sitzen. Plötzlich verkündet nämlich Frederik, dass sie beide gegen vier Uhr morgens noch einmal nach draußen gegangen seien. «Wir wollten etwas frische Luft schnappen. Wir kreuzten den real-Markt, spazierten auch am Großmarkt vorbei. Dafür gibt es vielleicht sogar Zeugen, uns kamen zwei Autos entgegen.» Wie dreist! Frederik L. gibt die Aussagen der Zeugen am Großmarkt als eigenes Alibi aus! Eine halbe Stunde später, so behauptet nun der Tatverdächtige, wären sie wieder in Tobias' Wohnung gewesen. «Um sechs Uhr haben wir uns erneut aufgerafft. Wir liefen zum Bahnhof, um dort zu frühstücken.»

Das ist der Knackpunkt. Tobias hat meinen Kollegen eine andere Version aufgetischt. Eines ist klar: Einer von den beiden lügt. Und warum lügt man? Weil man etwas zu verbergen hat.

«Micha, kannst du mal kommen?», frage ich leise, nachdem

ich die Tür zum Vernehmungszimmer geöffnet habe, in dem Tobias A. verhört wird. Aus unserer langjährigen Zusammenarbeit weiß mein Kollege, dass etwas Besonderes passiert sein muss. Ich platze sonst nie in eine Vernehmung. Das stört einfach. Vielleicht will der Beschuldigte gerade gestehen – und durch die Unterbrechung besinnt er sich eines anderen. Aber bei diesem gerade entdeckten Widerspruch muss ich handeln.

«Jetzt?», fragt Micha mit gerunzelter Stirn.

«Ja!»

Mein Kollege schaut mich mit großen Augen an. Rolf bleibt mit Tobias A. im Zimmer, die Vernehmung wird kurz unterbrochen. Micha folgt mir in die Kaffeebude. Hier steht noch immer Robert, der mir gerade das Neueste von Frederik wiedergegeben hat. «Los», fordere ich ihn auf, «erzähl Micha, was Frederik L. eben behauptete!» Nachdem allen der Widerspruch klar ist, steigt die Spannung. Wir wissen, was die beiden Versionen bedeuten. Jetzt bloß keinen taktischen oder psychologischen Fehler machen. Die Chance, den Fall noch in dieser Nacht aufzuklären, könnte dadurch abrupt beendet werden.

Meinen beiden Kollegen schlage ich vor, Frederik mit dem Vorwurf des Mordes zu konfrontieren: «Vielleicht knickt er dann ein.» Gemeinsam tragen wir für diese Strategie sämtliche belastenden Punkte zusammen. Ich fasse zum Schluss zusammen: «Erstens: Frederik L. hat einen Vollbart – im Container wurde ein größerer Mann mit Vollbart gesichtet. Zweitens: Mehrere Zeugen haben am Container oder in seiner unmittelbaren Umgebung zwei Personen mit der Statur von Frederik L. und Tobias A. beobachtet. Drittens: Einer der beiden Männer gibt zu, in der Nähe des Tatorts gewesen zu sein – der andere erzählt eine völlig davon abweichende Geschichte. Hat man nichts zu verbergen, müssten beide Aussagen übereinstimmen.»

Ich füge noch hinzu: «Jetzt können wir nur hoffen, dass wir von Frederik L. und Tobias A. Fingerabdrücke oder DNA-Material im Container finden. Schließlich haben sie erklärt, noch nie dort gewesen zu sein. Weiterhin wissen wir, dass Gegenstände gestohlen wurden. Wenn wir die bei unseren Zeugen finden, haben wir ein zusätzliches wasserfestes Indiz für ihre Beteiligung an dieser grausamen Tat. Nach ihren unabhängig voneinander gemachten Aussagen sind die beiden jungen Männer eindeutig keine Zeugen mehr, sondern Beschuldigte.»

Es ist genau zehn Minuten nach Mitternacht, als die Entscheidung fällt. Wir wollen jetzt nicht nur Frederik L., wie anfangs vorgesehen, sondern auch Tobias A. mit der Tat konfrontieren. Beiden soll eröffnet werden, dass sie fortan als Beschuldigte gelten. Das ändert vieles. Die zwei Männer dürfen schweigen, können einen Anwalt dazuholen. «Und sagt mir sofort Bescheid, wie sie reagieren, wenn ihr sie damit konfrontiert habt», gebe ich Micha und Robert mit auf den Weg, bevor sie wieder in den Vernehmungszimmern verschwinden.

Die Sekunden werden zu Minuten. Ich warte, trinke einen weiteren Kaffee und rauche eine Zigarette nach der anderen. Viel zu viel Nikotin! Ich ärgere mich, dass ich ständig schwach werde. Der Stress und die Anspannung sind die Entschuldigungen, die mein Gewissen beruhigen sollen. Schließlich laufe ich auf dem Flur auf und ab, wobei ich mich bemühe, leise zu gehen. Man soll mich in den Vernehmungsräumen nicht hören. Danach schaue ich aus dem Fenster. Alles ist ruhig und friedlich. Keine Menschenseele ist draußen in der nächtlichen Dunkelheit zu sehen. Kurz reiße ich das Fenster auf. Ich brauche frische Luft, außerdem stört mich der Qualm der von mir gerauchten Zigaretten. Ekelhaft!

Es ist kaum noch auszuhalten. In beiden Vernehmungszimmern wird verhört – und mir bleibt nichts anderes übrig, als zu warten. Kommt bald der Durchbruch?

Nach einer Viertelstunde tritt Robert als Erster aus seinem Vernehmungsraum. Gespannt schaue ich ihn an, und ich bilde mir ein, dass seine Augen leuchten.

«Und? Was ist?», frage ich.

«Er hat gestanden.»

«Das glaube ich nicht!»

«Doch, das kannste glauben. Frederik hat gesagt, sie beide, also er und Tobias, hätten den Karl umgebracht. Mit einem Messer. Und dann hätten sie ihn auch noch erwürgt.»

«Unfassbar. Das gibt's doch gar nicht!» Ich kann es immer noch nicht ganz richtig realisieren, was ich eben gehört habe. «Micha muss sofort davon erfahren. Mal sehen, wie Tobias A. auf das Geständnis des Komplizen reagiert!»

Doch dann sind meine Gedanken auf einmal ganz woanders.

«Robert, denk an die Uhrzeit! Vernehme ihn nur noch zur eigentlichen Tat. Es ist schon nach Mitternacht, und wir haben noch etwas Zeit, um die beiden dem Haftrichter vorzuführen. Nicht, dass er hinterher sagt, ihr hättet Tobias und Frederik zu lange vernommen. Er könnte dann behaupten, aus diesem Grund hätten sie nicht mehr gewusst, was sie von sich gaben – oder irgendeinen anderen Mist, den wir nicht gebrauchen können. Außerdem müssen wir morgen früh raus und topfit sein.»

Nach der Festnahme einer Person muss eine Entscheidung getroffen werden: Soll sie einem Richter zur Prüfung eines Haftbefehls vorgeführt werden, oder entlässt man sie wieder? Da wir beide Personen nach Mitternacht festnehmen werden – ich gehe davon aus, dass auch Tobias A. noch gestehen wird –, haben wir bis zur Vorführung vor einen Haftrichter Zeit bis zum Ende des darauffolgenden Tages, also bis Sonntag. Es gibt natürlich auch die Möglichkeit, eine Person trotz dringenden Tatverdachts zu entlassen, das ist der Polizei in Absprache mit der Staatsanwaltschaft gegeben. Dieses Vorgehen hängt aber von der Schwere des Delikts ab. Bei Mord oder Totschlag ist jedoch klar, dass der Tatverdächtige einem Haftrichter vorgeführt werden muss.

Kurz klopfe ich an die Tür des Vernehmungszimmers, in dem Rolf und Micha mit Tobias A. sitzen, anschließend öffne ich diese einen Spalt. Micha gebe ich kurz ein Handzeichen, er soll bitte nach draußen kommen.

Mein Kollege sieht mir meine Freude offenbar an, denn er fragt sofort, nachdem er die Tür zum Vernehmungsraum geschlossen hat: «Und, was ist los? Hat der andere ausgepackt?» Eigentlich will ich ihn auf die Folter spannen, aber es platzt regelrecht aus mir heraus: «Frederik L. hat gestanden! Er sagt aus, dass beide die Tat begangen haben. Nur zum Motiv hat er noch nichts Konkretes angegeben.» Michas Gesicht hellt sich auf. Wir klatschen mit den Händen ab. Die Freude ist riesengroß. Dass wir uns nicht um den Hals fallen, ist nur dem Ort geschuldet. Für Außenstehende mag das komisch wirken, aber so löst sich unsere Anspannung. Schließlich wollten wir eine extrem schreckliche Tat aufklären. Möglichst schnell. Und das ist uns gerade gelungen.

Genau das sind die Augenblicke, für die man in einer MK lebt. Und das ist wörtlich zu nehmen: Man arbeitet nicht in einer Mordkommission, man lebt in einer Mordkommission. Dieses Glücksgefühl macht alles wieder wett. Es ist wie der Gewinn einer Meisterschaft. Als hätte man das entscheidende Tor im Finalspiel geschossen und freute sich nun auf die Pokalübergabe. Pokale werden bei uns allerdings nicht überreicht. Wenn man einen Händedruck von seinem Vorgesetzten bekommt oder ein

«Gut gemacht», dann ist das viel. «Das ist schließlich Ihr Job!», hat mal ein Chef zu mir gesagt, als ich ihn nach einem Erfolg meiner MK fragte, ob er uns nicht gratulieren wolle.

Micha kehrt zurück ins Vernehmungszimmer. Ich merke, dass ich augenblicklich wieder angespannt bin und unter Adrenalin stehe. Doch Micha bleibt nicht lange in dem Raum. Zehn Minuten später ist er wieder da und gibt zu verstehen, dass auch Tobias A. eingeknickt ist und gestanden hat. Mir fällt ein Stein vom Herzen. «Toll, klasse Arbeit, wir haben sie.»

Jetzt können wir den Fall etwas ruhiger angehen. Allerdings müssen wir noch die Einzelheiten der Tat abfragen, denn die beiden Männer könnten ihr Geständnis widerrufen. Also brauchen wir objektive Beweise, die selbst der beste Anwalt der Welt nicht vom Tisch fegen kann. Und wir brauchen dringend das Motiv. Micha und ich sprechen uns kurz ab, danach geht die Vernehmung weiter.

Das Täterwissen erfahren wir ziemlich schnell. Immer wieder kommen meine Kollegen zu mir und geben neue Einzelheiten der Tat preis. Ich dränge darauf, herauszufinden, wo die geraubten Gegenstände sind. Das wäre ein unschlagbarer Beweis. Ich höre von Micha, dass der DVD-Player sowie der Videorekorder mit Fernbedienung und Scartkabel beim Wirt in der Wohnung stehen. «Das Messer haben sie in einen Papierkorb geschmissen, der sich an der Bushaltestelle Cranger Straße befindet», berichtet mir Robert mit zufriedener Miene. Sofort schicke ich Kollegen der Kriminalwache, die Streife eines Einsatztrupps sowie einen Streifenwagen zur Bushaltestelle, zur Wohnung des Jungwirts und zu der von Frederiks Eltern. Denn auch Frederik könnte Beute aus dem Container mitgenommen haben. Die Beweise müssen sofort gesichert werden, nicht dass einer der Väter noch etwas verschwinden lässt. Man weiß ja nie.

Der Papierkorb der Bushaltestelle musste, wie ich bald erfahre, vollständig geleert werden, um das Tatmesser zu finden. Es lag im Müllbehälter ganz unten, auf dem Boden, ein Klappmesser mit einer Klingenlänge von zehn Zentimetern und einem Holzgriff mit Metallbeschlag. Genauso hatte Frederik es beschrieben. Es ist sogar noch etwas Blut und Gewebe daran. Das ist gut, denn so lassen sich sicher DNA-Spuren von einem der beiden Täter oder des Opfers feststellen. Auf diese Weise kann man beweisen, dass Karl E. mit dem Messer verletzt wurde. Und nur der Täter kann wissen, dass es in dem Mülleimer lag.

Auch die Geräte, die man dem ermordeten Karl geraubt hat, finden sich in der Wohnung hinter der Kneipe, auch das haben die Täter so beschrieben. Die Kollegen, die in die Wohnung von Frederik L. fahren, warnte ich vor dem Vater: «Der war, als wir vor einigen Stunden bei ihm aufkreuzten, schon sehr gereizt gewesen. Wenn er jetzt von dem Mordvorwurf erfährt, flippt er vielleicht total aus.» Doch das passiert nicht. Womöglich stand er nach dem Tatvorwurf unter Schock. Na ja, ich war nicht dabei. Vielleicht mochte er auch nur mich nicht.

Wie die beiden Täter über den Mord sprechen, ist schwer zu ertragen. Als wäre es ein Eierdiebstahl auf dem Markt gewesen. Sie zeigen keine Emotionen. Noch unglaublicher ist aber das Motiv, das sie uns schließlich für die abscheuliche Bluttat präsentieren – es ist so unfassbar wie die Brutalität der Tat selbst. Ähnliches habe ich niemals mehr davor oder danach von einem Täter gehört. Ganz zu schweigen von der Art und Weise der Schilderungen ihrer Tat.

Das Unglaubliche für uns MK-Mitglieder ist, dass Tobias A.

und Frederik L. erfahren wollten, wie es ist, einen Menschen zu töten. Wochen vorher hatten sie sich das überlegt. Keiner von beiden kann genau sagen, wer schließlich die Idee dazu hatte. Sie war plötzlich da, und die zwei jungen Männer wollten das einfach «mal machen». Der Psychiater, der später die beiden Mordverdächtigen untersucht – bei jedem Kapitaldelikt ist das üblich –, spricht bei ihnen von einem Werteverlust und davon, dass sie etwas erleben wollten, was sonst kaum jemand erlebt: «Gleichsam wollten sie eine Grenzerfahrung machen. Und es ist auch darum gegangen, dass eine solche Tat ihre Freundschaft untermauern sollte. Sie haben in einer Art Symbiose gelebt. Nie hätte einer allein die Tat begangen. Nur gemeinsam konnten sie diese Grausamkeiten begehen. Sie haben sich gegenseitig hochgeschaukelt.» Entsprechend beauftragte Psychiater erstellen aufgrund ihrer Wahrnehmungen und speziellen Tests Gutachten über die Täter, sie beurteilen, ob diese schuldfähig sind oder wegen einer psychischen Erkrankung wie zum Beispiel einer Psychose nicht vor Gericht verurteilt werden können.

Die Freundschaft zwischen Frederik und Thomas hat in dem Moment keine Basis mehr, als ihnen vorgehalten wird, was wir ihnen vorwerfen. Beide erzählen, was der jeweils andere gemacht hat. Keiner will den «Kumpel» durch eigene Aussagen schützen. Im Gegenteil. Sie nehmen sogar auf sich selbst keine Rücksicht, wenn es darum geht, den anderen zu belasten. Die Schwere der Tat ist ihnen offenbar egal. Schlimm ist auch der Umstand, dass alle vier Vernehmungsbeamte das Gefühl haben, die beiden reden sogar sehr gern über ihre Tat, fast ein wenig mit stolz geschwellter Brust. Micha beschreibt es so: «Die benehmen sich nach dem Motto: ‹Da staunt ihr, so etwas hat vor uns noch keiner gemacht, oder?›»

Am nächsten Tag, bei der Vorführung vor der Haftrichterin, werde ich selbst erfahren, was Micha gemeint hat. Tobias A. hat einen seltsamen Glanz in seinen Augen, als er erneut den Tathergang schildert. Man merkt, dass er gern über Grausamkeiten der Tat spricht und dass er dieses perverse «gute» Gefühl beim Erzählen noch einmal erlebt. Tobias sagt zur Richterin: «Es war geil, zu sehen, wie ein Mensch stirbt!»

Wie ist so etwas nur möglich? Was sind das für Menschen? Mir schießt die Frage durch den Kopf, ob sie nach der Tötung von Karl E. noch einen weiteren Mord begangen hätten. Nach den «tollen» Empfindungen ist davon auszugehen. Ich bin mir sogar recht sicher, dass sie weitere Menschen umgebracht hätten. Es ist ein großes Glück, dass wir diese potenziellen Serienmörder schon nach ihrer ersten Tat festgenommen haben. Die hätten bestimmt nicht aufgehört.

Wie aber ist die Tat abgelaufen? Noch in der Kneipe entschieden Tobias A. und Frederik L. über das Schicksal des armen Karl. In der Vernehmung hört sich das völlig abgebrüht an. «Einer hat gefragt: ‹Machen wir es?› Der andere wusste sofort, worum es ging, und nickte. Das bedeutete: Karl wird heute getötet!»

Warum gerade Karl, diese liebenswerte, gestrandete Existenz? «Karl war ein dankbares Opfer. Er war betrunken, wesentlich älter als wir und nicht besonders kräftig. Große Gegenwehr mussten wir nicht befürchten.» Hinzu kam bei der Tat der Überraschungseffekt. Karl wurde hinterhältig und feige angegriffen, er erwartete nichts dergleichen.

In der Vernehmung, noch in derselben Nacht, schildern die Täter den chronologischen Ablauf der furchtbaren Bluttat: «Gegen halb zwei, Viertel vor zwei haben wir das ‹Julia-Eck› zu dritt verlassen. Karl trank unterwegs noch aus einer Flasche Bier, auch ich nahm einen Schluck», erzählt der Kneipenwirt. Tobias A. hatte sich also mit seinem späteren Opfer ein Bier geteilt. Wissend, dass er ihn gleich abschlachten wird. Tobias A. fährt fort: «Der Weg, das waren ja gerade mal 500 Meter bis zum Container. Wir sind rein und haben uns aufs Bett platziert. Also, der Karl und ich ließen uns auf dem Bett nieder, Frederik auf dem Sessel.»

Tobias A. hatte für ihr Vorhaben ein Messer und ein Paar Handschuhe mitgenommen. «Karl saß am Fußende des Bettes und sah in Richtung Sideboard, auf dem der Fernseher stand. Er wollte uns erst einen Porno zeigen, entschied sich dann aber für einen Horrorfilm.» Während der Gruselschocker lief, zog der Wirt aus einer Hose, die auf dem Bett lag, eine Art Kordel. «Frederik gab ich nun das mitgebrachte Messer. Danach habe ich Karl, der vor mir war und in die andere Richtung schaute, blitzschnell die Kordel um den Hals gelegt und zugezogen.»

Karl versuchte sich zu wehren, wollte mit seinen Händen die Kordel ergreifen, um sie von seinem Hals zu entfernen. Doch das gelang ihm nicht. Der Wirt strangulierte den Lagerarbeiter, bis er bewusstlos war. Tobias A. sagt weiter aus: «Frederik hat sich danach die Handschuhe angezogen und das Messer genommen, das er auf den Tisch gelegt hatte, um sich die Handschuhe überzustreifen.»

Er stach Karl E. mehrfach in den Rücken. Einfach so. «Etwa fünfmal, schätze ich», gibt Frederik teilnahmslos zu Protokoll. Als hätte er nichts anderes getan als ein Brötchen aufgeschnitten. Er fährt fort: «Karl röchelte noch, konnte aber nicht mehr sprechen oder sich wehren, der war weggetreten. Tobias hat dann mit der Kordel aufgehört. Zusammen haben wir Karl auf den Rücken gedreht. Danach habe ich nochmals zugestochen, diesmal in den Bauch, wieder ungefähr fünf Stiche. So wie vorher in den Rücken. Aus der Jacke von Karl habe ich sein Handy herausgeholt, auch sein Portemonnaie. Anschließend ging ich in die Küche. Als ich zurück in den Wohnraum kam, sah ich, dass Tobias, dem ich inzwischen das Messer zurückgegeben hatte, mehrmals dem Karl den Hals durchschnitt. Danach steckte mein Kumpel das Messer in einen der Handschuhe, die ich vor meinem Weg in die Küche ausgezogen hatte. Er nahm den Videorekorder an sich, der oben auf dem Schrank stand. Mir gab er den DVD-Player. Ich habe auch noch ein paar Dartpfeile eingesteckt, der Karl brauchte die ja nicht mehr. Zum Schluss haben wir die Wohnungsschlüssel mitgenommen und sind gegangen. Die Sachen haben wir in Tobias' Wohnung hinter der Kneipe gebracht.»

Tobias schilderte den Ablauf der Tat nahezu identisch. Auch er berichtet völlig emotionslos von dem Akt der Tötung. Er und Frederik hätten von Anfang an geplant, Karl zu berauben, sollte man etwas in dem Container finden. «Als wir beim Karl ankamen, habe ich gleich gesehen, dass es sich lohnen würde, ihn zu berauben und deshalb auch zu töten.» Ein paar gebrauchte Elektrogeräte, Dartpfeile und ein Handy. Dafür «lohnt» es sich also, einen Menschen zu töten. Auch nach vielen Jahren bei der Mordkommission bin ich immer wieder fassungslos, wie Täter denken.

Tobias A. gibt sofort zu, Karl drei- oder viermal die Kehle aufgeschnitten zu haben: «Ich wollte sehen, wie das Blut herausspritzt. Weil das nicht so richtig klappte, habe ich mehrmals die Kehle aufgeschlitzt. Karl hat sich danach nicht mehr gerührt. Uns war schnell klar, dass der tot ist. Ich habe dann eine Decke über Karl gelegt.» Mit den geraubten Geräten gingen sie dann in Tobias' Wohnung. Der Wirt selbst will den Videorekorder angeschlossen haben. «Dabei habe ich aber gemerkt, dass der kein oder kein gutes Bild hatte. Mir fiel ein, dass Karl in seinem Container ein Scartkabel hatte. Das wollte Frederik noch holen, wegen des besseren Bildes natürlich.»

Zuvor sind die beiden Mörder noch über die Cranger Straße zum Rhein-Herne-Kanal gelaufen, wie Frederick L. wiedergibt: «Hier haben wir die Kohle aus der Geldbörse aufgeteilt und das Portemonnaie danach in den Kanal geworfen. Der Personalausweis und die EC-Karte von Karl steckten noch drin. Von hier aus gingen wir wieder zum Container. Frederik wollte aber nicht mehr mit, ich ging dann alleine hinein, um das Scartkabel zu holen. Überrascht sah ich, wie Karl auf dem Bett saß und der Fernseher flimmerte. Plötzlich hörte ich Geräusche, und ich dachte, vielleicht lebt der ja noch. Weil ich nicht wusste, was das für Geräusche waren, und ich Angst hatte, dass Karl noch nicht tot war, gab ich ihm noch einen Stich in den Hals und einen weiteren in den Kopf. Danach fiel er rücklings aufs Bett. Das Messer war das gleiche, das wir vorher benutzt hatten. Das hatte ich noch dabei.»

Eine Aussage, die mich aufgewühlt hat und bis heute hart trifft. Die Obduktion hat sie bestätigt. Karl ist nicht durch die Vielzahl der Stiche in seinen Körper und die mehrfach durchschnittene Kehle oder das Strangulieren getötet worden, sondern erst durch den Messerstich in den Kopf. Ich kann und will mir nicht vorstellen, wie sehr dieser arme Mensch gelitten hat. Der erste Angriff auf ihn hatte über eine Stunde vorher stattgefunden. Grausam. Und beide erzählen davon ohne Emotionen und Reue. Nein, ganz im Gegenteil, noch voller Stolz. Unfassbar.

Unmittelbar nachdem Frederik L. diese Situation geschildert hat, fragen meine Kollegen ihn, ob er noch fit ist oder ob man eine Pause machen soll. Er erklärt daraufhin: «Klar bin ich noch fit, aber langsam habe ich Hunger.» Gerade habe ich die Rückmeldung der Durchsuchungstrupps bekommen, dass alles gefunden wurde, wonach wir gefahndet haben. Also das Diebesgut und vor allem das blutige Tatmesser.

Jetzt muss ich etwas zu essen besorgen. Ich frage Frederik L., was er haben möchte. Das fällt einem nach solch einem Geständnis nicht leicht, aber man muss professionell bleiben: Der Täter hat Anspruch darauf, dass er eine Mahlzeit erhält. Currywurst und Pommes, sagt der Achtzehnjährige. Um 2.40 Uhr ist es zwar nicht ganz einfach, etwas Essbares zu organisieren, aber es gelingt, irgendein Imbiss hat nachts immer auf.

Nach dieser Pause geht die Vernehmung weiter. Vorher gibt auch Tobias A. seine Essensbestellung auf, dann redet er weiter. Es ist bei ihm eine Mischung aus Selbstgefälligkeit und Erleichterung zu spüren: «Zum zweiten Mal sind wir in meine Wohnung gegangen. Unterwegs sagte ich zu Frederik, der Karl habe wohl noch gelebt, deshalb hätte ich ihm zwei zusätzliche Stiche gegeben.» Später wollte Frederik erneut zum Container. «Schließlich waren da einige weitere Sachen, die man gut gebrauchen konnte.» Wieder kehrten die beiden zum Tatort zurück und packten einige Wertgegenstände in Plastiktüten. Für uns erklärt sich nun, warum beide Männer von mehreren Personen zu unterschiedlichen Zeiten gesehen wurden. Das ist häufig so. Hinterher erscheint vieles als sehr einfach nachvollziehbar. Aber wer rechnet mit einem solch abgebrühten Handeln? Immer wieder zum blutüberströmten Opfer zurückzukehren und ein paar gebrauchte Elektroartikel zu rauben, es war wirklich schwer zu glauben.

Nachdem die beiden die Beute in Tobias' Wohnung abgelegt hatten, fiel dem Wirt ein, dass sie ja das Glas und die Flaschen auf dem Tisch angefasst hatten. Also ging er ein viertes Mal in den Container, um die Gegenstände von den eigenen Spuren zu säubern. «Mittlerweile war es fünf Uhr morgens», sagte Tobias A. «Frederik ging nach Hause und nahm einen Teil der Beute mit. Er kam aber wieder zurück in meine Wohnung. Er hatte sich umgezogen, trug nun Arbeitskleidung, um acht musste er ja zur Arbeit. Vorher sind wir beide aber zur Bäckerei am Bahnhof in Herne gegangen und haben ausgiebig gefrühstückt. Nach der Nacht waren wir beide echt hungrig.» Allein so ein Satz lässt einen an Menschen zweifeln. Auf dem Weg zum Bahnhof hatte Tobias das Tatmesser im Mülleimer der Bushaltestelle entsorgt.

Die Vernehmung des Wirts ist um 3.40 Uhr beendet. Nicht nur bei mir macht sich Müdigkeit breit. Tobias und auch Frederik essen noch ihre Currywurst mit Pommes und Mayo. Anschließend bringen wir die zwei Tatverdächtigen ins Gewahrsam der Wache Herne. Gleich morgen früh, in wenigen Stunden, wollen wir die Vernehmungen fortsetzen.

Ich überlege, ob ich die Staatsanwältin Silvia Hartmann noch anrufen soll. Nein, entscheide ich, das kann ich nicht machen. Es ist mitten in der Nacht. Es reicht, wenn ich ihr zu Dienstbeginn sage, dass wir die Täter haben. Sie wird sich bestimmt mit uns freuen.

Zum Schluss dieses aufregenden Tages sitzen wir alle kurz zusammen. Jeder berichtet in groben Zügen, wer was ausgesagt hat. Wir sind total erschöpft, aber auch froh, so schnell diese schlimme Tat aufgeklärt zu haben. Das gibt Kraft. «Wann wollen wir wieder zusammenkommen?», frage ich am Ende unserer kleinen Unterredung. Wir haben noch ein längeres Programm vor uns. Die Täter müssen nachvernommen werden. In der Hoffnung, dass sie es sich bis dahin nicht anders überlegt haben. Die Bestätigung des Geständnisses ist vor Gericht sehr wichtig.

Wir verabreden uns für halb zehn.

Nach einem abschließenden Auf-die-Schulter-Klopfen fahre ich nach Hause, lege mich sofort ins Bett, stelle vorher noch den Wecker auf halb neun und schlafe augenblicklich ein. Hätten wir die Täter nicht zum Reden gebracht, so hätte ich trotz großer Müdigkeit aller Wahrscheinlichkeit nach noch eine Weile wach gelegen.

Als der Wecker rappelt, weiß ich im ersten Moment nicht, wo ich bin und wie ich heiße. Dann dämmert es mir. Ich merke: Ich bin total gerädert, dennoch freue ich mich auf den Tag. Eine Dusche, ein Butterbrot, und schon geht es weiter. Fünf Minuten später komme ich auf der Dienststelle in Herne an, sortiere den Vorgang und hefte ihn ab. Danach koche ich einen Kaffee für meine Jungs.

Harry, der Kommissariatsleiter in Herne, ein Studienkollege aus Polizeiausbildungszeiten, hatte mir am Freitag den Schlüssel für die Wache übergeben, damit ich die Räume seiner Dienststelle mit meinen MK-Kollegen benutzen kann. Wenn wir als Mordkommission zu Gast in anderen Dienststellen sind, gibt es manchmal ein Problem mit Räumen und Computern. In Herne ist aber alles bestens geregelt. Ein Mitarbeiter des Kommissariats begrüßt mich gleich zu Dienstbeginn freundlich. Er hat Anzeigendienst, wie er mir mitteilt. Das heißt, er muss Anzeigen aufnehmen und zu Tatorten fahren, die über Nacht in Herne angefallen sind. Wenn irgendwo eingebrochen oder einer ausgeraubt wurde, muss er als erstes Kripo-Kommando dorthin. «Viel Glück», rufe ich ihm nach.

Die Mitglieder meiner Mordkommission V treffen nach und nach ein. Wir besprechen, was zu erledigen ist. Einige Zeugen sind schon für heute bestellt. Dann das Wichtigste: die Nachvernehmung der beiden Täter. Und ich muss unbedingt Silvia Hartmann anrufen. Schließlich brauchen wir heute ihren Antrag auf Erlass der Haftbefehle gegen die beiden Mordverdächtigen. Bei dem Ergebnis der letzten Nacht ein schönes Telefonat, auf das ich mich freue.

«Guten Morgen, Frau Hartmann! Haben Sie gut geschlafen?»

«Hallo, Herr Pütter. Danke der Nachfrage, ja. Wie war es denn bei Ihnen?»

«Tja, wir konnten nur drei, vier Stunden schlafen.»

«Wieso denn das?»

«Wir haben noch ermittelt. Das ist auch der Grund, warum ich erst um vier Uhr im Bett war. Nun habe ich eine gute und eine schlechte Nachricht für Sie! Welche wollen Sie zuerst hören?»

«Wie jetzt? Dann zuerst die schlechte!»

«Nun, die schlechte ist: Sie müssen heute nach Herne in die Bebelstraße fahren und arbeiten, wir brauchen zwei Haftbefehle. Die gute ist: Wir haben die Täter!»

«Das ist ja hervorragend. Wie haben Sie das denn so schnell geschafft? Erzählen Sie, Sie haben mich neugierig gemacht.»

Ich merke, dass sie sich sehr freut und jede Einzelheit sofort erfahren will, ich schildere ihr aber nur die wichtigsten Fakten. Bevor sie auflegt, sagt sie: «Ich komme, so schnell ich kann, herzlichen Glückwunsch an die ganze Truppe.»

So langsam gewinnt Silvia Hartmann Routine, Haftbefehle in MK-Sachen zu beantragen. Jetzt sind es schon drei in einer Woche.

Als sie auf der Wache in Herne eintrifft, liest sie sich sofort die Vernehmungen durch. Ich sehe, wie sie immer wieder ihren Kopf schüttelt. «Wie ist so etwas nur möglich?», murmelt sie vor sich hin. «Das kann doch nicht wahr sein!» Sie liest gerade die Geständnisse der Täter mit den unglaublichen Details der Tat und wie Tobias A. und Frederik L. zu dieser stehen. Auch für sie ist unbegreiflich, was geschah, wie für uns alle. Immer wieder stoßen wir an die Grenzen unserer Vorstellungskraft. Wie kann man jemanden töten, nur um zu erleben, wie das ist? Und wie kann man sagen, dass es «geil» war, einen Menschen sterben zu sehen?

Und vor allem: Wie soll man Täter wie Tobias A. und Frederik L. bestrafen? Was ist da noch gerecht? Bedenkt man, dass ein Täter unter einundzwanzig Jahren maximal zehn Jahre Freiheitsstrafe bekommt und Frederik L. dieses Alter noch nicht erreicht hat, erscheint das wenig gerecht. Jedenfalls für mich. In den vielen Jahren bei der Polizei habe ich gelernt, dass es keine absolute Gerechtigkeit gibt. Ich habe mich damit abgefunden, ansonsten würde ich mich viel zu oft ärgern. Da das aber meiner Gesundheit abträglich ist, habe ich beschlossen, mich nicht mehr aufzuregen, wenn jemand mit einer in meinen Augen zu milden Strafe davonkommt.

Silvia Hartmann und ich einigen uns über den Termin zur Verkündung der Haftbefehle. Wir erfahren in diesem Zusammenhang, dass eine noch recht junge Richterin Bereitschaftsdienst am Amtsgericht Herne hat. Ich rufe sie an und teile ihr mit, dass Frau Hartmann einen Antrag auf Erlass eines Haftbefehls stellen wird, beide Täter sollen wegen Mordes vorgeführt werden. So eindeutig war es selten. Fast alle Merkmale eines Kapitalverbrechens sind hier gegeben. Zum einen Mordlust, also die Freude an der Vernichtung eines Menschen beziehungsweise der Wunsch, jemanden sterben zu sehen. Dann Habgier: Der Täter tötet, um sein Vermögen zu vermehren. Aber auch Heimtücke trifft zu: Tobias A. und Frederik L. haben die Arg- und Wehrlosigkeit des Opfers bewusst zur Tötung ausgenutzt. Besondere Grausamkeit: Das Opfer war körperlichen und seelischen Qualen ausgesetzt, die nach Intensität und Dauer über das «normale Maß» einer Tötung hinausgingen. Karl E. wand sich in seinem Container eine Stunde im Todeskampf.

Weiterhin niedrige Beweggründe: Das sind Motive, die nach sittlicher Anschauung auf der tiefsten Stufe stehen und deshalb besonders verwerflich und verachtenswert sind. Oder es sind Motive zur Verdeckung einer Straftat, wie in diesem Fall zur Verdeckung des Raubes.

Diese Mordmerkmale stellt auch die Amtsrichterin fest, die am frühen Morgen das Polizeidienstgebäude in Herne aufsucht. Die Juristin hat blonde, lange Haare, auch sie ist geschockt von den beklemmenden Details. Aufmerksam hört sie sich unsere Schilderungen in einem Vorgespräch an, danach redet sie mit den mutmaßlichen Tätern. Sie braucht nicht lange für ihre Entscheidung: Sie schickt Tobias A. und Frederik L. in Untersuchungshaft.

Bei den Vernehmungen weiterer Zeugen wird die Kälte und Brutalität, mit der die Täter vorgegangen sind, noch deutlicher. Beide haben eine Freundin. Nach der Tat klingelte Tobias A. gegen acht Uhr morgens bei seiner Lebensgefährtin. «Er hat sich völlig normal verhalten. Dass er so etwas kurz zuvor gemacht hat, das hätte ich doch wahrnehmen müssen», meint die junge Frau bei ihrer Vernehmung. Sie habe ihm jedoch nichts Auffälliges angemerkt, wiederholte sie. «Wir haben noch zusammen Kaffee getrunken, danach legte sich Tobias in meiner

Wohnung ins Bett und schlief bis mittags.» Als wäre nichts gewesen.

Auch Frederiks Freundin oder seine Angehörigen registrierten nichts Ungewöhnliches. Arbeitskollegen fiel ebenfalls nichts auf. Zu Micha und Robert sage ich später: «Beide sind ihrem normalen Tagesgeschäft nachgegangen und haben sich nichts anmerken lassen. Wie eiskalt. Und wie krank.»

Der Fall ist geklärt. Wir wissen, dass die beiden jungen Männer von mehreren Zeugen zu unterschiedlichen Zeiten in der Nähe des Tatorts gesehen wurden. Wir wissen auch, dass sie im Container waren. Ihre Aussagen haben sich mit unseren Spuren gedeckt. Anfängliche Widersprüche klären sich auf, das Puzzle fügt sich zusammen. Am folgenden Montag berichten Staatsanwältin Silvia Hartmann und ich auf einer Pressekonferenz den Reportern über den schnellen Erfolg. Ich bin wahnsinnig zufrieden.

Der Prozess findet fünf Monate später statt und erregt viel Aufsehen. Nach wenigen Verhandlungstagen wird das Urteil verkündet: Tobias A. bekommt lebenslänglich, zudem wird die besondere Schwere der Schuld erkannt. Das bedeutet: Er kann nicht nach fünfzehn Jahren freigelassen werden. In Deutschland bedeutet eine lebenslange Haftstrafe nicht, dass ein Täter immer im Gefängnis bleiben muss. Der Bundesgerichtshof hat entschieden, es sei unmenschlich, wenn jemand keine Hoffnung mehr hat, in Freiheit zu kommen. Grundsätzlich kann man als «Lebenslänglicher» nach Verbüßung von fünfzehn Jahren wieder entlassen werden. Diejenigen, bei denen die besondere Schwere der Schuld festgestellt wurde, können frühestens nach zwanzig Jahren einen Antrag auf Entlassung stellen.

Frederik erhält aufgrund seines Alters neun Jahre und drei Monate, zehn Jahre wären maximal möglich gewesen. Aber sein Geständnis musste positiv für ihn gewertet werden.

Fast sieben Jahre nach diesem Mord fahre ich zum real-Markt in der Nähe des Herner Großmarkts, um dort einzukaufen. Ein Supermarkt, in dem man alles bekommt. Vor dem Eingang stehen eine Hähnchenbraterei und ein Imbissstand, der hauptsächlich Pommes frites verkauft. Vor der Pommes-Bude lungert ein junger Mann, der auf seine Bestellung wartet. Er schaut zu mir herüber.

Der Bart ist ab, denke ich, als ich in das Gesicht des Mannes blicke. Aber ich bin mir dennoch absolut sicher, dass er es ist. Frederik L. Das ist nicht zu fassen! Der ist wieder draußen! Ich sehe Frederik L. im Vorbeigehen an. Ich bin mir nicht sicher, ob er mich wirklich erkannt hat.

Augenblicklich habe ich eine Szene seiner damaligen Nachvernehmung auf der Herner Wache vor Augen. Ich hatte mich mit ihm unterhalten und ihm dabei meine Hand auf die Schulter gelegt und gesagt, dass es für ihn der einzig richtige Weg sei, auszusagen. Vor Gericht würde man immer berücksichtigen, wenn jemand dabei hilft, eine Straftat aufzuklären, oder rechtzeitig ein Geständnis abgibt. Es sei gesetzlich vorgeschrieben, ein Richter müsse dann ein milderes Urteil fällen.

Genau das, was ich prophezeit hatte, war eingetreten. Ich hatte Frederik L. gut zugesprochen – und er wurde für sein Geständnis belohnt. Zu neun Jahren und drei Monaten war er verurteilt worden, und in der Folge hatte man bei ihm die sogenannte Zweidrittellösung berücksichtigt. Das heißt: Führt sich jemand gut im Knast und bereut die Tat, kann er nach Verbüßung von zwei Dritteln der Freiheitsstrafe entlassen werden.

Frederik hat sich wohl gut geführt, denke ich. Also hat man ihn früher entlassen. Aber hat er auch bereut? Er hat die Tat damals «geil» gefunden. Er muss jetzt vierundzwanzig sein.

Nochmals stelle ich die Frage nach der Gerechtigkeit. Was hätte Karl E. gesagt, hätte er die fürchterlichen Attacken überlebt? Was hätte er für gerecht empfunden? Sicher wäre er nicht mit sechseinhalb Jahren Freiheitsstrafe für Frederik einverstanden gewesen.

Vielleicht sollte ich eine andere Frage stellen, nämlich die, ob jemand eine zweite Chance verdient hat. Ja, jeder sollte eine Chance bekommen, selbst eine zweite. Aber auch nach solch einer Tat? Dem Opfer hat man keine Chance gelassen. Erst recht keine zweite. Karl ist tot. Bekanntlich für immer.

Fall 3

DIE SCHARFSCHÜTZEN

Es ist ein wunderschöner frühsommerlicher Tag, elf Uhr vormittags. Es ist der 9. Juni 1992. Die Sonne scheint in mein kleines Büro beim 1. Kommissariat in Bochum, bislang ist die Temperatur angenehm. Doch das Thermometer zeigt deutlich über 20 Grad Celsius an. Könnte ein heißer Tag werden, denke ich. Wird es auch, allerdings nicht nur wegen der Temperaturen. Das wusste ich aber zu diesem Zeitpunkt noch nicht. Auf der Dienststelle bin ich damals mit meinen achtunddreißig Jahren einer der Jüngsten. Ohnehin bin ich erst seit gut einem Jahr auf der sogenannten Fachdienststelle für Tötungsdelikte, Todesermittlungen und Brandursachenermittlung.

Vor zwanzig Jahren mussten wir beim damals sogenannten 1. Kommissariat (in der Polizeiabkürzung das 1. K.) auch noch Sittendelikte wie Vergewaltigungen und Missbrauch aufklären, heute machen das die Kollegen vom Kriminalkommissariat 12. Ich selbst hatte mich bei meinem Wechsel vom 10. Kommissariat in Herne – dort ging es um Alltagskriminalität wie Körperverletzung und Eigentumsdelikte – zum 1. K. für die Sachgebiete Todesermittlung und Mordkommission entschieden. Die Zeit in Herne mit Einbrechern, Schlägern und Dieben bleibt unvergessen. Als ich jedoch vom Leiter des 1. K. gefragt wurde, ob ich nicht Interesse hätte, unter ihm zu arbeiten, war das für mich eine große Ehre.

Nicht jeder hat die Möglichkeit, in die Abteilung zu kommen, die mit Mord und Totschlag zu tun hat. Meine ersten Erfahrungen mit dieser Dienststelle hatte ich jedoch bereits 1988 gesammelt, als ich in einer Mordkommission mitarbeiten durfte. Schon damals hatte ich hin und wieder einfache Todesermittlungen durchgeführt und war mächtig stolz, als ich externes Mitglied einer Mordkommission wurde. Wenn eine solche gebildet wurde, holte man mich aus meinem eigentlichen Kommissariat, und dann war ich für die nächsten Tage oder Wochen Mordermittler. Das ist so, als dürfte ein Profifußballspieler nach vielen Jahren endlich bei einem Spitzenclub mitkicken.

Wenn ich daran zurückdenke, wie schlecht ich mich bei meiner ersten Leiche fühlte, ist es nahezu verwunderlich, dass ich mich entschieden habe, Mordopfer zu meinem Hauptarbeitsbereich zu machen. Unter Polizisten heißt es aber: «Die erste Leiche vergisst man nie.» Auch bei mir stimmt diese Weisheit. Vielleicht hätte ich mich gar nicht mehr an meine erste Leiche erinnert, wenn die Umstände nicht so besonders gewesen wären. Es war Mitte der siebziger Jahre, ich war als junger Polizist in Uniform im Streifenwagen unterwegs. An eine Tätigkeit bei der Mordkommission dachte ich damals nicht einmal im Traum.

Mein Partner Peter und ich waren gerade mit der Ausbildung fertig und machten Dienst auf der Grugawache in Essen. Wie der Name schon sagt, die Wache liegt (auch heute noch) direkt neben der allein wegen der Handballspiele des TUSEM Essen bekannten Grugahalle. Da Peter aus Recklinghausen stammte, fuhr er auf dem Weg zur Wache mehr oder weniger direkt bei mir zu Hause in Herne vorbei, sodass wir eine Fahrgemeinschaft nach Essen bildeten. Und weil wir uns gut verstanden, waren wir auch häufig zusammen auf Streife.

Bei diesem Spätdienst bekamen wir gegen 18 Uhr einen Einsatz: «Ältere Person wurde längere Zeit nicht mehr gesehen.

Der Briefkasten quillt auch über.» Diese Einsätze gibt es mittlerweile häufiger. Der Grund: Die Menschen kümmern sich immer weniger umeinander, schuld daran ist die wachsende Anonymität gerade in den großen Städten. Auf dem Land würde nie ein Briefkasten überquellen, da würden die Nachbarn sehr schnell merken, wenn einer morgens nicht seine Gardinen aufzieht oder nicht mehr aus dem Haus geht.

Die Wohnung lag mitten in einem dichtbewohnten Gebiet im Stadtteil Rüttenscheid. Feuerwehr und Rettungswagen waren schon vor Ort, es konnte ja ein Schwächeanfall oder ein Sturz die Ursache sein, warum niemand die Haustür öffnete. Mit einem Oberschenkelhalsbruch ist es für einen Rentner kaum möglich, wieder aufzustehen. Doch bei einem bereits überquellenden Briefkasten ist die Hoffnung auf ein noch zu rettendes Leben eher Zweckoptimismus. Als wir die Treppen in dem Mehrfamilienhaus bis zum dritten Obergeschoss hochstiegen, hatte die Feuerwehr die betroffene Wohnungstür bereits geöffnet.

Ich meinte einen leichten Geruch aus der Wohnung zu bemerken. Trotzdem schaute ich den Feuerwehrmann fragend an, als der aus der Wohnung trat. Unabhängig von meiner schlimmen Vorahnung hörte ich mich fragen: «Und?» Er schüttelte mit dem Kopf und sagte: «Exitus, da kann man nichts mehr machen. Ach, übrigens, da ist ein kleiner Dackel in der Wohnung. Wir haben ihn ins Badezimmer gesperrt.» Er hatte die Sätze noch nicht ausgesprochen, da nahm ich zum ersten Mal eine richtige Nase des Geruchs, der aus der Wohnung drang. Ein fürchterlicher Gestank, dieser Verwesungsgeruch. Süßsäuerlich, penetrant, er drang regelrecht in meinen Körper ein. Ich hatte sogar das Gefühl, ich würde ihn schmecken, als ich reflexartig durch den Mund atmete.

«Wie lange liegt die Leiche schon da?», fragte ich vorsichtig.

«Keine Ahnung, ein paar Tage bestimmt!» Nun, Feuerwehrmänner sind keine Ärzte, aber Erfahrung in Leichensachen haben sie häufig mehr, als ihnen lieb ist.

Unsere Ermittlungen bei den Nachbarn ergaben, dass die alleinstehende Frau und Dackelbesitzerin vor zwei Wochen das letzte Mal lebend gesehen wurde. Über Funk meldete ich mich auf der Wache und forderte bei meinem Chef einen Arzt an. Seinerzeit – heute ist es nicht anders – hatten wir für Leichensachen und für Blutproben, die man angetrunkenen Autofahrern entnahm, immer einen Arzt in Bereitschaft.

Die Stimme meines Chefs knarrte durchs Funkgerät, sodass es auch Peter hören konnte: «Habt ihr die Leiche schon gesehen?»

Meine Antwort folgte prompt: «Nee, die müssen wir auch nicht sehen. Das riecht man schon an der Wohnungstür, dass die tot ist!»

Mein Boss hatte aber kein Erbarmen. Vielleicht dachte er auch: Irgendwann müssen die Jungs da ohnehin durch, denn er sagte: «So geht das nicht. Ich rufe erst den Arzt, wenn ihr bestätigt, dass die Frau wirklich tot ist!»

Der will uns nur schikanieren, dachte ich. Auch meinem Kollegen Peter merkte ich an, dass es ihm überhaupt nicht passte, die Wohnung betreten zu müssen. Da die Feuerwehrleute das Schloss bereits ausgetauscht und mir die Schlüssel übergeben hatten, nahm ich die Angelegenheit in die Hand: «Komm, Peter, lass uns mal schnell die Leiche anschauen, hilft ja nichts.»

Dunkel war es in der Wohnung. Ich sah eigentlich gar nichts. Mit meiner Taschenlampe leuchtete ich in den Wohnungsflur und ging drei Meter vorwärts. Peter trottete widerwillig hinter mir her.

Plötzlich registrierte ich, dass nichts mehr ging. Rein gar nichts mehr. Mein Magen schien sich umzudrehen. Vorher drehte ich mich aber lieber selbst um. Offenbar zu überraschend für Peter, denn er sah mich erschrocken an. Als ich aus der Wohnung stürmte, rannte er jedoch hinterher, auch wenn er nicht einschätzen konnte, warum ich so reagierte. Es war ein Bild für die Götter, nein, für die Nachbarn. Das war mir aber egal. Ein älteres Ehepaar wohnte direkt nebenan und sah sich unser Drama an: zwei junge Polizisten, die kurz davor waren, sich zu übergeben.

«Kommen Sie doch rein und erholen Sie sich erst mal!» Die Rentnerin hatte sich wohl in unsere unangenehme Lage hineinversetzt. «Wollen Sie was trinken?»

Ich schüttelte den Kopf und erwiderte: «Nein, danke. Wir müssen noch einmal zurück in die Wohnung Ihrer wohl verstorbenen Nachbarin.»

Der penetrante Geruch durfte der netten alten Dame mittlerweile auch nicht verborgen geblieben sein, so wie er nun aus der Wohnung in den Hausflur strömte. Sie fragte mitfühlend: «Wollen Sie vielleicht Kölnisch Wasser? Ich habe eine große Flasche im Badezimmer stehen.»

Peter nickte sofort: «Gute Idee, das hilft bestimmt.» Dann, zu mir gewandt, meinte er: «Axel, mach das bloß.»

Also ließ ich mir von der Rentnerin das Eau de Cologne auf ein Taschentuch tröpfeln und hielt es mir direkt vor den Mund. Nie hätte ich gedacht, dass ich diesen eigentlich nicht so tollen Duft einmal als so angenehm empfinden würde.

«Komm, Peter, du auch», gab ich meinem Kollegen zu verstehen.

Doch der machte einen Schritt zurück: «Nee, lass mich bitte außen vor, das schaffst du schon alleine. Es reicht doch, wenn einem schlecht wird. Du bist schließlich der Streifenführer.» Und das nennt sich Kollege, dachte ich, aber ich konnte ihn verstehen.

Bevor ich erneut die Wohnung betrat, rief ich ein weiteres Mal meinen Dienstgruppenleiter über das Handfunksprechgerät an. Vielleicht hatte er ja inzwischen ein Einsehen ...? Nein, kein Erbarmen. Wieder forderte er uns auf, die Leiche anzuschauen, erst danach würde er den Arzt bestellen. Während ich noch im Hausflur stand, sagte ich, mich selbst aufmunternd: «Na los, Axel, ein letzter Versuch, du packst das!» Hochinteressiert verfolgten drei recht entspannt wirkende Personen, nämlich das ältere Ehepaar aus der Nachbarwohnung und Kollege Peter, meine Überwindungsversuche.

Das parfümierte Taschentuch hielt ich mir dicht vor Mund und Nase, eigentlich presste ich es so fest dagegen, dass ich kaum noch Luft bekam. Dann tastete ich mich langsam vor. Wieder als Erstes durch den Flur der toten Frau. Um ein wenig Licht zu haben, schaltete ich meine Taschenlampe an. Alte Landschaftsaufnahmen hingen in verstaubten Rahmen an den Wänden. Ein Hirsch darauf sah mich irgendwie an. Ich fand die Situation unheimlich und bedrückend. Dieses Mal schaffte ich es aber immerhin bis zur Wohnzimmertür. Ab diesem Moment half das «Echt Kölnisch Wasser», das laut Werbung «wahre Wunder» bewirken sollte, nicht mehr. Mein Magen rebellierte erneut, ohne jede Vorwarnung. Ich muss hier raus, schoss es mir wieder durch den Kopf.

Auch dieses Mal machte ich kehrt, ohne die Leiche gesehen zu haben. Dabei hielt ich die Luft an. Ich konnte und wollte in diesen Räumen nicht atmen, ich wollte diesen widerlichen Geruch einfach nicht in der Nase haben. Schnurstracks rannte ich aus der Wohnungstür, die ich beim Reingehen offen gelassen hatte, direkt die Treppen hinauf. Die Stufen endeten an einem Durchlass zum Dachboden, doch der war verschlossen. Langsam nahm ich das Taschentuch weg und dachte, dass ich nun reine Luft einatmen würde. Ein fataler Irrtum. Dieser entsetzliche Geruch war durch die Wohnungstür nicht nur in den Hausflur, sondern auch bis nach oben zum Dachboden gezogen. Ich atmete also wieder diesen süßlich penetranten Leichengeruch ein. Sofort begann ich zu würgen und rannte vier Etagen nach unten zum Hauseingang. Verfolgt von drei halb schockierten, halb staunenden Augenpaaren. Offenbar schienen sie den Geruch nicht so wahrzunehmen wie ich. Bildete ich mir den Gestank mittlerweile vielleicht nur ein?

Vor der Eingangstür musste ich wieder würgen. Mein ganzer Körper wehrte sich, dabei hatte ich Angst, dass es nicht beim Würgen bleiben würde. Die interessierten Blicke der Feuerwehrleute, die ihre Sachen zusammenpackten, und der nun zahlreich versammelten Menschen auf der Straße ignorierte ich. Belustigt betrachteten sie mich. Jetzt wusste ich, was das Wort «schaulustig» bedeutete.

Nochmals rief ich meinen Chef über Funk an: «So, der Arzt kann jetzt gerufen werden. Die Frau ist tatsächlich tot. Wir waren drin.» Ich hatte nicht gelogen. Die Frau war tot, das wurde auch kurz darauf medizinisch bestätigt. Und in der Wohnung waren wir auch gewesen, sogar zweimal.

Der Bereitschaftsarzt kam schnell. Gemeinsam liefen wir die Treppen nach oben. Zum Glück ging der Mediziner alleine in die Wohnung, er wollte uns nicht dabeihaben. Peter und ich hörten, wie er zuerst alle Fenster aufmachte. Leichenprofi, dachte ich. Danach tastete ich mich in die Wohnung, blieb aber im Flur stehen. Die frische, kalte Luft hatte den widerlichen Geruch wenigstens etwas verdrängt.

Von meiner Position aus sah ich, dass auf dem Wohnzimmertisch eine geöffnete Kekspackung stand, daneben lagen einzelne Plätzchen in einer Schale. Während Peter und ich nun auf die Kripo warteten, trat der Arzt zu mir und übergab mir die von ihm ausgestellte Todesbescheinigung.

Der arme Dackel war zwischenzeitlich auch von ihm aus dem Badezimmer befreit worden und lief nun verstört und winselnd in der Wohnung herum. Währenddessen drehte ich mich zur Eingangstür und unterhielt mich mit Peter, der vor der Wohnung stand und seit seinem letzten Versuch keinen Schritt mehr hineingemacht hatte.

«Herr Pütter», rief der Bereitschaftsarzt, wobei er einen Keks in der Hand hielt. «Wollen Sie auch einen?» Ich traute meinen Augen nicht. Die Schale mit den Keksen war bis auf ein paar Krümel leer. Der Doktor wird die doch nicht gegessen haben?, schoss es mir durch den Kopf. Wie pervers ist das denn? Ich hatte das Gefühl, dass mir wieder übel wurde. Doch da lachte der Arzt plötzlich laut und gab das Plätzchen dem Hund. Schönen Dank, dachte ich genervt. Jetzt verarschen die mich auch noch!

Tja, und somit kann ich nur bestätigen dass man die erste Leiche wirklich nie vergisst – auch wenn man sie gar nicht gesehen hat …

Trotzdem war das Erlebnis im Nachhinein anscheinend nicht so schlimm. Später, als ich bei der Mordkommission war, zuckte ich stets zusammen, wenn ich einen Rettungs- oder Notarztwagen hörte. Aber nicht, weil ich befürchtete, wieder eine Leiche anschauen zu müssen, sondern weil ich geradezu hoffte, gleich würde mein Telefon klingeln und man würde mich mit einsetzen. Kam der Anruf nicht, war ich enttäuscht. Dieser Wunsch nach einem Tatort ist in den folgenden einundzwanzig Jahren bei der Mordkommission jedoch weniger geworden. Denn schließlich hängt immer ein furchtbares Schicksal daran, das mit solch einem Ausgang vielleicht nicht unbedingt hätte sein müssen.

Zurück aber zu jenem sonnigen Tag am 9. Juni 1992. An diesem Vormittag nimmt ein Kollege der Leitstelle, die alle Einsätze aufnimmt und koordiniert, den Notruf eines völlig aufgeregt klingenden Mannes entgegen. Der erklärt, dass es einen fürchterlichen Unfall in einer Wohnung in der Brenscheder Straße gegeben habe: «Wir machten Schießübungen, und jetzt hat mein Kumpel eine Kugel im Kopf. Kommen Sie ganz schnell, Sie müssen ihn retten, ich dreh sonst durch!» Mit Mühe und Not kann der Beamte auf der Leitstelle dem Anrufer die Namen der Beteiligten entlocken, auch versucht er, die genaue Adresse in Erfahrung zu bringen. In der Anspannung fällt dem Anrufer die Hausnummer nicht ein, deshalb beschreibt er etwas verwirrend den Ort: «Im ersten Stock, dort, wo die Balkone am Haus sind, und da die dritte Wohnung.» Er scheint völlig verzweifelt und hilflos zu sein. Dem Kollegen teilt er zum Schluss noch mit, dass er auf der Straße auf die Rettungskräfte warten und auf sich aufmerksam machen wird.

Nach drei Minuten trifft der erste Streifenwagen ein. Der Anrufer gibt sich sofort zu erkennen, indem er wild gestikulierend auf die Straße springt. An seiner Seite ist der Vater des Verletzten, der zufällig mit seinem Auto vorbeigefahren ist und mitten auf der Straße von dem aufgeregten jungen Mann angehalten wurde. Die Kollegen der Schutzpolizei sehen sich nunmehr zwei völlig verstörten Männern gegenüber. Der Vater des Opfers war nämlich schon in der Wohnung gewesen, in der das Drama passierte, und hat dort gesehen, dass seinem Sohn etwas Schreckliches passiert ist und ihm vermutlich niemand mehr helfen kann, obwohl er noch Lebenszeichen von sich gibt.

Zitternd und weinend warten sie jetzt gemeinsam auf die Rettungskräfte. Sekunden werden zur Ewigkeit. Die Rettungssanitäter sind aber schnell am Unglücksort, der Notarzt kommt nur eine Minute später. Der Verletzte wird erstversorgt und anschließend ins Knappschaftskrankenhaus nach Langendreer gebracht, einem östlichen Stadtteil von Bochum.

Mein damaliger und erster Kriminalkommissariatschef, Helmut Strozyk, erfährt über die Leitstelle von dem angeblichen Unfall. Von Helmut habe ich viel gelernt. Er ist und war ein verantwortungsbewusster Vorgesetzter und Kollege, der anpacken konnte. Vielleicht lag das daran, dass er vor seiner Polizeikarriere eine Handwerkerausbildung gemacht hatte. An diesem Tag beruft Helmut nun eine «kleine Mordkommission» ein. Das bedeutet, dass zwei Beamte des 1. K., einer aus dem Kommissariat für Raubdelikte und einer vom Erkennungsdienst, den Fall bearbeiten müssen. Ich selbst bin der Tatortmann. Zusammen mit Roger vom ED, einem kräftigen, fast immer gutgelaunten Kollegen, fahre ich zum Tatort.

Gernot vom 1. K. ist der Chef der kleinen Kommission. Der alte Haudegen, dem wirklich keiner etwas vormachen kann, und ein Kollege bleiben erst einmal im Büro und versuchen herauszubekommen, was passiert ist. Sie erfahren telefonisch von den Einsatzkräften vor Ort, dass der Schütze – er heißt Clemens – mit seinem Freund Ralf in der Wohnung mit verschiedenen Waffen herumgeschossen hat.

Roger und ich treffen am Tatort ein. Der Vater von Ralf ist bereits mit dem Streifenwagen auf unsere Dienststelle gebracht worden, er soll vernommen werden. Da der Schütze wiederum zu den zuerst eingetroffenen Beamten der Schutzpolizei gesagt hat: «Wenn Ralf stirbt, bringe ich mich ebenfalls um! Dann ist auch mein Leben vorbei, mit der Schuld kann ich nicht leben», brachte ihn ein Rettungswagen ins Zentrum für Psychiatrie. Sicherheitshalber. Nicht dass er in seiner Verzweiflung eine Kurzschlusshandlung begeht.

Ralfs Vater, Heinrich R., ist völlig am Ende. Gernot erzählt mir später, dass er, von Weinkrämpfen geschüttelt, kaum sprechen konnte. Kein Wunder: Er hat nur knapp eine Stunde zuvor seinen eigenen Sohn auf der Couch im Wohnzimmer entdeckt. Der Kopf hing leblos über der Armlehne, in der linken Schläfe war ein blutiges Einschussloch sichtbar.

Eine Vernehmung von Herrn R. ist unmöglich. Gernot versucht, durch gezielte Fragen zu den Familienverhältnissen die Gedanken des Mannes von dem schrecklichen Ereignis zu lösen. Das gelingt aber nicht wirklich. Immer und immer wieder fängt er an zu weinen, sein Körper vibriert. «Ich muss es meiner Frau sagen! Das wird die Hölle», sagt er einmal, kurzzeitig wirkt er gefasst. «Ich muss das machen», gibt er zu verstehen, als Gernot ihm Hilfe beim Überbringen der schrecklichen Nachricht anbietet. Er und ein Kollege überlegen nicht lange und fragen, ob Herr R. oder seine Frau ärztliche Hilfe benötigen. Aber auch diese lehnt der verzweifelte Mann ab. Dann fahren sie aber doch gemeinsam zur Mutter des Opfers, um ihr zu erzählen, was mit ihrem Sohn geschehen ist.

Das sind die wirklich belastenden Situationen in unserem Beruf. Der Anblick von Toten oder Schwerstverletzten ist nicht einfach, aber den Schmerz der Angehörigen mitzuerleben, gerade den von Eltern, ist oft noch schlimmer. Das perlt nie von einem ab. Auch als Kripo-Mann bleibt man immer ein Mensch, der mitfühlt. Es sind dies die Momente, in denen wir unseren Beruf hassen können. Man möchte diese Tragik und Trauer nicht wahrhaben und auch nicht an sich heranlassen. Aber das funktioniert in solchen Augenblicken eher selten. Jeder Todesermittler versucht auf seine Art und Weise mit diesen traumatischen Ereignissen fertigzuwerden. Der eine oder andere wird selbst traumatisiert und braucht professionelle Hilfe. Das kann sogar so weit gehen, dass einige nicht mehr in der Lage sind, in diesem Bereich zu arbeiten. Manche können ihren Beruf überhaupt nicht mehr ausüben.

Um sich das besser vorstellen zu können, ein Beispiel: Auf einem Lehrgang für Kapitalsachbearbeiter hat der Einsatzleiter der Flugkatastrophe von Ramstein ein Referat gehalten. Bei diesem verheerenden Unglück stießen bei einer Flugschau am 28. August 1988 zwei Maschinen in der Luft zusammen und stürzten brennend in die Zuschauer. Siebzig Menschen starben, rund tausend wurden verletzt. Der Referent erzählte uns von den Folgen dieser Katastrophe. Die Kollegen der dort zuständigen Polizei hätten alles hautnah erlebt und sich in die Schicksalsschläge der Verletzten und Hinterbliebenen hineinversetzt. Mehrere Todesermittler aus der Kommission quittierten anschließend ihren Dienst. Sie hatten es nicht mehr geschafft, die Distanz zu den Opfern zu wahren, sondern waren aufgrund dieser unglaublichen Dramatik von dem schlimmen Ausmaß zu sehr mitbetroffen.

Am Tatort in der Brenscheder Straße bestätigt sich das bisher bekannte Ermittlungsergebnis. Die beiden Beteiligten, Ralf und Clemens, haben mit allem, was ihnen zur Verfügung stand, und auch auf alles, was ein Ziel abgab, geschossen. Eine Harpune wird sichergestellt, ein Luft- und ein Kleinkalibergewehr, auch Blasrohre. In der Wohnung finden wir Einschusslöcher an und in Bierdosen, an Flaschen, Zigaretten,

Feuerzeugen und Postern, die an den Wänden hängen, hauptsächlich im Wohn- sowie im Schlafzimmer. Auf dem Wohnzimmertisch finde ich ein kleines Stückchen Haschisch, es liegt zwischen mehreren Bierflaschen, die fast alle leer sind. Um elf Uhr vormittags. Man braucht nicht viel Phantasie, um sich vorstellen zu können, was hier passiert ist. Ich überlege: Aber das Unglück selbst? Wie ist das geschehen? Oder war es am Ende doch kein Unglück, sondern ein Tötungsdelikt, das jetzt vertuscht werden soll? Der Gedanke schwebt bei jedem Todesermittlungsverfahren in unseren Köpfen. Hier aber scheint die Sache ziemlich eindeutig zu sein. Die Gesamtumstände sprechen eine klare Sprache: Das war ein tragisches Unfallgeschehen!

Clemens, der sich selbst als Schütze bezichtigt hat, wird wegen des Verdachts der fahrlässigen Tötung erst einmal als «Beschuldigter» eingestuft. Als er nach seiner Untersuchung in der Psychiatrie von uns vernommen werden soll, hat er sich bereits einen Anwalt genommen. Der Jurist erklärt, dass sein Mandant keine Angaben machen wird. Das ist sein gutes Recht und darf niemals negativ ausgelegt werden. Der bisher einzige Beweis, dass er seinen Freund angeschossen hat, waren seine eigenen Angaben bei dem Telefonat mit unserer Einsatzleitstelle. Allerdings hat er auch gegenüber den am Tatort zuerst eingetroffenen Beamten ausgesagt, wie es passierte:

«Wir haben Schießübungen in Ralfs Wohnung gemacht. Meist ballerten wir mit dem Kleinkalibergewehr herum. Erst haben wir auf Feuerzeuge, dann auf Dosen und Flaschen und schließlich auf die Poster an der Wand geschossen.» Nach dieser Aussage legte Clemens eine Pause ein, dann sagte er: «Einer ist schließlich auf die verrückte Idee gekommen, dem anderen eine Zigarette aus dem Mund zu schießen. Ich bin daraufhin mit dem Gewehr in den Flur gegangen, Ralf hat sich im Wohnzimmer auf die Couch gesetzt. Das Polstermöbel steht rechts an der Wand, beide Zimmer sind durch eine Tür getrennt. Der rechte Türrahmen sollte die eingebaute Sicherheit für Ralf sein. Er hat sich nur so weit nach vorne gebeugt, dass nur die Zigarette für mich sichtbar war. Sein Kopf und sein Körper wurden vom Türrahmen geschützt. Ich habe sehr lange gezielt, ich wollte ja unbedingt treffen. Als ich den Finger krümmte und sich der Schuss mit einem lauten Knall löste, beugte sich Ralf genau in diesem Moment mit dem Kopf nach vorne. Warum hat er das nur getan?»

Wir vermuten, dass er wahrscheinlich fragen wollte, was denn los sei, warum Clemens nicht abdrücken würde. Das Projektil drang in seine Schläfe ein und blieb im Kopf stecken. Eine tragische Verkettung unglücklicher Umstände. Wie so oft, wenn es sich um Unfallgeschehnisse mit einem schlimmen Ende handelt.

Es vergehen mehrere Stunden, bis die befürchtete Nachricht aus dem Krankenhaus kommt: «Der Angeschossene ist trotz Notoperation verstorben.» Seine Eltern waren die ganze Zeit bei ihm auf der Intensivstation gewesen, bis zu seinem letzten Atemzug. Ich habe es, ehrlich gesagt, nicht geschafft, Clemens diese Nachricht zu überbringen. Ich hatte noch im Ohr, was er meinen Kollegen entgegenrief: «Wenn Ralf stirbt, bringe ich mich ebenfalls um! Dann ist auch mein Leben vorbei, mit der Schuld kann ich nicht leben.» In meiner Feigheit redete ich mir ein, dass die Psychiater im Krankenhaus es viel besser können, solche Hiobsbotschaften zu vermitteln. Dass sie einfühlsamer sind und die Nachricht schonender verpacken können. Als wenn man so etwas schonend mitteilen könnte.

Der ungewollte Todesschütze scheiterte an diesem Drama. Verantwortlich für den Tod seines besten Freundes zu sein, damit konnte er nicht leben. Sechs Monate später wurde ich zu einem weiteren Todesermittlungsverfahren gerufen. Am Telefon sagte der Kollege: «Klarer Suizid, nicht viel Arbeit, der hängt hier noch.» Als ich am Tatort eintraf, stockte mir der Atem. Am Balken des Dachbodens hing ein junger Mann, den ich kannte. Es war der unabsichtliche Todesschütze Clemens. Noch vor seinem Prozess wegen fahrlässiger Tötung hatte er dem eigenen Leben ein Ende gesetzt. So forderte die fatale Idee der selbsternannten Scharfschützen noch ein zweites, ebenso tragisches Todesopfer.

Fall 4

EINE DUMME ÄUSSERUNG

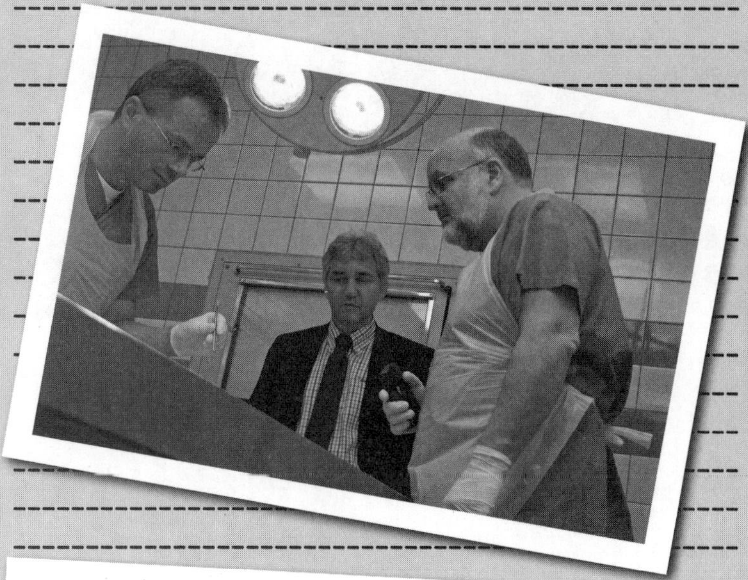

Dr. Lars Althaus (links) und Dr. Andreas Freislederer (rechts) in der Rechtsmedizin.

Auf dem Friedhof ist eine Stimmung wie bei Edgar Wallace. Es ist nebelig, man kann nur wenige Meter weit zwischen den Gräbern und Kreuzen sehen. Zudem ist es nasskalt, und ein Waldkäuzchen ruft. Die Situation wirkt tatsächlich wie eine Filmszene. Aber es ist die Realität. Einsame Gestalten stehen um sechs Uhr morgens vor einem ausgehobenen Grab und machen sich daran zu schaffen. Ein Mann in einem Overall ist zu dem Sarg in das Erdloch hinabgestiegen. Er legt Seile um den Holzsarg, der noch einigermaßen gut erhalten ist. Dann wird er langsam hochgehoben. Hier wird keine schwarze Messe vorbereitet, hier versuchen wir gerade ein mögliches Verbrechen aufzudecken.

Ein Rechtsmediziner hat einmal gesagt: «Wenn auf deutschen Gräbern überall ein Licht brennen würde, bei denen ein Mensch durch Fremdverschulden ums Leben gekommen ist, ohne dass es jemand bemerkt hat, wären die Friedhöfe nachts hell erleuchtet!» Das ist jetzt gewiss übertrieben, aber mit Sicherheit ist an dieser Bemerkung etwas Wahres dran. Woran auch immer es liegen mag, es gibt viele Gründe für sogenannte Dunkelfelder, und zwar bei den verschiedensten Delikten. Das kann Mord sein, muss es aber nicht. Unter Dunkelfeldern versteht man jene Straftaten, die der Polizei erst gar nicht bekannt werden und deshalb auch in keiner Statistik auftauchen. In manchen Fällen hat das damit zu tun, dass die Straftat nicht als solche erkannt wurde oder dass das Opfer – wenn es nicht getötet wurde – aus Angst vor dem Täter oder aus Scham keine Anzeige erstattete. Oder weil sich das Opfer möglicherweise durch eine Anzeige bei der Polizei selbst belasten würde. Das passiert am häufigsten im Drogenmilieu.

Es gibt aber ebenso den Zufall, der uns zu einem Täter führt – und der in dieser nebligen Morgen dazu beitrug, dass der Holzsarg wieder aus der Erde gehoben wurde. Sicher haben viele schon von dem unsichtbaren «Kollegen Zufall» gehört. Ihn gibt es wirklich. Eine nebenbei gemachte Beobachtung eines Zeugen, ein vergessener Ausweis am Tatort oder ein dummer Spruch in der Eckkneipe – alles das bringt uns manchmal vollkommen unerwartet auf die Spur eines Verbrechers. Ohne diesen Zufall wäre manches Verbrechen nie aufgeklärt worden.

Den verrücktesten Fall erlebte ich in dieser Hinsicht in den achtziger Jahren. Die skurrile Situation auf dem Friedhof war am Ende die Folge davon. Eines Abends rief eine Frau über den Notruf 110 bei unserer Einsatzleitstelle an. Hektisch schrie sie in den Hörer: «Sie müssen sofort kommen, mein Sohn prügelt sich mit meinem Ehemann, hier in der Wohnung.» Dem Kollegen von der Leitstelle war diese Familie nicht unbekannt. Schon oft hatten Streifenpolizisten dort Einsätze gehabt. Wegen Ruhestörung, Körperverletzung oder anderer Straftaten. Meistens riefen jedoch die Nachbarn bei uns an, an diesem Abend war es die Ehefrau selbst. Das merkte der Kollege aber erst, als er sie nach ihrem Namen fragte. Er versuchte der Frau zu erklären, dass gerade viele Einsätze liefen und er keine Möglichkeit sehe, sofort einen Streifenwagen zu der bekannten Adresse zu schicken.

Darüber war die Anruferin – vorsichtig formuliert – sehr ungehalten und beschimpfte den Mann von der Leitstelle wie auch die komplette Polizei mit üblen Schimpfworten, die ich hier nicht wiederholen möchte. Der Kollege nahm das völlig gelassen hin. Er wusste, mit wem er es zu tun hatte, und fühlte sich nicht beleidigt. Sonst ließ Frau F. ihre Tiraden los, wenn Polizisten vor ihrer Tür standen und eine Anzeige aufnehmen wollten, jetzt tönte sie ihre wüsten Beschimpfungen eben durch den Hörer. Hier rein, da raus. Zum Abschluss des Telefonats sagte sie noch, jedoch fast erstaunlich beiläufig: «Ihr seid ja sowieso alle total blöd. Ich hab schon zwei Männer umgebracht, und ihr wisst nichts davon!» Danach legte sie auf.

Nun ja, dumme Sprüche muss man sich in unserem Beruf ziemlich häufig anhören. Aber wie es um deren Wahrheitsgehalt steht, ist oft fraglich. Ganz so «blöd», wie von der Anruferin angenommen, war der Kollege aber nicht, denn er schrieb den Satz auf, den ihm Frau F. wortwörtlich am Telefon gesagt hatte. Dieser «Dreizeiler», bei denen man in knappem Polizeideutsch einen «Kurzsachverhalt» zu Papier bringt, landete schließlich beim damaligen 1. Kommissariat.

Es ist der 12. Oktober 1985, draußen scheint die aufgehende Herbstsonne durch das bunte Laub jener Bäume, die vor dem Polizeipräsidium stehen. Kriminalhauptkommissar Helmut Strozyk hat an diesem Morgen beste Laune. Bei Durchsicht der Einsätze und Leichensachen der vergangenen Nacht entdeckt er den kleinen Vermerk der Leitstelle über eine Frau, die zwei Männer getötet haben soll, ohne dass die Polizei davon weiß. Augenblicklich muss er schmunzeln: «Wie soll ich das denn verstehen?»

Er blickt in die morgendliche Runde und liest den «Dreizeiler» noch einmal den Kollegen laut vor. Gelächter und Kopfschütteln bekommt er als Antwort. «Ja, nee, is klar», meint schließlich ein Kollege. «Wieder so eine Verrückte! Oder die hat einfach zu tief ins Glas geguckt. Kennt man doch.» Erneutes Gelächter. Das Problem ist nur, dass man das nicht einfach ignorieren kann – und natürlich auch nicht darf. Schließlich wird von einer Person behauptet, dass zwei Menschen getötet wurden. Und gleichzeitig bezichtigt sich die Frau der Täterschaft. Hier wird also ein schlimmes Verbrechen gemeldet, und zwar von der vermeintlichen Täterin selbst. Nur wer die Opfer sind, das hat sie leider nicht gesagt.

Es gibt Menschen, die Briefe an die Polizei schreiben, in denen sie von Massenmorden berichten, die in ihrer Wohnung passiert sind. Die Täter sind dabei auch schon mal durch die Wände gekommen und nach den grausigen Bluttaten einfach durch das Schlüsselloch verschwunden. Solche Briefe landen tatsächlich auf unserem Schreibtisch. In der Frühbesprechung sorgen solch absurde Geständnisse ebenfalls für Erheiterung, aber was noch so seltsam klingt, muss vom 1. Kommissariat überprüft werden. Die Verfasser derartiger Berichte sind allerdings meistens – wen wundert es – wegen einer psychischen Erkrankung auffällig geworden. Wenn nicht, sprechen die Kollegen mit der Person und den Angehörigen, wobei sich vielfach herausstellt, dass ein psychisches Krankheitsbild sehr wahrscheinlich ist. Aber wir müssen es eben überprüfen, selbst wenn wir vorher fast hundertprozentig sicher sind, dass es sich um Hirngespinste handelt.

In dem Fall von Frau F. ist die Situation aber eine andere. Aus ihrer Wut heraus hat die Ehefrau sich zu einer dreisten Aussage verleiten lassen. Sie hatte nicht Zeit gehabt, sich etwas Falsches auszudenken. Sie hat impulsiv und spontan reagiert, als sie diesen Satz sagte. Das spricht eher dafür, dass es die Wahrheit sein könnte. Mit der Folge: Der Ermittlungsapparat des 1. K. läuft an.

Ein Ermittler aus der Runde fragt zu Recht: «Meint die Anruferin ihre Ehemänner? War Frau F. überhaupt zweimal verheiratet? Oder waren es Bekannte? Vielleicht gar Fremde?» Ein anderer Kollege, der ein Gedächtnis hat, das man sich von jedem Zeugen wünscht, hat sofort beim Standesamt nachgeprüft: «So, hier die ersten Fakten. Frau F. war bereits zweimal vor der aktuell noch gültigen Ehe verheiratet. Und ihr dürft raten, ob diese beiden Männer noch am Leben sind.» Sascha nimmt diese Gedanken fast im selben Moment vorweg: «Genau, beide sind tot. Da sollten wir uns diese Dame doch mal genauer anschauen.»

Schon komisch. Wieso hat keiner Verdacht geschöpft, als die Männer starben? Wenn stimmt, was Frau F. gesagt hat, gibt es einige wichtige Fragen: «Wie konnte sie aber ihre Ehemänner umbringen, ohne dass es jemand bemerkte? Und was war ihr Motiv? Warum wurde die Polizei nicht über die Sterbefälle informiert? Die einzige Erklärung wäre demnach: Es hat keine offensichtlichen Anhaltspunkte für die Verbrechen gegeben.»

Meistens läuft es so: Die Polizei wird nur dann zu einem Sterbefall gerufen, wenn ein Arzt, der den Tod eines Menschen festgestellt hat, in der Sterbefallanzeige keinen «natürlichen Tod» ankreuzt. Einzig bei einem «nicht natürlichen Tod», zum Beispiel bei einem Verkehrs- oder Arbeitsunfall, bei einem Selbstmord oder einer ungeklärten Todesart, muss der Mediziner die Polizei zeitnah informieren. In diesen Fällen werden sofort kriminalpolizeiliche Ermittlungen eingeleitet. Wie sich später zeigt, hatten die Ärzte seinerzeit bei beiden verstorbenen Männern einen natürlichen Tod bescheinigt. Und somit kam die Polizei gar nicht ins Spiel.

Als diese Details herausgefunden wurden, setzen sich die

Kollegen zu einer Besprechung zusammen. Nach kurzer Diskussion sagt Helmut: «Unter diesen Umständen setze ich eine Mordkommission ein. Schließlich ist diese Frau wieder verheiratet. Nicht dass dieser dritte Mann völlig ahnungslos in akuter Lebensgefahr schwebt. Wenn die Kollegen Glück haben, sind beide vorherigen Ehemänner erdbestattet worden. Eine Exhumierung könnte da helfen.» Sollten die Verstorbenen allerdings eingeäschert worden sein, das war allen klar, würde das vielleicht schon das Ende der Ermittlungen bedeuten. Denn dann könnten wir vermutlich nicht mehr beweisen, dass die Männer auf unnatürliche Weise ums Leben gekommen sind. Bei den hohen Temperaturen in den Krematorien werden alle eventuellen Beweise verbrannt, selbst Giftreste in Knochen.

Nach ein paar weiteren Stunden wissen wir: Beide Männer wurden erdbestattet. Nachdem wir den Staatsanwalt über unseren Anfangsverdacht und unsere ersten Ermittlungen informiert haben, ordnet er eine Exhumierung und anschließende Obduktion der beiden nicht mehr lebenden Ehemänner an. Wurden sie vergiftet, besteht die Hoffnung, in den Leichenresten oder im umgebenden Erdreich Spuren des Gifts zu finden. Aber auch nur vielleicht, denn nicht jedes Gift kann man noch nach mehreren Jahren nachweisen. Und das mögliche erste Opfer liegt bereits seit geraumer Zeit unter der Erde. Gift wäre aber eine Erklärung, warum man die möglichen Morde nicht entdeckte. Ein eingeschlagener Schädel oder ein Messer im Rücken fällt den Ärzten auf. Gerade Frauen morden immer noch häufig mit Gift, das ist keine Erfindung der Kriminalliteratur. Und da die Folgen einer Vergiftung ja äußerlich schlecht feststellbar sind, ist gerade bei Giftmorden die Dunkelziffer höher als bei anderen Tötungsarten.

Ein Friedhofsgärtner steigt in das zweite Grab, aus dem der Sarg ebenfalls schon herausgehoben wurde – für uns ist es ein Glück, dass beide Ehemänner von Frau F. auf demselben Friedhof liegen. Der Mann hat vom anwesenden Rechtsmediziner die Anweisung erhalten, in mehrere Fläschchen Erdreich von verschiedenen ausgesuchten Stellen abzufüllen. Als er damit fertig ist, sieht er, wie die anderen Mitarbeiter des Friedhofs ihre Arbeit beendet haben: Der Holzsarg der zweiten Leiche steht zum Abtransport auf dem Rollwagen. Ruckelnd ziehen ihn die Friedhofsangestellten über den Kiesweg zur Leichenhalle. Dort wartet bereits der Leichenwagen, der beide Tote in die Rechtsmedizin nach Essen bringen soll. Hier werden die sterblichen Überreste obduziert. Wenn möglich, werden den Leichnamen Gewebeproben entnommen und anschließend auf Giftspuren untersucht. Genauso geht man auch bei den Erdproben vor. Von den Ergebnissen dieser Analysen hängt alles ab. Der Gedanke, dass wir möglicherweise keine Hinweise auf ein Verbrechen finden, belastet uns. Exhumierungen sind schließlich ein Eingriff in die Totenruhe.

Nach den Obduktionen werden die beiden Leichen wieder zum Friedhof gebracht. Mit der gebotenen Pietät legt man sie in ihre Holzsärge, danach zurück in ihre Gräber. Jedes Grab wird wieder so hergerichtet, wie es vorher war. Blumen und Büsche werden neu gepflanzt, Grableuchten aufgestellt. Das gebietet der Respekt vor den Toten.

Die Angehörigen wie auch die potenzielle Mörderin haben von unserer im wahrsten Sinne des Wortes «Nacht-und-Nebel-Aktion» nichts mitbekommen. Das ist in solch einem Fall erlaubt, denn sonst könnte Frau F. Spuren, die theoretisch in der Wohnung noch vorhanden sind, vernichten und die Aufklärung erschweren. Deshalb diese Geheimhaltung.

Die Resultate des Rechtsmediziners werden in unserer Mordkommission mit Spannung erwartet. Die Kollegen sitzen gerade im Besprechungszimmer, als der Anruf erfolgt. Kollege Sascha, der das Telefonat angenommen hat, ruft laut: «Ja, klasse, super, dann legen wir jetzt richtig los.» Nachdem er das Gespräch beendet hat, blicken ihn alle erwartungsvoll an. «Volltreffer», sagt er mit einem Strahlen im Gesicht. «Sowohl im Erdreich als auch in den Leichenresten konnte der Rechtsmediziner eindeutig Gift nachweisen. Und zwar Strychnin. Da hat Frau F. die Wahrheit gesagt, wohl zum ersten Mal. Zu ihrem Pech und unserem Glück, denn jetzt kriegen wir sie.»

Prinzipiell ist es schwierig, überhaupt an derartige Gifte zu kommen, wenn nicht gar unmöglich. Manche Gifte erhält man zum Beispiel nur nach Vorlage eines Ausweises, und in dem muss stehen, dass man ein toxisches Mittel für die Bekämpfung von Ratten benötigt. Wo sich Frau F. das Strychnin besorgt hatte, ob es möglicherweise aus irgendwelchen alten Pharmazie- oder auch illegalen Beständen stammte, konnte leider nicht ermittelt werden.

Mit diesem Ergebnis und der Aussage von Frau F. am Telefon ist es für Staatsanwalt Werner M. leicht, beim Richter einen Haftbefehl wegen Mordes zu beantragen. Das Amtsgericht stimmt seiner Forderung sofort zu. Danach fahren zwei Mitarbeiter aus der Mordkommission mit dem Haftbefehl in der Tasche zur Wohnung der Beschuldigten, um sie festzunehmen.

Es ist ein heruntergekommenes Mehrfamilienhaus, in dem Frau F. wohnt. Als die Kollegen ihr den Grund ihres Erscheinens mitteilen, legt Ehemann Nummer drei plötzlich los: «Eine absolute Unverschämtheit. Das lasse ich nicht zu! Sie nehmen meine Frau nicht mit! Die hat nichts getan! Ganz bestimmt nicht. Lassen Sie uns in Ruhe!» Der Mann ist völlig aus dem

Häuschen und gar nicht zu beruhigen. Er versucht sogar, die Festnahme zu verhindern, was ihm aber nicht gelingt. Seiner Frau ruft er hinterher: «Schatz, mach dir keine Sorgen, ich hol dich da raus.»

Dieser Wunsch ändert sich kurz darauf abrupt. Denn als er versteht, was seiner Frau vorgeworfen wird, wirkt er nachdenklicher. «Das kann nicht sein, doch nicht sie», stammelt er immer wieder. Nach langem Hin und Her ist er aber bereit, eine Urinprobe abzugeben. Ein Ermittler erklärt ihm: «Dadurch können wir sichergehen, dass man Ihnen kein Gift verabreicht hat.» Das Ergebnis verblüfft nur den Ehemann: eindeutige Spuren von Strychnin.

Unsere weiteren Ermittlungen ergeben, dass beide vergifteten Ehemänner eine Lebensversicherung zugunsten von Frau F. abgeschlossen hatten. Herr F. wird gefragt, ob er wie seine Vorgänger eine entsprechende Versicherung unterschrieben hat. Völlig geschockt antwortet er mit einem leisen Ja. Herr F. sieht sehr blass aus, starrt nur noch auf den Boden. Das Motiv der Doppelmörderin ist mit seiner Aussage geklärt: Habgier. Und der bleiche Mann auf dem Stuhl wäre bald der Dritte im Bunde gewesen. Frau F. droht eine Anklage wegen zweifachen Mordes sowie versuchten Mordes.

Geklärt ist bislang nicht, warum damals kein Arzt die Vergiftungen bemerkt hat. Der Rechtsmediziner verrät uns später den Trick, den Frau F. anwandte: «Offensichtlich hat sie ihren Ehemännern das Strychnin in kleinen Dosierungen verabreicht. Der Tod war ein schleichender Prozess. Erst stellte sich Unwohlsein ein, später folgten Herzrhythmusstörungen, und zum Schluss trat der Exitus durch Herz-Kreislauf-Versagen ein.» Wegen der Beschwerden hatten die Ehemänner mehrfach ihre Hausärzte konsultiert. Diese diagnostizierten Veränderungen am Herzen, konnten jedoch mit ihrer Therapie nicht die Ursache bekämpfen. «Und diese war das Gift, dessen Wirkung den Körper der Patienten mehr und mehr schwächte und schließlich tödlich zerstörte.»

Auf die Idee einer schleichenden Vergiftung waren die Hausärzte aus nachvollziehbaren Gründen nicht gekommen. Und als die Männer verstarben, wunderte sich darüber angesichts der Vorerkrankungen niemand. Für die Mediziner war es jeweils ein natürlicher Tod.

Als die Beschuldigte zu ihren Taten befragt wird, bestreitet sie diese bis zum Schluss. «Herr Kommissar, ehrlich, ich war das nicht. Ich weiß nicht, woher das Gift kommt, ganz ehrlich. Das am Telefon war nur dahergesagt. Ich bin keine Mörderin. Ich doch nicht, wie können Sie nur so etwas denken?»

Die Beweislast vor Gericht war jedoch derart erdrückend, dass der Richter keine Zweifel mehr hatte. Seiner Ansicht nach hatte Frau F. ihre ersten beiden Männer umgebracht und später versucht, Ehemann Nummer drei ebenfalls mit Gift zu töten. Am Ende der Verhandlung, die sechs Tage dauerte, wurde Frau F. zu zweimal lebenslänglicher Haft verurteilt, was heute nicht mehr zulässig ist. Die Höchststrafe beträgt mittlerweile selbst bei einem Doppelmord nur noch «lebenslänglich». Man hat nur ein Leben, eine Formulierung wie «zweifach lebenslänglich» ist nach dem heutigen Rechtsempfinden nicht mehr gültig.

Staatsanwalt Werner M. und ich sprachen später noch einmal über diesen Fall. Wir diskutierten über einen Giftmord, der gerade in einer benachbarten Behörde aufgedeckt worden war. Dabei kamen wir auf die spektakuläre Tat von Frau F. Der Staatsanwalt sagte, dass sie das Urteil, als es damals verlesen wurde, ohne Emotionen zu zeigen hingenommen hatte. Bis zum heutigen Tag hätte sie nicht mehr über ihre Verbrechen geredet, jedenfalls nicht mit Amtspersonen. Der Staatsanwalt erzählte mir weiterhin, dass Frau F. zu keiner Zeit auch nur irgendeinen Antrag gestellt hätte. «Sie hat noch nicht einmal Briefe aus dem Gefängnis geschrieben oder die Justiz um bessere Haftbedingungen gebeten. Keine Anträge, keine Beschwerden.» Das ist ungewöhnlich für Menschen, die zu lebenslänglich verurteilt wurden. Da sie nichts mehr zu verlieren haben, versuchen sie alles Mögliche, um die Zeit hinter Gittern ein bisschen angenehmer zu gestalten. Frau F. dagegen saß ihre Zeit nur ab. Und einige Jahre hatte sie noch vor sich. Sie war offenbar auf eine ganz besondere Art gefühlsarm – eben eiskalt. Ähnlich kalt wie der neblige Morgen, an dem wir ihre ermordeten Ehemänner auf dem Friedhof ausgruben.

Fall 5

DIE MORDNACHT VON WITTEN – EINE WAHNSINNSTAT

Wenn sich ein Schriftsteller eine Geschichte ausdenkt, um einen Kriminalroman zu schreiben, muss er sich überlegen, ob diese Story auf den Leser wirklich glaubhaft wirkt. Hätte man das, was am Donnerstag, dem 15. August 2002, in Witten passierte, als Roman aufgeschrieben, hätten viele Leser gesagt: «Wer denkt sich denn so etwas aus, das gibt's doch nicht in der Realität. Wer soll eine solche Geschichte glauben?» Mir wäre es auch lieber gewesen, wenn das alles nicht geschehen, sondern reine Fiktion eines Krimiautors geblieben wäre. Doch das Schicksal, das zwei Familien in dieser Nacht so fürchterlich und mit voller Wucht traf, war bis zu diesem Tag selbst für mich unvorstellbar gewesen. Es hat beide Familien für immer zerstört.

Tief und fest schlafe ich in dieser lauen Sommernacht, als es plötzlich läutet. Es dauert einige Zeit, bis mir klar wird, dass das der Klingelton meines Diensthandys ist, das direkt neben meinem Bett auf dem Boden liegt. Irgendwie hatte ich den nervigen Ton in meinen Traum eingebaut. Aber nun schrecke ich doch hoch und schaue auf den Wecker: 3.55 Uhr. Leise fluche ich vor mich hin: «O nein! Wieso immer mitten in der Nacht?» Es ist eine Frage, die mich wirklich umtreibt: Wieso passieren die schlimmen Dinge eigentlich so selten tagsüber, dann, wenn man fit ist? Aber nein, der Schrecken kommt fast immer nachts! Und trifft einen völlig unvorbereitet, genau in den Stunden, wenn der Körper Erholung braucht.

Ich versuche mich zu konzentrieren, denn von dieser Sekunde an darf ich keine Fehler machen. Einmal ist es vorgekommen, dass ich den Kollegen, der mir einen Einsatz übermitteln wollte, einfach habe reden lassen, aber meine Gedanken konnten die Informationen, die auf mich einprasselten, überhaupt nicht ordnen. Nachts fällt einem das besonders schwer, vor allem dann, wenn man aus der Tiefschlafphase gerissen wird. Damals bat ich den Kollegen, nochmals alles von vorne zu erzählen, was er auch tat. Zum Glück hatte er Verständnis.

Ulli Neuhaus ist in dieser Nacht Chef der Kriminalwache. Ein mittelgroßer Kollege, zehn Jahre jünger als ich. Ulli berichtet mir, dass man einen ebenso dubiosen wie furchtbaren Sachverhalt habe. «Ein Mann hat barfuß und mit blutverschmiertem Schlafanzug gegen 2.40 Uhr die Polizeiwache Witten betreten. Er sagte nichts, schrie nur umher, und zu weiteren Äußerungen konnten die Kollegen ihn nicht bewegen. Vermutlich ist er nicht in der Lage, anzugeben, was passiert ist.» Mittlerweile sei der Mann türkischer Abstammung ins Krankenhaus eingeliefert worden. «Zwei Kollegen der Wache Witten sind mitgefahren, wer weiß, was er angestellt hat. Dieser Mann ist übrigens mit seinem Pkw zur Wache gekommen. Über das Kennzeichen haben wir den Halter ermittelt, das ist anscheinend der blutverschmierte Mann selbst. Er wohnt mit seiner Familie in der Straße Bebbelsdorf. Kollegen haben die Wohnung mit einem der Schlüssel, der im Zündschloss des Autos steckte, geöffnet und drei blutüberströmte Leichen aufgefunden. Nach ersten Erkenntnissen sind es die Frau des Mannes und seine beiden kleinen Kinder.»

Noch bin ich nicht ganz wach, als Ulli von diesem Fall berichtet, trotzdem habe ich jetzt schon eine Gänsehaut. Allein die Vorstellung, dass zwei Kleinkinder getötet wurden, ist schrecklich genug. Aber wie wird der Anblick erst in der Realität sein? Blutüberströmt. Hat er sie erschlagen oder erstochen? Nun augenblicklich hellwach, sind mir sofort die obligatorischen Fragen präsent. Ist es ein Familiendrama? Sind noch Dritte beteiligt? Konnte der barfüßige Mann als Einziger vor dem Täter oder vielleicht sogar den Tätern flüchten?

Ich springe unter die Dusche, trockne mich schnell ab und putze mir noch die Zähne. Für einen Kaffee ist keine Zeit. Das kann ein langer Donnerstag werden, denke ich, während ich ins Auto steige. Nach einer guten halben Stunde bin ich auf der K-Wache in Bochum. Ich bin als Erster von meiner Kommission da, der Mordkommission V.

Ulli begrüßt mich nur kurz, dann legt er sofort los: «Du wirst es nicht glauben, aber wir haben noch einen zweiten Fall.»

Ich schaue ihn verwundert an: «Wie? Noch einen zweiten Fall? Reichen die drei Toten nicht?»

Ulli zuckt entschuldigend die Schultern: «Zehn Minuten nachdem der Mann auf der Wache Witten erschienen war, tauchte eine Frau auf, zusammen mit ihrem fünfjährigen Sohn.»

«Zu welcher Wache?»

«Auch zur Wache Witten!» Dann fährt mein Kollege fort: «Die Frau sagte, dass sie Schüsse in ihrem Einfamilienhaus hörte. Sie will in dieser Nacht getrennt von ihrem Mann geschlafen haben. Als sie in das Zimmer ihres Ehemannes blickte, lag dieser tot im Bett. Er soll erschossen worden sein. Von Kugeln durchsiebt.»

Mir zieht sich der Magen zusammen, eindringlich schaue ich Ulli an. «Sag, dass es nicht stimmt.»

«Doch!», sagt Ulli lapidar. «Die Kollegen in Witten dachten anfangs, dass da ein Zusammenhang besteht. Erst Herr C., der Mann mit dem blutdurchtränkten Schlafanzug, und zehn Minuten später die Frau Sch. mit ihrem erschossenen Ehemann. Ist aber offenbar nicht so. Es scheinen zwei voneinander unabhängige Fälle zu sein.»

«Ich fasse es nicht!» Mehr bringe ich immer noch nicht heraus. In einer Nacht, innerhalb von zehn Minuten, zwei Mordfälle mit insgesamt vier Toten. «Hast du meine Truppe schon angerufen? Sind alle erreicht worden? Hast du auch an den Erkennungsdienst gedacht?» Zu viele Fragen auf einmal, die aus mir heraussprudeln.

Ulli sagt: «Langsam, langsam. Deine Jungs sind alle benachrichtigt, aber den Erkennungsdienst habe ich noch nicht erreicht. Das alles ist ja gerade eben erst passiert. Wir wissen das doch auch erst seit einigen Minuten. Lass dir übrigens was einfallen – oder wollt ihr beide Fälle bearbeiten?»

Ich schüttele den Kopf: «Das geht nicht! Ich kann mich schließlich nicht zweiteilen! Ich rufe jetzt Hans-Willi Schäfer an. Als Chef vom KK 11 – er war der Nachfolger von Walter Pindur – muss er bestimmen, wer welchen Fall bearbeiten soll.» Gesagt, getan.

Willi ist ein Jahr jünger als ich, zusammen waren wir auf der Polizeischule und studierten Kriminalistik. Sein Markenzeichen ist der Vollbart, dafür werden die Haare oben auf dem Kopf immer weniger. Aber das macht ihm nichts aus. Willi wirkt bei meinem Anruf erstaunlich munter, als hätte er nur darauf gewartet, dass ich mich bei ihm melde. Dabei ist es noch immer mitten in der Nacht. Ich schlage ihm vor, eine Ersatzkommission zu bilden, die einen Fall übernehmen soll. Mein Chef gibt augenblicklich zu verstehen, dass er selbst eines der Tötungsdelikte bearbeiten wird. Er sagt: «Versuche, einige Leute vom KK 11 anzurufen, am besten von denen, die nächste Woche sowieso Bereitschaft haben.»

Ulli gebe ich – noch während ich weiter mit Willi telefoniere – den Auftrag, Kollegen des KK 11 für die Ersatzkommission anzurufen: «Mindestens fünf Beamte!» Die Namen und Telefonnummern stehen auf einer Liste für besondere Situationen. Und so eine Situation haben wir jetzt.

Schnell kläre ich noch mit meinem Chef ab, welche Kommission welchen Fall übernimmt. Es sieht so aus, als sei der Dreifachmord der arbeitsintensivere. Willi will den Fall mit dem ermordeten Ehemann übernehmen, nach unserer Einschätzung der wohl «leichtere» Tatbestand. Wie man sich doch täuschen kann!

Die Kollegen der MK V treffen nach und nach im Präsidium ein. In meiner Kommission sind diesmal zwei neue Mitglieder dabei. Es ist schließlich Sommer und damit Urlaubszeit. Viele Kollegen haben Kinder und können nur in den Schulferien wegfahren. Einer von den beiden Neuen ist ein erfahrener Kripo-Mann, der andere ein ganz junger Kollege. Markus, der Jüngere, macht gerade sein Praktikum in unserem Kommissariat und hat sich bereit erklärt, spontan auszuhelfen, wenn ein Einsatz hereinkommt. Und schon haben wir einen. Aber bei ihm habe ich wirklich den Eindruck, dass er sich freut, dabei sein zu können. Auf einen Außenstehenden wirkt das vielleicht eigenartig, aber es sind die Neugier und der Wunsch, einen Fall zu klären, was einen guten Kriminalbeamten ausmacht. Und das wird Markus bestimmt, auch wenn er erst Mitte zwanzig ist. Er ist begabt und hat sehr wachsame Augen, denen nichts entgeht.

Wie immer in einer solchen Situation berichte ich der jetzt komplett versammelten Mordkommission den aktuellen Sachstand und stelle wie beim Fußball die Mannschaft auf. Jeder hat seine Position, und jeder ist für das Endergebnis genauso wichtig. Markus beordere ich mit Rolf, meinem treuen Weggefährten vom KK 13, zum Tatort: «Ich muss euch ja nicht viel sagen, nehmt alles auf.» Spurenexperte Rolf nickt mit reglosem Gesicht. Er weiß, dass das die schwierigste Aufgabe ist, denn die beiden müssen ja alle Einzelheiten zum Tatort und auch zur sogenannten Auffindesituation der Ermordeten in einem Bericht detailliert zusammentragen. Sie müssen die drei Leichen genau in Augenschein nehmen, auch die der beiden kleinen Kinder. Bei Kindern, insbesondere Kleinkindern, ist das selbst für einen so «hartgesottenen» Kollegen wie Rolf schwer, sachlich zu bleiben und die eigenen Emotionen zur Seite zu schieben.

Bei der Aufgabenverteilung habe ich mir keine Gedanken darüber gemacht, dass ich einen jungen Polizeiobermeister, der sich noch im Studium befindet und erst kurz vor der Abschlussprüfung zum Kriminalkommissar steht, in diese vertrauensvolle Aufgabe mit einbinde. Markus hat in seinem Praktikum schließlich schon so einiges bei uns gesehen und immer sehr gute Berichte geschrieben. Deshalb war es mir nicht in den Sinn gekommen, dass er dieser Aufgabe vielleicht nicht gewachsen sein könnte. Auch wusste ich zu diesem Zeitpunkt nicht: Markus hat einen kleinen Sohn. Eigentlich wollte ich nur, dass er von einem erfahrenen Tatortmann lernt und ihn bei seiner schwierigen Arbeit unterstützt. Und nun schicke ich den Praktikanten zu toten Kindern, in denen er vielleicht seinen eigenen Sohn sieht.

Nach Abschluss dieses Falls wurde ich zum ersten Mal gefragt, ob die Kollegen oder ich professionelle Hilfe zur Bewältigung der Bilder, die wir am Tatort in uns aufgenommen haben, benötigen. Das Angebot gab ich an meine MK-Mitstreiter weiter. Ich weiß aber nicht, ob jemand davon Gebrauch gemacht hat. Erst da wurde mir auch bewusst, was ich dem jungen Kollegen Markus angetan hatte. Mit ihm habe ich dann selbst gesprochen. Er sagte, dass er sich nicht übermäßig belastet gefühlt hätte. Heute glaube ich ihm das, denn mittlerweile hat er den Weg zum KK 11 eingeschlagen. Wenn ihn dieses Erlebnis mit den ermordeten Kindern zu sehr mitgenommen hätte, wäre er kaum freiwillig bei den Todesermittlern geblieben.

Zwischenzeitlich sind die beiden Kollegen vom Erkennungsdienst im Präsidium eingetroffen. Michael und Stefan, die beiden Brüder, telefonieren sofort, als sie hören, was geschehen ist, um noch weitere Kollegen der Spurensicherung für den zweiten Fall zu organisieren. Die neue Lage hat sich ja auch für sie völlig überraschend erst bei der Anfahrt ergeben. Es gelingt ihnen ziemlich schnell, ein zusätzliches ED-Team auf die Beine zu stellen. Keiner will Kollegen im Stich lassen, es gibt innerhalb unseres Kommissariats einen sehr guten Mannschaftsgeist. Ohne ihn würde vieles auch nicht funktionieren.

«So, lasst uns loslegen», sage ich schließlich.

Wir gehen zu den Wagen im Hof. Draußen ist es immer noch dunkel, obwohl es im Sommer ja recht früh am Morgen dämmert. Während eines Einsatzes verliere ich meist sehr schnell das Zeitgefühl, die Aufgaben, die Organisation habe ich jedoch im Kopf. Die Arbeit muss gemacht werden, egal wie viel Uhr es ist.

In mehreren Autos fahren wir zum Tatort. Da die Straßen absolut leer sind, treffen wir schnell ein. Es ist ein Mehrfamilienhaus, drei Parteien wohnen hier. Die Familie C. wohnt in der obersten Etage, im Dachgeschoss. Vor dem Gebäude erwarten uns uniformierte Kollegen der Polizeiinspektion Ost, die zur Unterstützung der Wittener Beamten die Tatortsicherung übernahmen. «Schöner Mist, ich beneide euch nicht um den Fall. Sieht schlimm aus.» Mit diesen nett gemeinten, aber wenig aufmunternden Worten übergibt mir einer der Kollegen den Wohnungsschlüssel. Ich nicke wortlos in die Runde, und fast alle Mordkommissionsmitglieder gehen ins Haus.

Zwei Kollegen habe ich ins Krankenhaus geschickt, um die Spurensicherung von Herrn C. vorzunehmen – es war möglich, dass er der Täter war. Die Beamten der Schutzpolizei haben bis zu unserem Eintreffen seine Bewachung übernommen. Die Bekleidung des Patienten ist bereits sichergestellt und wird meinen Kollegen vom Erkennungsdienst übergeben. Daran finden wir später das Blut der drei Opfer. Ein wichtiger Beweis. Dazu interessiert uns die Art der Spuren. Spritzte das Blut während der Tat auf seine Kleidung, oder entstanden die Anhaftungen, weil er seinen Kindern helfen wollte? Es sind Fragen, die diesen Fall klären können.

Schon auf dem Weg zur Wohnung sehen wir im Hausflur mehrere Blutstropfen und einige Blutwischer. Keiner spricht ein Wort. Alle sind müde, aber das ist nicht der Grund, warum wir schweigsam sind. Es ist der Anblick, der gleich auf uns zukommen wird, der uns im Magen liegt.

Die Wohnung ist großräumig, geschmackvoll eingerichtet und sehr ordentlich. Jedes Kind hat ein eigenes Zimmer. Doch dafür habe ich im ersten Moment keinen richtigen Blick. Denn mir bietet sich ein Bild des Grauens, insbesondere, als ich die beiden Kinder anschauen muss. Das Mädchen ist fünf Jahre alt geworden, der Junge sogar nur zwei. Beide Kinder befinden sich in ihren kleinen Bettchen. Sie sind tatsächlich blutüberströmt, wie es uns beschrieben wurde. Die Ehefrau des Täters liegt im Schlafzimmer neben dem Bett auf dem Boden. Die Rechtsmediziner zählen später eine unglaubliche Anzahl von Stich- und Schnittverletzungen an allen drei Körpern. Man kann es sich kaum vorstellen, aber es sind 144 Messerstiche. 144 Mal hat der Vater wie im Blutrausch auf seine eigene Familie eingestochen.

Als Todesermittler möchte man auf diese Anblicke am liebsten verzichten. Doch das ist nicht möglich. In diesen Momenten gilt es, nur an den Fall und die saubere Aufklärung zu denken. Trotz der psychischen Belastung darf man keine Spuren übersehen. Es ist so wichtig, alle Einzelheiten, die auf den Täter hinweisen – oder ihn auch entlasten –, akribisch zusammenzutragen. Vor Gericht darf die Beweiskette keine Lücken aufzeigen. Das ist nur möglich, wenn man Gedanken an eigene Kinder außen vor lässt.

Ich schaue mir die unverletzten Gesichter der Kinder an und bilde mir ein, sie würden schlafen. Wäre da nicht das Blut auf ihren Schlafanzügen, es sähe fast friedlich aus. In ihren kindgerechten Bettchen liegen Plüschtiere, die die Kleinen zum Kuscheln brauchen, um ohne Ängste einzuschlafen. Ich hoffe, dass sie tief geschlafen und nicht viel mitbekommen haben. Danach bemerke ich das Spielzeug auf dem Boden. Eine kleine Eisenbahn, eine Puppe. Damit haben diese unschuldigen Kinder vor wenigen Stunden noch gespielt und dabei gelacht. Jetzt sind sie tot. Brutal aus dem Leben gerissen. Ermordet wohl vom eigenen Vater, der mit hoher Wahrscheinlichkeit Wahnvorstellungen gehabt hat. Anders ist dieser Albtraum kaum zu erklären.

Es waren Kinder, die wohlbehütet aufwuchsen und geliebt wurden, nicht nur von beiden Elternteilen, sondern ebenso von allen anderen Familienangehörigen. Das erfahre ich in den Vernehmungen. Aber wer sollte zwei so süße Kinder nicht mögen? Die Verwandten hat das Schicksal hart getroffen. Sie sind außer sich vor Trauer, auch vor Wut. Als ich später die ganzen Hintergründe erfahre, kann ich das nur allzu gut nachvollziehen. Hier tragen noch andere eine Mitverantwortung an dem unfassbaren Drama.

Nach der Tatortarbeit werden die drei Leichen von Bestattern abgeholt und in die Rechtsmedizin gefahren. Sie sollen nacheinander obduziert werden. Es ist absurd, zu beobachten, wie die schwarz gekleideten Männer immer wieder in die Wohnung kommen, um ein Opfer nach dem anderen in einen Plastiksack zu packen und auf die Trage zu schnallen. Ich wende mich an meinen erfahrenen MK-Kollegen Robert.

«Kannst du das übernehmen? Kannst du bei der Obduktion dabei sein?» Es ist übrigens gesetzlich vorgeschrieben, dass immer ein Zeuge bei einer Obduktion dabei sein muss. Fast immer ist das ein Polizeibeamter, denn so erfährt ein Ermittler alles direkt und kann mögliche Fragen des Obduzenten sofort beantworten oder telefonisch mit den Kollegen am Tatort klären. Zum Beispiel, woher Verletzungen oder Schmutz am Leichnam stammen könnten.

Roberts Antwort ist überraschend, aber ehrlich: «Wenn, dann schaffe ich höchstens die Obduktion der Frau. Bei den Kindern kann ich das nicht. Das mache ich nur, wenn es unbedingt sein muss und du keinen anderen findest.»

Ich überlege: Michael oder Stefan werden ohnehin bei den Obduktionen anwesend sein – die Erkennungsdienstbeamten müssen noch Faserspuren an den Bekleidungsgegenständen der Getöteten sichern, die sie mit nummerierten Klebefolien abnehmen werden. Kontakte, also Faserspuren des Täters, kann man somit abgleichen. Vorausgesetzt, dass man schnell einen solchen hat und die von ihm bei der Tat getragenen Sachen beschlagnahmen kann. Das Problem sind dabei allerdings immer die sogenannten berechtigten Spuren, also jene Spuren, die zum Beispiel von einem nahen Angehörigen stammen, der sowieso ständig in Berührung mit dem Toten war – in diesem Fall mit den drei getöteten Personen, der Ehefrau und den beiden Kindern. Derjenige ist dann ein berechtigter Spurenleger, seine Fasern an der Kleidung der Opfer können von einer Umarmung vor der Tat herrühren – sie sind dann kein Beweis für eine Täterschaft. Wenn ein dem Opfer unbekannter Täter plötzlich Spuren hinterlässt, spricht das natürlich eine andere Sprache. Hier ist es aber so, dass wir mit dem Abgleich die Täterschaft eines *anderen* ausschließen wollen. Das heißt: Gibt es keine anderen Spuren, war auch kein unbekannter Dritter in der Wohnung.

Je länger ich darüber nachdenke, umso sinnvoller erscheint es, dass ich selbst bei den Obduktionen anwesend bin. Geplant ist, dann zurück zur Dienststelle zu fahren, wenn Stefan, der Kollege vom ED, mich in der Rechtsmedizin vertreten kann.

Während die dritte Obduktion im Gange ist, spreche ich mit Stefan ab, ob ich zurück zur Dienststelle fahren kann. Er ist damit einverstanden. Und ich bin darüber sehr froh. Es hat gereicht, was ich bis dahin gesehen habe.

Meine MK-Kollegen haben, wie ich in unseren Büros erfahre, in der Zwischenzeit die Nachbarn der Familie C. vernommen. Sie erzählen, dass die Ehefrau von Herrn C. einmal mit ihren Kindern ins Frauenhaus gezogen ist. Den Hintergrund kennen sie allerdings nicht. Erst die Schwester der getöteten Mutter kann uns das vermeintliche Motiv für diese Wahnsinnstat nennen: «Sie hatte große Angst vor ihrem Ehemann. Er hat sich in den letzten Monaten total verändert und befürchtete in jedem männlichen Wesen einen Nebenbuhler. Dieser Wahn steigerte sich so sehr, dass meine Schwester immer mehr Angst um ihre Kinder und um sich selbst hatte. Sie hat schließlich unsere Eltern angerufen, und danach ist sie ins Frauenhaus gegangen. Die restliche Familie außer mir zeigte aber kein Verständnis für diese Entscheidung. Besonders unsere Eltern meinten, dass sie wiederkommen müsse. Man trenne sich nicht von seinem Mann. Frau und Kinder würden zum Ehemann gehören!» Daraufhin sagte Frau C. zu ihren Angehörigen: «Wenn ich bei ihm bleibe, bringt er uns alle um!» Trotzdem kehrte sie auf Druck der Familie, insbesondere der Eltern, zurück in die gemeinsame Wohnung. Eine Entscheidung mit fatalen Folgen, die Frau C. wohl geahnt hatte. Die Wahnvorstellungen des Mannes steigerten sich sogar noch nach ihrer Rückkehr, sodass Herr C. selbst den Hausarzt verdächtigte, ein potenzieller Liebhaber seiner Frau zu sein. Alle versuchten vergeblich, ihm diese Hirngespinste auszureden.

Die Schwester von Frau C., die einen kleinen Kiosk besitzt, erzählt weiter: «Schließlich äußerte mein Schwager den Verdacht, dass auch die Kinder nicht von ihm seien.» Da bestand für die Ehefrau aber die Möglichkeit, einen Beweis ihrer Treue anzutreten. Ein «genetischer Fingerabdruck» sollte helfen. «Er selbst war zu unserer Überraschung mit einem DNA-Vergleich einverstanden. Gemeinsam mit den Kindern haben meine Schwester und ihr Mann schließlich ein Labor aufgesucht und jeweils eine Speichelprobe abgegeben.»

Am Tag vor dem Verbrechen kam das Ergebnis. Wir finden das Schreiben später in der Tatwohnung. Das Resultat ist eindeutig. Beide Kinder stammen von Herrn C. Es gibt keinen Nebenbuhler. Er selbst ist der Vater. Warum aber übte er trotzdem diese grauenhafte Tat aus? Eine Frage, die wir zunächst nicht klären können.

Später stehe ich neben dem Krankenbett von Herrn C. in der Klinik und frage ihn: «Wie heißen Sie?» Herr C. schaut ins Leere, beachtet mich gar nicht. Auf alle weiteren Fragen, die ich stelle, gibt er keine Antwort. Er ist apathisch und wirkt desorientiert. Kollege Peter, ein weiterer Mann vom Erkennungsdienst, nimmt seine Fingerabdrücke ab, nachdem wir Herrn C. aus dem Bett gehoben haben. Er kann nicht alleine stehen bleiben. Zu zweit halten wir ihn unter seinen Armen fest. Er lässt alles über sich ergehen. Sein desolater Zustand ändert sich auch nicht durch unser Tun. Als wäre jede Energie aus seinem Körper geflossen. Ich überlege einen Augenblick, ob er uns allen etwas vorspielt. Kollege Peter und ich sind aber der festen Überzeugung, dass er kein Schauspieler, sondern psychisch völlig neben der Spur ist. Traumatisiert von seiner eigenen grauenhaften Tat. Nach dem, was die Schwester von Frau C. gesagt hat, gehen wir davon aus, dass er der Täter ist.

Bei der Überprüfung seiner Arme stellen wir leichte Schnittverletzungen an beiden Handinnenflächen fest. Die muss er sich bei seinen Attacken zugezogen haben. Bei 144 Stichen rutscht man auch mal ab und verletzt sich selbst an der Klinge. So schrecklich es klingt: Vielfach passiert dies, wenn man auf einen Knochen trifft und die Wucht des Stichs dadurch abgebremst wird. Neben ein paar kleinen blauen Flecken ist Herr C. aber ansonsten unverletzt.

Währenddessen taucht der Richter vom Amtsgericht Witten im Krankenhaus auf. Eigentlich soll er den Haftbefehl wegen Mordes verkünden. Das geschieht auch. Aufgrund der offensichtlich vorliegenden Psychose des Beschuldigten ist der

Familienvater jedoch als kranker Mensch anzusehen. Deshalb wird er auf Weisung des Richters vorläufig in einer psychiatrischen Klinik untergebracht.

Wochen nach der Tat suchte ich mehrmals die Schwester von Frau C. in ihrem Kiosk auf. Anfangs hatte ich noch einige Dinge mit ihr zu klären – dabei ging es insbesondere um sichergestellte persönliche Gegenstände aus der Wohnung der Familie C., die ich ihr aushändigen wollte. Dann kam ich auch ohne einen bestimmten Grund. Das Schicksal dieser Familie ging mir sehr nahe, vielleicht konnte ich durch Gespräche helfen, ihnen die Schuldgefühle zu nehmen. Ein Angebot, psychologischen Beistand aufzusuchen, lehnte die Schwester der Toten allerdings ab, auch die Eltern von Frau C. Und bald merkte ich, dass meine Unterstützungsversuche ein hoffnungsloses Unterfangen waren.

Das Schicksal schlug in dieser Familie nämlich ein weiteres Mal zu. Die Nichte der beim Familiendrama erstochenen Frau C. hatte sich einer Mandeloperation unterziehen müssen. Mandeloperationen haben trotz moderner Medizin immer noch das Problem, dass Nachblutungen entstehen können. Wenn diese Blutungen nicht umgehend behandelt werden, kann es zu größeren Komplikationen kommen. Sogar Todesfälle sind dann nicht unwahrscheinlich. Genau das passierte dem Mädchen. Es gab nach dem Eingriff diese Nachblutung – und die Cousine der erstochenen Kinder starb an den Folgen der Operation. Wir hatten diesen Fall als Todesermittlung wieder in unserem Kommissariat. Wenn ein Kind stirbt, selbst wenn es im Krankenhaus sein Leben verliert, wird die Polizei eingeschaltet. Wir konnten es alle nicht fassen.

Die Frage, die sich mir seinerzeit stellte: Wie viel Leid kann ein Mensch eigentlich überhaupt ertragen? Das Schicksal ist manchmal unbarmherzig und unmenschlich. Die Ehe der Schwester des Mordopfers ist an diesem Leid schließlich auch noch zerbrochen.

Fall 6

DER AUFTRAGSMORD

Mein Chef Willi hatte ebenfalls alle Hände voll zu tun. Mit seiner Ersatzkommission versuchte er den Mörder des Ehemannes von Frau Sch. zu ermitteln. Anna Sch. hatte ja behauptet, jemand in ihrem Haus hätte ihren Mann erschossen. Er wurde mit siebzehn Schüssen getötet, wie der Rechtsmediziner in Essen nach der Obduktion konstatierte. Wir nennen das übertötet. Bei den 144 Messerstichen von Herrn C. handelte es sich ebenfalls um eine Übertötung. Es geht nicht mehr nur um das Töten, der Täter befindet sich im Rausch, er will seine Opfer auf jeden Fall vernichten.

Anna Sch. sagte auf der Polizeiwache Witten aus: «Ich hörte plötzlich so dumpfe Knallgeräusche. Das klang erst gar nicht wie Schüsse.» Wurde etwa ein Schalldämpfer benutzt? War man hier bei James Bond? «Aber dann habe ich im Flur den Mörder gesehen», fuhr sie fort. «Auf einmal war da dieser Typ, mit einer Waffe in der Hand. Er stand im Türrahmen zum Schlafzimmer meines Mannes, feuerte die letzten Schüsse ab und verschwand danach aus dem Haus. Er hat nichts gesagt. Und ich konnte nichts machen, war wie gelähmt.» Eine äußerst merkwürdige Geschichte.

Anschließend äußerte sie etwas, was zunächst keiner verstand: «Der Mann hat nach dem Waschmittel meines Bekannten Alex gerochen.» Was wollte sie damit zum Ausdruck bringen? Sollte dieser Alex der Mörder sein? Wie war er denn ins Haus gekommen, und woher kannte sie ihn? Nach den Ermittlungen gelangte der Täter durch eine nicht verschlossene Terrassentür in das Innere des Hauses. Komischerweise waren auch die Rollläden der Terrassentür nicht ganz herabgelassen gewesen. Quasi eine Einladung für den Mörder. Doch Frau Sch. hatte dafür eine Erklärung: «Weil es so warm war in dieser Nacht und weil frische Luft ins Haus sollte, habe ich das gemacht.» Aber woher sollte ein Killer das wissen?

Doch ausgerechnet diese Tatsache der unverschlossenen Terrassentür wurde von ihm ausgenutzt. Genau in dieser Nacht brachte er, ohne dass ein Grund erkennbar war, den Ehemann von Frau Sch. um. War das eine glaubhafte Story? Und warum überhaupt diese Geschichte mit Alex? Für die Kollegen bedeutete es jedoch, wie Willi knapp bemerkte: «Jetzt hat sie ihren Bekannten ins Spiel gebracht, jetzt müssen wir uns um ihn kümmern.»

Diesen Bekannten namens Alex hatte Frau Sch. angeblich beim Tanzen in der Wittener «WerkStadt» kennengelernt, einer Disco an der Mannesmannstraße. Es hatte sich bald zwischen den beiden eine heimliche Liebesbeziehung entwickelt. Die Ehe von Frau Sch. rutschte zeitgleich in eine Phase, die man als Krise bezeichnen konnte. Der neue «Freund des Hauses» wiederum, das ergaben die weiteren Ermittlungen, hatte sich erst vor kurzem ein sehr teures Motorrad bei einem Händler angesehen. Er hatte auch schon konkrete Kaufabsichten geäußert. Der Geliebte selbst war Taxifahrer, seine finanziellen Verhältnisse, das war schnell klar, ließen den Kauf eines solch teuren Motorrads überhaupt nicht zu. Den Mitgliedern der Mordkommission stellte sich dadurch folgende Frage: «Woher soll dieses Geld kommen?»

Vielleicht hatte das Liebespaar darauf spekuliert, sie könnten nach dem Tod von Herrn Sch., durch das Erbe und den Verkauf des Hauses, ein luxuriöses Leben führen – und hatten deshalb den spektakulären Mord gemeinsam geplant. Oder hatte der heimliche Liebhaber den Nebenbuhler im Alleingang ausgeschaltet? Was die Ehefrau des Ermordeten nach unseren Ermittlungen aber nicht wusste, war, dass Alex noch eine andere Freundin hatte. Und ausgerechnet diese «Nebenfrau» gab ihm ein Alibi für die Mordnacht.

Der Schusswaffensachverständige Otto Haß kam dann nach Auswertung der Spuren am Tatort und der Obduktion zu dem Ergebnis, dass nicht nur vom Eingang des Schlafzimmers aus auf das Opfer geschossen worden war. Der Täter hatte auch einige Schüsse direkt neben dem Bett stehend abgegeben. Also eine regelrechte Hinrichtung. Bei siebzehn abgefeuerten Schüssen konnte es gut möglich sein, dass der Täter noch ein zweites Magazin mitgeführt und die Waffe nachgeladen hatte. Das deutete auf einen äußerst abgebrühten Täter hin. Und auf einen Schützen, der Ahnung von Waffen hatte. Diese Kenntnisse lagen bei der Ehefrau des Opfers ganz offensichtlich nicht vor. Doch der besagte Alex hatte diese. Er war Sportschütze in einem Verein und sollte nach den Aussagen seiner Kameraden auch im Besitz einer großkalibrigen Waffe sein.

Alex D. wurde festgenommen und aufs Polizeipräsidium gebracht. Als man ihn danach fragte, stritt er vehement ab, eine solche Waffe zu haben. Es fanden sich aber kurz danach zwei neue Zeugen, nach deren Aussage er ihnen eine solche Waffe einmal gezeigt hatte. Auch das Kaliber der Waffe stimmte mit den am Tatort sichergestellten Hülsen überein – neun Millimeter. Trotzdem blieb der mittlerweile verdächtige Alex D. bei seiner Version: «Ich habe eine solche Schusswaffe nie besessen. Wer etwas anderes behauptet, lügt. Mehr habe ich nicht zu sagen.»

Gefunden wurde die Waffe bei unseren Durchsuchungen allerdings nicht. Dafür entdeckten die ED-Leute ein winziges Stückchen eines rosafarbenen Gummiteils. Es lag im Flur vor dem Schlafzimmer des Getöteten. Zunächst konnte keiner dieses Gummifitzelchen zuordnen. Dann hatte einer aus der Mordkommission den Einfall, dass es sich um das Teilchen eines Einweghandschuhs handeln könnte. So wie man ihn zur Hausarbeit benutzt. Vermutlich trug der Todesschütze also solche Handschuhe. Das hieß: Würde man DNA-Material an dem Gummistück finden, könnte das zum Täter führen. Eine spannende Frage, die aber erst nach mehreren Tagen beantwortet wurde.

Bei einer Frühbesprechung verkündete Willi dann: «An dem Fitzelchen Gummi sind tatsächlich winzige DNA-Spuren gefunden worden. Und die Auswertung hat einen Treffer ergeben, der uns alle erfreut – es ist die Spur von unserem alten Bekannten Alex.»

«Da hat der Erkennungsdienst aber ganze Arbeit geleistet», bemerkte später auch Staatsanwalt Werner M. in seiner souveränen Art. «Ohne dieses Beweisstück wäre es schwer gewesen, die widersprüchlichen Aussagen der beiden Beschuldigten so darzulegen, dass es für eine Verurteilung gereicht hätte.» Damit hatte der Staatsanwalt recht. Mit dieser DNA-Spur hatte mein Chef einen ganz großen Trumpf in der Hand. Ein unwiderlegbares Beweisstück. Zweifel unmöglich.

Der nun unter dringendem Tatverdacht stehende Alex D. hatte aber immer noch das Alibi seiner Freundin. Ein echtes Problem. Doch nach langen Wochen harter Arbeit erhellte sich Willis Gesicht eines Morgens. Er hatte einen Anruf erhalten. Und in der Kaffeerunde verkündete er seiner Mordkommission: «Der Arbeitgeber der Freundin von Alex D. hat sich bei mir gemeldet. Er teilte mir mit, dass die junge Frau in sein

Büro gekommen wäre und nur noch geweint hätte. Sie sagte ihm, sie wolle unbedingt mit der Polizei sprechen. Den Gefallen können wir ihr gern machen, oder was meint ihr?» Alle Kollegen in der Runde grinsten. Und alle spürten: Der Durchbruch könnte gelingen.

Sofort fuhren zwei Kollegen zu der zweiten Freundin von Alex D. nach Hause. Als sie die Tür öffnete, schossen ihr augenblicklich Tränen in die Augen. Sie widerrief noch im Stehen ihre vorherige Aussage. «Ich habe nicht die Wahrheit gesagt, Alex war nicht die ganze Nacht bei mir. Kurz vor der Tat hat er sich weggeschlichen. Ich bin erst wach geworden, als er mit dem Auto wegfuhr.» Als er eine Stunde später zurückkehrte, hätte sie ihn angesprochen, gefragt, wo er denn gewesen sei. Er hätte ihr jedoch nur eine ausweichende Antwort gegeben. «Am nächsten Morgen sagte er mir, dass ich im Fall einer Vernehmung bei der Polizei zu Protokoll geben soll, er sei die ganze Nacht zu Hause gewesen.» Aus der Zeitung hätte sie dann erfahren, dass in der Nacht, genau zu dem Zeitpunkt, zu dem Alex weggefahren war, in Witten ein Mann getötet wurde. «Ich habe nur noch eins und eins zusammenzählen müssen. Mir war klar, dass Alex der Mörder ist. Obwohl ich immer noch nicht glauben kann, dass er zu so etwas fähig ist.»

Trotz der erdrückenden Beweislage blieben die beiden Tatverdächtigen – neben Alex D. war auch Frau Sch. als Tatverdächtige eingestuft worden – bis zur Gerichtsverhandlung bei ihrer Version. Die Witwe wiederholte gebetsmühlenartig: «Wir haben damit nichts zu tun. Alex war zu Hause. Jenen Mann, der geschossen hat, kannte ich nicht.» Als das Liebespaar in der Verhandlung merkte, dass die Tendenz jedoch in Richtung Verurteilung ging, packte der Angeklagte Alex D. plötzlich aus: «Herr Richter, ich muss Ihnen leider sagen, dass Frau Sch.

ihren Ehemann umbringen wollte, um an sein Erbe zu kommen. Sie selbst hat ihren Mann erschossen. Nach den tödlichen Schüssen hat sie mich angerufen und angefleht, ich solle die Tatwaffe entsorgen.» Er sei dann auch in der Nacht zu ihr gefahren und habe die Waffe auf dem Heimweg in die Ruhr geworfen.

Nachdem Anna Sch. bewusst wurde, dass ihr Liebhaber ihr den Schwarzen Peter zuschob, wollte sie ihrerseits auspacken. Ihr Verteidiger kündigte an, man würde sich nach einer Unterbrechung äußern. Nach dieser erzählte die Witwe: «Alex ist der Täter, er hat geschossen. Er wollte mich für sich. Aber immer mehr glaube ich jetzt, er wollte nur mein Geld.» Das Gericht hatte keinen Zweifel mehr daran, dass der Todesschütze Alex war und die Ehefrau den Auftrag zum Mord gegeben hatte. Die Habgier wurde beiden zum Verhängnis. Sie erhielten langjährige Haftstrafen.

Alex hatte allerdings doppeltes Pech. Nach seiner Einlieferung in die Justizvollzugsanstalt nahm er kurz darauf an einem Fluchtversuch teil. Dabei war er mit einem weiteren Häftling auf eine Mauer geklettert – und fiel in der Hektik und Anspannung einige Meter in die Tiefe. Er brach sich ein Bein und lag eine Zeitlang auf der Sanitätsstelle des Gefängnisses. Erst hatte er kein Glück, dann kam noch Pech hinzu. Verbrechen lohnt sich nicht, das wird ihm jetzt wohl auch klar sein.

Fall 7

DER FLIEGENDE FENSTERPUTZER

Fotografiert aus dem Unglücksfenster des 6. Obergeschosses.

Häufig ist die Verkettung unglücklicher Umstände der Auslöser für ein tragisches Ereignis. Doch nicht immer müssen unglückliche Umstände tragisch enden. Der tiefe Fall eines Fensterputzers aus Duisburg ist dafür exemplarisch. Man könnte auch sagen, nach dieser Geschichte sollte man endgültig an Schutzengel glauben.

Seit vielen Jahren ist der dreiundfünfzigjährige Detlef R. Gebäudereiniger. Er macht den Job mittlerweile ganz gern, selbst wenn er immer sehr früh aufstehen muss. So wie an diesem trüben Oktobermorgen 2008. Mit seiner Reinigungskolonne ist er in Herne damit beschäftigt, die Fenster des achtstöckigen Gebäudes einer Wirtschaftsfirma zu putzen. Gegen 5.40 Uhr räumt Detlef R. die Fensterbank in einem Büro in der sechsten Etage frei und öffnet das erste von zwei Doppelflügelfenstern. Er steigt auf den Sims und beginnt damit, die Scheiben zu reinigen, erst von außen, dann von innen. Dabei hält er sich am Mittelfries des Flügelfensters fest. Wie bereits unzählige Male zuvor. Doch heute wird die Routine sein Verhängnis.

Sein Kollege Manfred kommt wenig später ins Büro und macht sich daran, das zweite Fenster blank zu wischen. Sie reden nicht, es ist zu früh. Und sie müssen heute noch viele Fenster schaffen.

Detlef R. steigt dann mit dem linken Fuß auf den äußeren Sims. Es hat nachts geregnet, und die Fläche, auf die er tritt, ist patschnass. In diesem Moment passiert es: Der Fensterputzer rutscht plötzlich mit dem linken Fuß weg, verliert den Halt und fällt, ohne die Chance, sich irgendwo festzuhalten, fast sechzehn Meter in die Tiefe. Er ist so überrascht und geschockt, dass er noch nicht einmal schreit. So einen Sturz kann niemand überleben. Eigentlich!

Als ich morgens zur Arbeit komme, ist der Unfall erst vor gut einer Stunde passiert. Ein Kollege informiert mich: «Da ist in Herne ein Fensterputzer aus sechzehn Metern abgestürzt und danach ins Krankenhaus gebracht worden. Ob er noch lebt oder inzwischen gestorben ist, wissen wir nicht. Ich tippe mal, dass er eher nicht mehr am Leben ist.» Das ist nicht makaber gemeint. Aber sehr schwer verletzte Opfer, die unter Reanimationsbedingungen in eine Klinik transportiert werden, versterben meist auf dem Weg dorthin im Rettungswagen oder kurz darauf auf dem OP-Tisch.

Bei der Meldung gehe auch ich davon aus, dass der Mann den Sturz nicht überlebt hat. Deshalb wird es zu einem Fall für mich. Denn Unfälle mit Todesfolge oder schwersten Folgen für das Opfer müssen von uns bearbeitet werden. Es kann immer ein getarntes Tötungsdelikt dahinterstecken, und es besteht die Möglichkeit, dass jemand sich der fahrlässigen Tötung schuldig gemacht hat.

Aus diesem Grund fahre ich zum Unfallort nach Herne. Dort werde ich vom Rechtsanwalt und dem Abteilungsleiter der betroffenen Firma begrüßt. «Die Welt ist klein», sage ich grinsend zu Karl-Heinz H., dem Abteilungsleiter. Ich kenne ihn von früher, aus meiner Sturm-und-Drang-Zeit. Dreiundzwanzig war ich, als wir uns kennenlernten. Nach unseren Kneipentouren sind wir uns viele Jahre nicht mehr über den Weg gelaufen.

Karl-Heinz sieht immer noch aus wie damals, sehr gepflegt, könnte man sagen. In Berlin würde man ihn als «schnieke» bezeichnen. Dazu passt der schicke dunkle Anzug, den er an diesem Morgen trägt. Aber er ist schließlich auch Abteilungsleiter.

Wir plaudern kurz über alte Zeiten. Es fällt der eine oder andere Name, und wir tauschen aus, was diese Bekannten von früher heute so machen. Ich muss feststellen, dass es den einen oder anderen darunter gibt, der richtig Karriere gemacht hat. Und ich? Aber was hätte ich anderes tun sollen? Mein Job ist meine Berufung. Karriere hin oder her. Und Hauptkommissar ist schließlich auch etwas.

Während wir uns unterhalten, erreichen wir die sechste Etage der Firma. Zuerst möchte ich mir den Ort des Geschehens anschauen. Die Flügel des Fensters stehen offen. Karl-Heinz sagt zu mir: «Hier ist nichts verändert worden, das Amt für Arbeitsschutz kommt auch noch.» Ich hoffe etwas zu finden, mit dem sich das Unfallgeschehen rekonstruieren lässt. Nicht von vornherein kann ich ausschließen, dass vielleicht ein Arbeitskollege des Fensterputzers «nachgeholfen» und ihn geschubst hat. Das mag nach schlimmer Berufskrankheit klingen, ist aber für eine objektive Betrachtung von Unfall- und Tatorten unabdingbar.

Ich habe Glück, denn als ich den äußeren Fenstersims untersuche, sehe ich sofort eine deutliche Wischspur. Der Dreck auf dem Fenstersims in Verbindung mit der Nässe zeigt einen Schuhabdruck, der nach außen verwischt ist. Das ist die Stelle, wo der Fensterputzer gestanden hat und weggerutscht ist. Zu meinem alten Kumpel sage ich erleichtert: «Hat wahrscheinlich wohl doch keiner nachgeholfen.» Aus Erfahrung weiß ich, dass ein solcher Fußabdruck anders aussieht. Genau darauf hatte ich gebaut – lieber ein Unfall als ein schwierig nachweisbarer Schubser. Hilft dem Opfer nicht wirklich, aber so denkt ein Ermittler.

Während ich in die Tiefe schaue, werde ich in meiner Vermutung bestätigt, dass der Ärmste den Fall sechs Stockwerke nach unten vermutlich nicht überlebt hat. Und wenn doch, dann mit schwersten Verletzungen, sodass er mit Sicherheit sein Leben lang im Rollstuhl sitzen wird. Eine Rückmeldung aus dem Krankenhaus habe ich noch nicht, ein Kollege, den ich im Präsidium anrief, meinte nur etwas von einer Operation, die geplant sei. Immerhin, Detlef R. lebt noch.

Beim Blick aus dem Fenster fällt mir eine etwa dreißig Meter hohe Platane mit dichtem Geäst auf, die direkt neben dem Haus steht. Ich mache einige Fotos, um den Standpunkt von Detlef R. vor seinem Absturz zu dokumentieren, und messe die Höhe und Breite des Fensters aus. Natürlich vergesse ich nicht die Maße des Fenstersimses. Alles für die Akten – akribisches Arbeiten ist in unserem Job Pflicht.

Weiterhin nehme ich wahr, dass sich direkt unterhalb des Fensters, etwa drei Meter von der Hauswand entfernt, ein betonierter Souterrainbereich befindet, der mit einem circa fünfzig Zentimeter hohen Metallzaun umgeben ist. Daran schließt sich eine Grünfläche von fast vier Metern an. Begrenzt wird das gesamte Grundstück von einem mit Efeu bewachsenen Drahtgitterzaun. Zu Karl-Heinz sage ich: «Komm, ich will mir die Auftreffstelle anschauen, lass uns wieder nach unten gehen.» Mein alter Kumpel nickt und geht vor zum Treppenhaus.

Als wir unten sind, finde ich aber weder im Souterrainbereich noch auf dem Rasen irgendeine Besonderheit. Nichts, was darauf hindeutet, dass hier vor zwei Stunden jemand mit seinem Körper aufschlug. Dabei entwickelt ein durchschnittlicher Mann von achtzig Kilo angesichts dieser Fallhöhe eine

Durchschlagskraft wie ein Betonbrocken. Die Beschleunigung bei einem solchen Sturz ist enorm.

In diesem Moment fällt mein Blick auf die Zaunelemente der Drahtumzäunung, die genau 180 Zentimeter hoch und zwei Meter breit und an Metallpfosten verschraubt sind. Ein Zaunelement ist nach außen zum Nachbargrundstück hin total verbogen. In diesem Garten liegt ein etwas größerer Ast, der am Ende eine Abrissstelle aufweist. Trotz meiner nicht gerade guten biologischen Kenntnisse sehe ich sofort, dass dieser Ast von einer Platane stammt. Wahrscheinlich genau von dem Baum, dessen Äste unmittelbar vor dem Unfallfenster hängen. Da habe ich wohl etwas übersehen. Ich drehe mich zu Karl-Heinz um und sage: «Irgendwie ist das alles hier komisch. Ich muss noch einmal hoch in das Büro. Etwas stimmt hier nicht.»

Wieder gehen wir nach oben. Auf dem Weg denke ich darüber nach, was die eben entdeckten Spuren zu bedeuten haben. Doch als ich erneut am Unfallfenster stehe, brauche ich nicht weiter darüber nachzugrübeln. Sehr schnell sehe ich in der Platane die Stelle, wo der armdicke Ast abgebrochen ist. Offenbar hat der Verunglückte in seiner Not reflexhaft den Ast ergriffen und sich daran festgeklammert. Jetzt begreife ich auch, warum direkt unterhalb des Fensters keine Auftreffstelle ist. Der Fensterputzer muss durch den Ast regelrecht Schwung bekommen und dadurch seine Richtung geändert haben. In einem weiten Bogen landete er auf diese Weise seitlich im Zaunelement. So wie ich die Spuren interpretiere, muss der Körper des Pechvogels dabei nicht senkrecht gefallen sein, denn bei einem geraden Sturz nach unten wäre der Gebäudereiniger direkt auf den Betonboden des Souterrainbereichs oder auf den ihn umgebenden halbhohen Metallzaun gefallen. Hundertprozentig tödlich. Und selbst wenn er dort nicht aufgeprallt wäre, dann mit Sicherheit auf der Rasenfläche. Und auch das würde aus dieser Höhe vermutlich niemand überleben.

Manfred, der gemeinsam mit dem Verunglückten die Fenster des Büros reinigte, sagt mir, immer noch völlig fassungslos, dass er den Sturz gar nicht mitbekommen hätte: «Ich stand ja nur wenige Meter neben Detlef, habe das andere Fenster geputzt. Dann war er auf einmal weg. Der hat nicht geschrien, nicht gebrüllt, gar nichts. Der war einfach weg!» Es ist nichts Ungewöhnliches, dass jemand, der aus großer Höhe herunterfällt, nicht kreischt oder um Hilfe ruft. Ich denke, die Schocksituation ist dafür ausschlaggebend. Einem bleiben die Worte im Hals stecken.

Der Arbeitskollege des Verunglückten erzählt weiter: «Erst als Detlef dort unten lag und laut um Hilfe schrie, bin ich aufmerksam geworden und schaute aus dem Fenster. Gesehen habe ich ihn aber nicht, es war um diese Uhrzeit noch dunkel. Ich habe ihn nur gehört. Bei der Höhe hab ich das Schlimmste befürchtet. Ich war so froh, dass er überhaupt noch rufen konnte.» Er sei dann sofort nach unten gelaufen und habe seinen Kollegen mittig auf dem Zaunelement liegend vorgefunden. «Der war ganz normal ansprechbar, Blut habe ich kaum bei ihm gesehen. Und der Notarzt war zum Glück auch schnell da und hat ihn sofort ins Krankenhaus gebracht. Der wollte mir nicht glauben, dass Detlef aus der großen Höhe heruntergefallen ist.»

Meine Arbeit am Unfallort ist nach etwa drei Stunden erledigt. Ich warte noch auf den Verantwortlichen vom Amt für Arbeitsschutz. Die Beamten dieser Behörde müssen bei solchen Betriebsunfällen eigenständig Ermittlungen anstellen. Sie prüfen, ob bei der Arbeit alle berufsgenossenschaftlichen Vorschriften eingehalten wurden, ob durch derartige Fehler der Unfall überhaupt erst möglich wurde. Das ist wichtig, da die Berufsgenossenschaften die Versicherungsträger sind, die für die Opfer zahlen müssen. Gerade bei Folgeschäden kann das in die Hunderttausende Euro gehen. Die Arbeitsschützer kümmern sich also nicht um strafrechtliche Belange, sondern darum, ob am Arbeitsplatz alle Vorschriften eingehalten wurden. In diesem Fall stellen sie fest, dass der Fensterputzer sich hätte besser absichern müssen.

Nachdem ich mit den Verantwortlichen vom Arbeitsschutz gesprochen habe, fahre ich ins Krankenhaus. Ein Kollege teilt mir über Handy auf der Fahrt zur Klinik mit, was er inzwischen erfahren hat: Detlef R. soll gute Überlebenschancen haben. Wirklich glauben kann ich das nicht, aber ich wünsche es mir für den Mann.

Als ich im Krankenhaus eintreffe, werde ich von einer freundlichen Krankenschwester zum Oberarzt gebracht. Der erzählt mir: «Heute wird das nichts mehr mit einer Vernehmung. Der Patient wird gerade operiert. Aber er hat wirklich Riesenschwein gehabt, oder eine ganze Armee von Schutzengeln. Nach den Ergebnissen der ersten Untersuchungen wird er diesen Unfall nicht nur überleben, vermutlich trägt er noch nicht einmal bleibende Schäden davon.» Ich kann es kaum glauben, was ich eben gehört habe. Ich bedanke mich bei dem Arzt für die gute Nachricht und sage beim Rausgehen: «Dann flicken Sie ihn mal wieder zusammen, damit er morgen seinen zweiten Geburtstag feiern kann.»

Zurück auf dem Präsidium, berichte ich meinen Kollegen vom KK 11 von dem Fall. Ich ernte ungläubige Blicke oder Kopfschütteln. Einer sagt grinsend: «Warte erst mal die OP ab, vielleicht hat der Arzt bei seiner Prognose die Patienten verwechselt.» Ja, so ist der Humor auf einem Kommissariat für Todesfälle aller Art.

Am nächsten Tag mache ich mich erneut auf den Weg ins Krankenhaus. Als ich zur Intensivstation komme, begrüße ich den dort diensthabenden Mediziner. Danach frage ich: «Kann ich mir den schwerverletzten Fensterputzer einmal ansehen? Und können Sie mir etwas zu der Art seiner Verletzungen sagen?» Obwohl ich schon gestern vom Glück des Gestürzten gehört habe, überrascht mich die Antwort des Arztes: «Natürlich kann ich das. Aber Sie können ihn auch gern selbst befragen. So schwer ist er nämlich gar nicht verletzt.» Ich bin völlig erstaunt, dass der Fensterputzer überhaupt ansprechbar ist, und noch erstaunter, dass er keine schlimmen Verletzungen davongetragen hat.

Neugierig gehe ich auf die Intensivstation, auf der Fensterputzer Detlef R. liegt. Im ersten Bett direkt neben der Tür sehe ich wirklich einen recht munteren Mann, der lediglich einen geschienten Arm hat und ansonsten auf den ersten Blick gar nicht weiter verletzt zu sein scheint. Jetzt lächelt er mich auch noch freundlich an. «Tach, sind Sie der angekündigte Polizist? Ja, gucken Sie nur, ich hatte echt Glück im Unglück. Ich habe nur ein paar gebrochene Rippen. Tut allerdings ordentlich weh, gerade beim Atmen. Und den rechten Arm habe ich mir auch leicht geschrottet. Ach ja, meine Lunge hat noch was abgekriegt, wohl von den kaputten Rippen. Das haben die Ärzte bei der OP aber schnell in den Griff bekommen.»

Viele Worte bringe ich erst einmal nicht heraus, ich bin einfach zu überrascht. Schließlich sage ich: «Unfassbar, herzlichen Glückwunsch zu Ihrem Schutzengel.» Ich bin ziemlich erleichtert, denn in Gedanken sehe ich wieder vor mir, wie tief der Mann gefallen war. Und nun schaut der Fensterputzer so wenig lädiert aus, das ist wirklich verrückt.

Dann setzt sich Detlef R. auf, jetzt bemerke ich allerdings, dass seine Rippen doch sehr schmerzen müssen, denn er verzieht das Gesicht. Doch nach einem tiefen Atemzug entspannt er sich wieder und erzählt von seinem ungewöhnlichen Flug: «Es war frühmorgens, noch stockdunkel. Ich war müde, aber nicht unkonzentriert. Erst habe ich das Fenster von innen geputzt, danach wollte ich auf den Sims steigen, um die äußeren Scheiben zu wischen. Wie immer habe ich mich dabei an dem mittleren Fensterrahmen festgehalten. Doch als ich einen Fuß auf die Fensterbank gestellt hatte und mich hochziehen wollte, war es ein Gefühl, als hätte mir einer den Fuß weggetreten.» Sofort blickt er mich beschwichtigend an. «Das habe ich jetzt nur so gesagt, mein Kollege Manfred hat nichts gemacht, das war einfach Pech. Der Sims war rutschig wie eine Eisbahn. Regenwasser auf Metall, eigentlich hätte ich es mir denken können. Aber Sie glauben nicht, wie viele Fenster ich schon geputzt habe – und noch nie ist etwas passiert.»

Danach kann er sich aber nicht mehr an viel erinnern. «Ich habe irgendetwas zu packen gekriegt, flog immer tiefer und rammte schließlich einen Zaun weg. Erst bekam ich keine Luft, dann rief ich um Hilfe. Mehr kann ich Ihnen leider nicht sagen, denn weiter erinnere ich mich nicht. Echt nicht. Ich weiß nur, dass ich wohl Riesenglück hatte. Zu meiner Frau habe ich schon gesagt: ‹Ab heute feiere ich zweimal im Jahr Geburtstag. Und mein Schutzengel wird am Kaffeetisch einen Ehrenplatz bekommen.› Das würden Sie doch auch so machen, oder?» Wir müssen beide lachen. Dann drücke ich die gesunde Hand des Fensterputzers und denke: Manchmal ist mein Beruf auch gut für schöne Überraschungen. Zum Glück.

Fall 8

DIE VERMISSTE EHEFRAU

Vermisstensachbearbeiter müssen besonders sensible Menschen sein. Wolfgang Dahm, meist «Wölfi» genannt, war ein erfahrener und von allen Kollegen geschätzter Sachbearbeiter bei der Bochumer Kriminalpolizei. Nicht nur für Vermisstenfälle, sondern auch für Todesermittlungen sowie Mord und Totschlag war er zuständig. Beim 1. Kommissariat bearbeitete er seinerzeit nahezu alle angezeigten Vermisstenfälle aus dem Bochumer Stadtgebiet.

Grundsätzlich ist die Polizei zuständig, wenn Kinder oder Jugendliche vermisst werden. Die Erziehungsberechtigten haben ein sogenanntes Aufenthaltsbestimmungsrecht. Minderjährige können also nicht einfach von zu Hause abhauen, auch wenn so mancher Sechzehnjähriger meint, er könne längst selbst entscheiden, was für ihn das Beste ist. In einem solchen Fall ist das eher eine Aufgabe fürs Jugendamt – wir als Polizisten müssen die Jugendlichen erst einmal zurückbringen, damit danach eine Lösung gefunden wird.

Nach Erwachsenen suchen wir nur, wenn die Befürchtung besteht, der vermissten Person könnte etwas zugestoßen sein, etwa, weil sie geistig behindert oder dement ist, nicht für sich selbst sorgen kann oder aufgrund einer chronischen beziehungsweise akuten Erkrankung regelmäßig Medikamente braucht. Die Polizei wird natürlich auch sofort aktiv, wenn davon ausgegangen werden kann, dass jemand Suizidabsichten hat. Manche Personen hinterlassen in ihrer Wohnung einen

Abschiedsbrief, bevor sie den Ort aufsuchen, an dem sie aus dem Leben gehen wollen. Dann ist jede Minute bei der Fahndung nach diesem Menschen kostbar. Die Handyortung ist heute eine gute Möglichkeit, manche Person vor der größten Dummheit ihres Lebens zu bewahren.

Haben wir aber Hinweise, dass ein Vermisster Opfer einer Straftat geworden sein könnte, wie zum Beispiel bei Entführungen oder Kapitaldelikten, läuft sofort der «große Apparat» an. Nicht selten kommen aber ebenso «gehörnte» Ehemänner oder Ehefrauen zu uns, um den Aufenthaltsort des Partners durch die Polizei ermitteln zu lassen. In solchen Fällen winken wir ab. Das ist reine Privatangelegenheit. Dieser Art Recherchen nehmen sich aber gern Detekteien an. Und kassieren dafür manchmal einen hohen Stundenlohn.

Es ist ein Montagmorgen, der 9. März 1992, gegen 10 Uhr. Gleich wird ein Mann erscheinen, der Wolfgang zwingen wird, eine Entscheidung zu treffen. Mal wieder. Der Mittfünfziger mit dem schütteren Haar und den vertrauensvollen Augen wird wie schon so oft überlegen: Soll ich jetzt nach einer erwachsenen Frau suchen lassen oder nicht?

Der Mann, der unsere Dienststelle betritt, wird von zwei Nachbarinnen begleitet. Sichtlich gestresst, erklärt er: «Seit zwei Tagen vermisse ich meine Ehefrau Angela.» Die Frauen neben ihm nicken zustimmend. «Sie ist am Samstagmorgen aus dem Haus gegangen, und bis heute habe ich nichts mehr von ihr gehört. Das hat sie noch nie gemacht.»

Durch näheres Nachfragen erfährt Wolfgang, dass es in der Beziehung häufiger Streit gab. Vor längerer Zeit soll die Ehefrau nach einer Auseinandersetzung sogar bei einer Freundin übernachtet haben. Der für Wölfi aber entscheidende Satz fällt am Ende der Anzeigenaufnahme. Der Ehemann, Herr G., sagt: «Meine Frau liebt unseren Sohn abgöttisch, niemals würde sie ihn alleinlassen. Mich vielleicht, aber ihn nicht. Ihn hätte sie mitgenommen, wenn sie abhauen wollte, für ihn würde sie alles tun.» Bei dieser Aussage blickt der einundvierzigjährige Herr G. tief betroffen. Der Familienvater ist schlank, hat einen Schnäuzer und wirkt sehr gepflegt. Jetzt ist für unseren Kripo-Sachbearbeiter die Wahrscheinlichkeit deutlich gestiegen, dass der Frau etwas zugestoßen sein könnte.

Er lässt Herrn G. den letzten gemeinsamen Morgen beschreiben. «Erzählen Sie chronologisch alles, was passiert ist, auch wenn es Ihnen belanglos erscheint», fordert Wolfgang ihn auf.

Der besorgte Ehemann holt tief Luft und beginnt: «Angela ist an dem besagten Morgen relativ früh aufgestanden, war im Bad und hat sich anschließend angezogen. Gegen halb acht ist sie aus dem Haus gegangen, sie sagte mir, sie wolle einkaufen. Seitdem habe ich von ihr nichts mehr gehört. Nichts, gar nichts. Da muss was geschehen sein.» Er habe zuerst alle Nachbarn gefragt, ob sie was gehört oder gesehen hätten. Zwei Frauen aus der Nachbarschaft habe er gleich mit zur Polizei genommen, quasi zu seiner Unterstützung, fährt er fort. «Aber die wissen auch nichts.»

Wolfgang schließt die Vernehmung des Ehemannes ab und befragt danach die beiden Nachbarinnen, die vorher auf dem Flur gewartet haben. Herr G. hat recht, die beiden können nur bestätigen, was der Ehemann gerade ausgesagt hat. Und keinen Hinweis darauf geben, was mit der Ehefrau passiert sein könnte. Nachdem die Nachbarinnen sich verabschiedet und die Dienststelle verlassen haben, fährt unser Kripo-Kollege mit Herrn G. zur Wohnung des Ehepaares und überprüft diese. Akribisch schaut er in allen Zimmern nach, sucht auf dem Dachboden und im Keller nach möglichen Hinweisen. Leider mit negativem Ergebnis. Es kommt häufiger vor, dass wir im unmittelbaren Umfeld eine vermisste Person aufgreifen oder Hinweise auf ihr Verschwinden finden. Oftmals sind es Suizidenten, die sich auf dem Dachboden oder im Keller eigenhändig getötet haben. Manchmal ist es nur ein Abschiedsbrief, der aufgefunden wird und uns einen Beweggrund liefert, warum ein Mensch nicht aufgefunden wird. Es ist sogar vorgekommen, dass sich Vermisste im eigenen Haus vor ihren Angehörigen bewusst versteckten, das haben wir aber bislang meist nur bei Kindern oder demenzkranken Rentnern erlebt.

Im häuslichen Umfeld findet Wolfgang keine Besonderheiten. Die Wohnung ist schlicht eingerichtet und wirkt aufgeräumt. Einen Abschiedsbrief entdeckt er nicht. Andere Hinweise, die auf den aktuellen Aufenthaltsort der fünfunddreißigjährigen Frau deuten könnten, aber auch nicht. Wie bei solchen Fällen üblich, werden erst einmal Menschen aus dem näheren Umfeld befragt. Freunde und Bekannte, Nachbarn, Ärzte und Angehörige von Angela. Doch die Befragungen dieser Personen, die in den nächsten Stunden durchgeführt werden, erbringen ebenfalls keine neuen Erkenntnisse. Wenigstens zunächst nicht. Zu einem Kollegen sagt Wolfgang, als er wieder auf dem Präsidium ist: «Vielleicht hatte die Vermisste die derzeitigen Lebensverhältnisse einfach satt und wollte sich eine Auszeit gönnen. Möglicherweise wollte sie ein Signal setzen.» Doch dann unterbricht er sich selbst: «Gegen diese Annahme spricht allerdings der gemeinsame elfjährige Sohn. Alle sagen mir, dass der Junge die wichtigste Person in ihrem Leben ist und sie ihn niemals freiwillig alleingelassen hätte. Alle befragten Zeugen sprechen zudem von ihrer Zuverlässigkeit und dass sie sich bestimmt bei jemandem gemeldet hätte, wäre es ihr in den Sinn gekommen, einfach nur abzuhauen. Eine Freundin meinte: ‹Angela würde uns nie solche Sorgen bereiten. Und sie weiß, dass wir uns ernsthafte Sorgen gemacht hätten, wäre sie einfach so spurlos verschwunden. Deshalb würde sie so etwas niemals tun.›»

Da Frau G. nach dem Karnevalswochenende als vermisst gemeldet wird, gehen die Ermittlungen auch in diese Richtung. Vielleicht hat sie jemanden im Weiberfastnachtstrubel kennengelernt und ist entgegen ihrer Gewohnheiten doch mit einem anderen Mann durchgebrannt. Oder sie hat dem Falschen vertraut und ist einem Verbrechen zum Opfer gefallen. Neue Erkenntnisse gibt es jedoch auch hier nicht.

Noch am Tag der Wohnungsüberprüfung meldet sich der Ehemann bei Wolfgang ein weiteres Mal, diesmal telefonisch, und teilt ihm mit, er hätte sich daran erinnert, in den letzten Tagen eigenartige Anrufe erhalten zu haben. «Jedes Mal, wenn ich das Gespräch annahm, hörte ich irgendwelche Stimmen, ohne aber ein einziges Wort zu verstehen. Ich kann nicht ausschließen, dass das mit dem Verschwinden von Angela zu tun hat.» Weiterhin erklärt er, er würde zusätzlich selbst nach seiner Frau fahnden. Bei einem Bochumer Radiosender habe er schon um Mithilfe gebeten. «Es muss doch was passieren! Gleich bringe ich Ihnen auch ein Foto meiner Frau vorbei. Schicken Sie das bitte an alle Zeitungen – irgendwer muss Angela doch gesehen haben.»

Es ist mittags gegen 13 Uhr, wir sitzen zusammen im Aufenthaltsraum des 1. Kommissariats. Wölfi erzählt uns, dass er schon in sämtlichen Krankenhäusern in Bochum und den umliegenden Städten nachgefragt hätte, doch ohne Ergebnis. «Keine Klinik hat in den letzten beiden Tagen eine Angela G. aufgenommen. Und die Taxiunternehmen konnten ebenfalls nicht weiterhelfen. Nicht ein einziger Fahrer transportierte eine Frau, auf die die Beschreibung der Vermissten passen würde. Im Frauenhaus ist sie ebenfalls nicht. Hoffnung habe ich noch wegen der EC-Karte. Doch die Abbuchungen, die Frau G. zuletzt bei ihrer Bank vorgenommen hat, müssen erst überprüft werden.» Nach einer längeren Atempause fährt Wölfi, in die Runde blickend, fort: «Das kommt mir alles ganz komisch vor.» Alle nicken zustimmend. «Ich glaube, der Frau ist etwas passiert! Die lebt nicht mehr.» Düstere Aussichten.

«Wenn das stimmt, dann wette ich, dass ihr Ehemann sie umgebracht hat», ergänzt der erfahrene Sachbearbeiter. «Schon bei der Anzeigenaufnahme wirkte er sehr nervös. Und kurz vor der Besprechung habe ich wieder mit ihm gesprochen. Auch da war es nicht anders. Warum kommt er erst zwei Tage nach ihrem angeblichen Verschwinden zur Polizei, obwohl sie doch ihren Sohn niemals alleinlassen würde? Und diese dubiose Geschichte mit den Anrufen. Was will er uns damit sagen? Sollen wir glauben, dass seine Frau irgendwo gefangen gehalten wird? Hätte sie jemand entführt, wären längst Forderungen gestellt worden, da hätte es nicht einfach nur diese dämlichen Telefonate gegeben, bei denen nichts gesagt wurde! Außerdem verfügt die Familie über keine besonderen finanziellen Mittel.»

Wölfi kann sich kaum noch bremsen. Ich sehe aber auch seine Verzweiflung. Zu ahnen oder zu glauben, dass jemand einen Menschen getötet hat, und keine Möglichkeit zu sehen, ihn zu überführen – das ist für jeden Ermittler eine Horrorvorstellung.

«Wir haben aber nichts gegen ihn in der Hand, oder?», fragt unser damaliger Kommissariatsleiter Helmut Strozyk.

Wölfi schüttelt betrübt den Kopf. «Nee, nichts. Nur mein komisches Gefühl!» Wir alle kennen dieses oft untrügliche Gefühl.

Kollege Winfried König, ein Mitarbeiter, der am liebsten immer 150 Prozent erreichen möchte, spricht aus, was alle denken. «Ich befürchte, das reicht nicht, mein Lieber.»

Wölfi schmunzelt, wird dann aber sofort wieder ernst. «Die Frau haut nicht einfach ab, ohne einen Ton zu sagen. Den Jungen hätte sie auch nicht so zurückgelassen, davon bin ich überzeugt.»

«Wäre der Ehemann ein Beschuldigter, könnten wir eine Durchsuchung der Wohnung anordnen lassen», sagt jetzt Helmut. «Dann könnten wir unsere technischen Möglichkeiten einsetzen und Spuren sichtbar machen, die mit bloßem Auge nicht zu sehen sind.»

Alle wissen, was er meint: weggewischte Blutspuren, die man wieder erkennbar machen kann. Durch die Art und Weise des Auftreffens der Blutstropfen auf einen Spurenträger könnte man sogar, ich hatte es ja bereits im Fall 5 erwähnt, eine potenzielle Kampfhandlung erklären. Das wäre optimal. Aber was ist, wenn er sie erdrosselt oder mit einem Kissen erstickt hat? Da hat man nicht viele, oder besser gesagt, fast keine Alternativen, ihn zu überführen.

«Noch ist er Zeuge, und freiwillig wird er einer solchen Überprüfung kaum zustimmen – vorausgesetzt, er hat wirklich Dreck am Stecken», bemerkt Wölfi. «Und sollte er der Täter sein, hat er eh Lunte gerochen, ahnt, dass wir die Wohnung durchsuchen wollen, und vernichtet noch die letzten Spuren, die vielleicht zu finden wären. Aber wenn er sie zu Hause umgebracht hat, muss er seine Frau auch weggeschafft haben.

Zeit genug dazu hatte er ja. Ein Auto steht ihm jedoch nicht zur Verfügung, nur ein Fahrrad.»

Nachdem Wolfgang seine bisherigen Ermittlungsergebnisse zusammengefasst hat, weiß jeder von uns: Für Wölfi steht der Mord fest.

«Da hilft nur eins», führt Helmut sachlich aus, «wir müssen abwarten, bis die Leiche gefunden wird. Wenn es denn eine Leiche gibt. Möglicherweise kommen wir dann einen Schritt weiter.» Zum Schluss wendet er sich direkt an den Sachbearbeiter: «Hast du eigentlich schon die Vermisstenfahndung herausgegeben?»

Wölfi antwortet, fast beleidigt: «Na klar doch, längst erledigt!»

Das Foto der vermissten Angela G. erscheint am nächsten Tag in den Zeitungen. Auch das Fernsehen hatte von dem dubiosen Verschwinden der Frau berichtet. Mehrere Bürger melden sich daraufhin, einige Hinweisgeber wollten sie noch am 9. März gesehen haben, andere am 10. März und einer sogar am 12. März. Solche Zeugen gibt es immer wieder. In Essen wurde einmal ein junges Mädchen entführt und in dem Hohlraum eines Pfeilers einer Autobahnbrücke gefangen gehalten. Verschiedene Zeugen behaupteten jedoch, die Schülerin in ihrem früheren Heimatort gesehen zu haben. Deshalb glaubten die Kripo-Kollegen anfangs, das Mädchen sei aus Heimweh weggelaufen, um ihre einstigen Freundinnen zu sehen. Es war nämlich mit ihrer Familie erst ein Jahr zuvor nach Essen gezogen. Diese Zeugen irrten jedoch alle, die Schülerin saß gefesselt im Pfeiler der Autobahnbrücke und war nie in ihrem ehemaligen Heimatort gewesen. Die Entführer wurden später gefasst, das Kind befreit. Durch die falschen Zeugenaussagen hatten die Kollegen anfangs nicht die richtigen Ermittlungsansätze gehabt, und so lief die Fahndung schleppend an.

Zurück zu Angela G., der vermissten Ehefrau und Mutter aus Bochum. Trotz der Zeugenaussagen kristallisiert sich für uns immer mehr die Zeit zwischen dem 6. und 7. März als mögliche Tatzeit für einen Mord heraus. Es scheint nicht realistisch, dass es – wenn die Annahme von Wolfgang stimmt – später geschehen sein könnte. Sind die Angaben der Zeugen jedoch richtig, müsste Frau G. noch leben – und wir können die Mordtheorie abhaken. Bekannte der Vermissten wussten aber zu berichten, dass es in der Beziehung Eifersüchteleien gegeben hatte. Begründet oder nicht, das musste nun herausgefunden werden. Hatte es deswegen so häufig Streit gegeben? Freunde der Vermissten erzählten sogar von einer Scheidung, die die Ehefrau angestrengt haben soll. Einem weiteren Hinweis nach soll der Ehemann der Vermissten eine Geliebte haben.

Auf diese Gerüchte angesprochen, räumt der Ehemann ein: «Ja gut, wir hatten Probleme in unserer Ehe.» Auch gibt er in einer erneuten Vernehmung auf dem Präsidium zu, eine Beziehung zu einer anderen Frau gehabt zu haben. Dieses Verhältnis sei aber längst beendet. «Nach einem klärenden Gespräch mit meiner Frau, der ich diesen Ausrutscher gebeichtet habe, einigten wir uns, es noch mal zu versuchen. Wir beide wollten nicht die Scheidung. Aber was hat das mit dem Verschwinden zu tun? Doch nichts. Wir wollten ganz neu anfangen, alles war längst wieder gut zwischen uns.»

Trotz seiner Beteuerungen entdecken wir den ersten Widerspruch in seinen Angaben. Angehörige haben ausgesagt, dass Herr G. unterschiedliche Versionen zum letzten Lebenszeichen seiner Frau geäußert hätte. Wölfi resümiert vor den Kollegen:

«Insgesamt hat er vier verschiedene Variationen zum Besten gegeben. Zum einen war es angeblich der Freitagabend, wo er seine Frau zuletzt gesehen haben will. Bei anderen Erzählungen war es der Samstagmorgen. Doch auch da existieren große Unterschiede: Einmal war es um sieben Uhr, dann gegen zehn, und bei der Anzeigenerstattung gab er uns gegenüber halb acht an.»

Als der mittlerweile verdächtige Ehemann mit diesen unterschiedlichen Aussagen konfrontiert wird, tut er dies dem Sachbearbeiter gegenüber als Missverständnis ab. Was jedoch keiner mehr glauben kann. Herr G. sagt: «Richtig ist, was ich hier bei Ihnen zu Protokoll gegeben habe. Ich bin so durcheinander, das müssen Sie doch in meiner Situation verstehen.»

Noch immer wirkt er sehr rührig. Nicht nur, weil er sich eigenständig um den Fahndungsaufruf im Radio gekümmert hat: Er tackerte auch Hunderte von Fahndungsplakaten an Bochumer Bäume und hing sie in Bussen und Straßenbahnen aus. Jeden Tag ruft er zudem mehrmals bei unserer Dienststelle an, um zu erfahren, ob die Polizei neue Erkenntnisse hat. Was aber jedes Mal verneint werden muss.

Wolfgang meint nüchtern: «Der ruft nicht an, weil er hofft, wir würden seine Frau finden. Der ruft an, weil er hofft, wir finden sie nicht – und zwar ihre Leiche.»

Die Ermittlungen werden am nächsten Tag fortgeführt, es ist jetzt Freitag, der 13. März. Ausgerechnet. Alle Personen aus dem Umfeld der Vermissten werden nochmals vernommen, ebenso die Zeugen, die sich festgelegt haben, Frau G. nach dem 7. März lebend gesehen zu haben. Nur ein paar Stunden später wird aus Wolfgangs Befürchtung schreckliche Gewissheit.

Es regnet an diesem Tag immer wieder, heftige Schauer

prasseln an die Scheiben des Polizeipräsidiums. Ein Tag, an dem man am liebsten gar nicht erst aufstehen möchte, nicht nur wegen des Datums. Ich selbst bin auf dem Rückweg nach Bochum, gerade hatte ich in der Rechtsmedizin in Essen an einer Obduktion teilgenommen. Diese Leichenöffnung war eine reine Routineangelegenheit gewesen, ein Fremdverschulden konnte ausgeschlossen werden. Gut für mich, dachte ich. So kann ich mein laufendes Todesermittlungsverfahren abschließen und habe keinen neuen Fall am Bein. Während ich über die Autobahn fahre, achte ich auf den wie immer dichten Verkehr und lausche aus Langeweile, was sich im Funk tut. An der Stimmlage der Kollegen, die knarrend im Lautsprecher zu hören sind, kann man oftmals die Besonderheit eines Einsatzes heraushören.

So auch jetzt: Mit tragender Stimme setzt ein Beamter der Einsatzleitstelle einen Streifenwagen der Wache Langendreer zu den Froschteichen im Lottental ein, unterhalb des Botanischen Gartens. «Angeblich liegt im Teich eine Leiche», sagt er. «Ein Fußgänger hat den leblosen Körper dort treiben sehen und angerufen. Die Feuerwehr ist bereits eingesetzt und soll die Leiche aus dem Teich bergen.»

Mir ist klar, was gleich passiert. Und es dauert tatsächlich nicht lange, bis sich die Kollegen wieder über Funk melden. Sie bestätigen den Fund einer Leiche beziehungsweise einer Teilleiche – es war nur ihr Oberkörper gefunden worden. In Flüssen und Kanälen kann das durch Schiffsschrauben passieren, aber nicht in einem kleinen Teich. Da muss einer nachgeholfen haben. Also Mord!

Den Beamten bietet sich ein grauenvoller Anblick: Der Körper der jungen Frau ist oberhalb der Hüfte regelrecht zertrennt worden. Sofort wird das 1. Kommissariat angefordert. Über

Funk höre ich die vertraute Stimme von Winfried, der von unserer Dienststelle aus zum Fundort der Leiche fährt. Winfried ist seit 1988 Leiter der neu berufenen Mordkommission V, bei der ich Gründungsmitglied war. Unter seiner Führung habe ich viel lernen können. 1994 habe ich ihn als MK-Leiter ablösen dürfen.

Noch über Funk bekomme ich mit, dass die in Bereitschaft befindliche Mordkommission des 1. Kommissariats eingesetzt wird.

Wieder auf meiner Dienststelle, frage ich sofort meinen Chef Helmut: «Und? Ist das unsere Vermisste?»

Er zuckt mit den Schultern: «Das kann man noch nicht genau sagen. Der Bekleidung nach aber schon. Es ist auf jeden Fall eine Frau. Wir müssen warten, bis die Obduktion gelaufen ist. Dann wissen wir mehr.»

«Und wann ist die Obduktion?»

«Heute noch, am späten Nachmittag, so gegen siebzehn Uhr.»

Die Mordkommission III hat zwischenzeitlich einen Polizeihubschrauber eingesetzt. Der Helikopter mit dem Namen «Hummel» kreist über dem Fundort. Die Kollegen haben die Hoffnung, auch den restlichen Teil des Körpers zu finden. Doch die Suche verläuft ohne Erfolg.

Auf der Leitstelle gehen kurz danach mehrere Anrufe besorgter Bürger ein. Alle wollen wissen, warum ein Polizeihubschrauber über dem Park kreist. Die Presse hat mittlerweile ebenfalls mitbekommen, dass im Teich eine Leiche liegt. Einige Journalisten treffen bereits am Fundort ein. Auskünfte gibt es aber nicht. Wir wissen ja selbst nicht viel, was sollen wir da erzählen? Hinterher wird uns sonst noch vorgeworfen, es hätte nicht gestimmt, was wir behaupteten.

Es ist nach 16 Uhr, also eigentlich Feierabend. Trotzdem zieht es keinen Kollegen vom 1. Kommissariat an diesem Freitag nach Hause. Wir sitzen oder stehen alle im großen Zimmer von Helmut und diskutieren über die neuen Erkenntnisse, insbesondere über den Leichenfund. Gegen halb fünf klingelt das Telefon auf seinem Schreibtisch.

Bevor unser Chef abhebt, sagt er in die Runde: «Das ist bestimmt der Ehemann. Er hat den Hubschrauber gehört und will jetzt von uns wissen, was los ist. Aber weiß er das nicht längst?»

Helmut stellt das Telefon auf Mithören. Der Anrufer meldet sich mit seinem Namen. Es ist tatsächlich Herr G., der Ehemann der Vermissten.

«Ja, hallo, ich wollte mich nur mal melden und fragen, ob es was Neues gibt!»

Helmut grinst: «Nein, bisher nicht, Herr G., tut mir leid.»

Ein Moment des Schweigens am anderen Ende der Leitung, dann redet der Ehemann weiter, eigentlich wiederholt er nur seine zuvor gestellte Frage: «Ich weiß ja nicht, wie weit die Ermittlungen sind. Ich wollte nur hören, ob sich in der Zwischenzeit etwas getan hat.»

Helmut antwortet wie zuvor: «Nee, alles beim Alten, nichts Neues.»

«Also keine neuen Erkenntnisse?»

«Nein, nichts.»

Der Ehemann scheint aufzugeben. «Ja, gut, dann muss man wohl abwarten. Hilft ja nichts.»

«Genau, so sieht's aus.»

Doch Herr G. lässt nicht locker, versucht es noch ein weiteres Mal. «Und haben Sie auch mit Ihrem Kollegen Dahm gesprochen?»

«Natürlich, aber im Moment gibt es keine weiteren Hinweise.»

«Na gut, da kann man nichts machen.»

Danach beenden beide das Gespräch.

«Das war die Stimme des Mörders», sagt Helmut nach dem Telefonat. «Jetzt habt ihr ihn auch mal gehört.»

Sofort dreht sich alles nur noch um diesen Anruf. Am Ende sind wir uns einig: Der Ehemann weiß oder ahnt, dass wir seine Frau gefunden haben, und hat auf eine entsprechende Information gewartet. Insgeheim bewundere ich meinen Chef, dass er so cool geblieben ist und vollkommen entspannt auf die Fragen des mutmaßlichen Täters geantwortet hat. Er hatte noch nicht einmal gelogen, denn wir haben tatsächlich keine Gewissheit darüber, dass die Leiche die vermisste Ehefrau ist. Das kann man frühestens nach der Obduktion sagen, wenn der Zahnstatus mit den Daten des behandelnden Zahnarztes abgeglichen wurde und die DNA feststeht. Außerdem teilt man am Telefon Angehörigen nicht mit, dass jemand tot aufgefunden wurde. Und erst recht keinem Tatverdächtigen.

Unser Leiter der Mordkommission III, Walter Pindur, wird sofort über den Anruf von Herrn G. informiert. Er steht gerade mit seinen Leuten am Fundort der Teilleiche. Anschließend entwickeln alle die Strategie für die nächsten Stunden. Walter fasst zusammen: «Wir warten die Obduktion ab und gehen erst danach mit einem sicheren Ergebnis an den Ehemann heran.» Außerdem hat man einen Gutachter der Rechtsmedizin in Münster gebeten, die MK III zu unterstützen. Dr. Rand, ein Wissenschaftler englischer Herkunft, hat sich auf dem Gebiet von Blutspuren einen Namen gemacht. Dass es Blutspuren geben könnte, hat die erste Inaugenscheinnahme des Oberkörpers ergeben. Es gibt Verletzungen am Körper der Toten, die das vermuten lassen. Und irgendwo muss er auch zerteilt worden sein.

Die schwierige Obduktion der halben Frauenleiche ist erst am späten Abend beendet, sie bringt aber endlich etwas Licht ins Dunkel. Am Körper der Frau finden sich tatsächlich Verletzungsmuster, die auf massive, stumpfe Gewalt hindeuten. Insbesondere weist der Kopf schwere Verletzungen auf. Der Rechtsmediziner in Essen dokumentiert: «Der Täter muss mit einem harten Gegenstand brutal zugeschlagen haben. Mehrfach, immer wieder. Diese Schläge sind auch todesursächlich gewesen.» Ein wichtiger Hinweis wird uns noch durch das Ehepaar geliefert, das der Familie G. die Wohnung vermietet hat. Die Eheleute geben an, dass Herr G. neben seinem eigentlichen Keller zwei weitere hat. Diese hatte uns der Ehemann nicht gezeigt. Die Frage ist: warum nicht?

Am Sonntag, es ist jetzt der 15. März, wird Herr G. von Beamten der Mordkommission III wegen der vielen Verdachtsmomente gegen ihn vorläufig festgenommen. Denn wenn eine Frau spurlos verschwindet, irgendwo zerteilt wird und sich der Ehemann in Widersprüche verwickelt, ist er der Verdächtige Nummer eins.

Es ist gerade zwei Tage her, dass der halbe Leichnam gefunden wurde. Während der Ehemann vernommen wird, durchsuchen Beamte des Erkennungsdiensts zusammen mit dem Münsteraner Gerichtsmediziner die Wohnung nach Blutspuren. Auf Dr. Rand, dem Spezialisten auf diesem Gebiet, ruhen die Hoffnungen der Ermittler. Durch eine spezielle UV-Lichttechnik sollen fürs bloße Auge nicht erkennbare Blutspuren sichtbar gemacht werden. Und es gelingt: Bei der Aktion tauchen solche an verschiedenen Stellen der Wohnung auf. Sogar weggewischtes Blut kann wieder deutlich hervorgehoben werden. Dabei wird eine Chemikalie eingesetzt, die mit dem Eisen des Blutes reagiert – von diesem chemischen Element bleiben trotz intensivster Reinigung immer Reste zurück. Das unterschätzen viele Täter.

Noch während der ersten Vernehmung gesteht der Ehemann die Tötung seiner Ehefrau, er spricht aber von einem tragischen Unfallgeschehen: «Meine Ehefrau hat sich den Kopf an einer offenen Schranktür derart gestoßen, dass sie sofort zusammenbrach. Ich wollte ihr helfen, aber sie war tot. Ehrlich, da gab es keine Möglichkeit mehr, ihr zu helfen. Es war schrecklich.» Diese Schilderung deckt sich jedoch nicht mit den objektiven Gegebenheiten. Insbesondere stimmen seine Aussagen nicht mit dem Gutachten von Dr. Rand überein, der diese Unfallvariante extra noch einmal spurentechnisch rekonstruierte, aber absolut keinerlei Hinweise dafür entdecken konnte.

In der weiteren Vernehmung wird Herr G. schließlich mit den Ergebnissen der Untersuchungen konfrontiert. Trotzdem leugnet er, sie getötet zu haben. Bis er nach fünf Stunden nicht mehr kann: «Okay, ich geb's zu, ich habe meine Frau im Streit mit einem Werkzeug erschlagen. Es ging nicht mehr, immer dieses Theater, immer dieser Streit, immer diese Vorwürfe, immer dieses Gemecker. Ich hab nur noch rotgesehen, und dann ist es passiert.»

Um sie aus der Wohnung zu schaffen, habe er sie mit einem Messer im Keller zerteilt. «Das musste ich machen, ich fand es ja auch ganz furchtbar. Aber ich habe kein Auto und wusste nicht, wie ich sonst die Leiche loswerden konnte. Die beiden Körperteile habe ich dann nacheinander mit meinem Fahrrad abtransportiert.»

Unglaublich, da ist der Mörder mit den Leichenteilen seiner

Frau, eingepackt in Müllsäcke, durch Bochum geradelt. Die Tatwerkzeuge, so berichtet Herr G. weiter, habe er später in einem Abfallcontainer entsorgt.

Der Tatverdächtige zeigt den Kollegen schließlich, wo er den anderen Teil seiner Ehefrau abgelegt hat. Die Fundstelle liegt etwa tausend Meter von seinem Wohnort entfernt, auf einer Brachfläche in Höhe eines Industriegeländes. Kurz danach erlässt der Richter Haftbefehl wegen Mordes aus niederen Beweggründen gegen den Ehemann.

Einen Tag nach seiner Festnahme sitzt Herr G. in Untersuchungshaft. Der Fall ist geklärt, aber nicht abgeschlossen, weil noch weitere Ermittlungen, Vernehmungen und Spurenauswertungen anstehen. Abgeschlossen ist ein Fall für die Polizei erst, wenn keine Ermittlungen mehr notwendig sind und es keine weiteren Ermittlungsansätze gibt. Auch für den Tatverdächtigen entlastende Ansätze müssen wir verfolgen. Ist ein Fall aber abgeschlossen, gehen die Akten zur Staatsanwaltschaft, die dann unabhängig von uns über eine Anklageerhebung entscheidet.

Knapp fünf Monate nachdem der Richter den Haftbefehl erlassen hat, wird die Kripo von der Justizvollzugsanstalt Bochum darüber informiert, dass sich ein Häftling erhängt hat. Es ist Herr G., und jetzt wird er zum zweiten Mal zu einem Fall für unser KK 11.

Ich fahre in die Justizvollzugsanstalt, um mir die Örtlichkeit genau anzusehen. In einem Papierkorb der Zelle finden sich zwei handgeschriebene Abschiedsbriefe – zerrissen. Nachdem ich die Papierschnitzel zusammengesetzt habe, wird deutlich, dass Herr G. sehr an seiner Tat gelitten hat.

Zurück bleibt ein elfjähriger Junge, den keine Schuld trifft und der dennoch der Leidtragende dieses Desasters ist. Er ist jetzt elternlos. Die geliebte Mama ermordet, vom eigenen Vater. Der lange Jahre im Gefängnis hätte sitzen müssen.

«Was soll aus diesem Burschen werden?», frage ich meine Kollegen und denke an meinen eigenen Sohn. Was wäre, wenn mein Sohn seine Familie verlieren würde? Das Leben kann manchmal sehr brutal sein. Und Mörder denken in den Minuten ihrer Tat nie daran, was sie neben ihrem Opfer auch noch anderen Menschen antun. Und dass sie am Ende sogar ihr eigenes Kind zur Vollwaise machen.

Fall 9

EIN FAMILIENDRAMA

In den Köpfen der Todesermittler sind Bilder gespeichert, die sie ihr Leben lang nie vergessen werden oder vergessen können. Es sind die schrecklichen Bilder, die sie bei Ausübung ihres Berufs in sich aufgenommen haben. Und je länger man in einer Mordkommission arbeitet, umso mehr furchtbare Bilder brennen sich im Kopf fest.

Das gilt besonders für Tötungsdelikte, die extrem tragisch waren oder bei denen Menschen schlimm zugerichtet wurden. Wenn beide Faktoren in einem Fall zusammentreffen, kann man den Anblick meist nie mehr löschen. So ging es mir bei einem Mordfall, der sich im Oktober 1997 zugetragen hatte. Und dessen damit verbundene Bilder bis heute vor meinem inneren Auge präsent sind.

Nach außen scheint in der Familie O., die in der Josephinenstraße in Bochum lebt, alles in Ordnung zu sein. Der Fernmeldetechniker Gerhard und seine Ehefrau Bettina, die als Verkäuferin in einem Schuhgeschäft arbeitet, haben zwei Kinder. Olivia ist zwölf Jahre alt, der Sohn Kevin bereits zweiundzwanzig. Jeder sieht und merkt, dass Gerhard O. seine Kinder sehr liebt, alles für sie tun würde. Schläge hat es nie gegeben. Auch seiner Frau gegenüber gab es bis zum Oktober 1997 keine Gewalt. Und von den häufigen Streitigkeiten der Eheleute O. wissen nur wenige, eigentlich nur Familienmitglieder.

In der Hausgemeinschaft kommen alle gut miteinander aus.

Die Kinder der Familie O. haben Freunde und Freundinnen, für die die Tür immer offen steht. Ein Mädchen aus dem Mehrfamilienhaus, Nina, geht zusammen mit Olivia zur Schule, die beiden sind eng befreundet. Doch am Morgen des 13. Oktober wird sich die Welt der Familie O. schlagartig ändern. Nichts wird mehr so sein, wie es war. Und genau der Gedanke, dass sich endlich etwas ändern muss, ist der Ursprung dieses grauenhaften Verbrechens.

Bei den O.s sieht jeder Tag nahezu aus wie der andere. Bettina und Gerhard stehen morgens gegen sieben Uhr auf. So auch an diesem 13. Oktober. Ihr volljähriger Sohn Kevin macht seit kurzem eine Ausbildung als Autolackierer und ist an diesem Morgen schon außer Haus. Es sind Herbstferien, sodass Tochter Olivia den ersten Ferientag nutzt, um auszuschlafen. Sie steht erst gegen elf Uhr auf, duscht dann und geht anschließend direkt zu ihren Großeltern. Oma und Opa wohnen nur einige Häuser weiter.

Schon beim Frühstück schimpft Bettina mit ihrem Mann. Wieder einmal. Es geht wie üblich um banale Dinge. Gerhard hat versäumt, Margarine und Strümpfe einzukaufen. Auch hat er eine Rechnung nicht bezahlt, obwohl sie ihn mehrfach daran erinnert hatte. Schlimmer wiegt jedoch, dass er das bereits dafür verplante Geld für Bier ausgegeben hat. Dafür gibt es erst recht noch eins obendrauf. «Man kann sich nicht auf dich verlassen. Immer das Gleiche, das nervt mich dermaßen», fährt Bettina ihren Mann an. Und dass er in der Wohnung nicht aufgeräumt hat, obwohl er wegen seines Krankenscheins die letzten Tage zu Hause war, trägt auch nicht gerade zum Hausfrieden bei. «Alles bleibt an mir hängen, du bist mir eine schöne Hilfe.»

Dabei war die Ehe am Anfang so harmonisch und ausgeglichen gewesen. Beide Kinder sind echte Wunschkinder. Für die Eheleute O. sind Kevin und Olivia ihr Ein und Alles. Im Laufe der Jahre stumpft die Liebe jedoch ab. Hinzu kommt, dass Gerhard O. öfter ein Bierchen trinkt, als es seiner Frau gefällt. Manchmal ist es auch das eine oder andere Bier zu viel. Gemeinsame Unternehmungen sind mittlerweile selten, Harmonie ist eher ein Fremdwort geworden. Das Leben ist mithin eintönig.

Bettina ist sehr fleißig und arbeitet gern in ihrem Beruf. Es stört sie jedoch ungemein, dass ihr Mann so faul ist und lieber trinkt, als seiner Frau bei der Hausarbeit zu helfen und auch mal unaufgefordert aufzuräumen. Die vermeintlichen Missstände und Missverständnisse im Miteinander kommen fast täglich zur Sprache. Eigentlich ist Gerhard O. ein ausgeglichener Gemütsmensch, der die häufige Kritik einfach so hinnimmt und sich seinem Schicksal fügt. Das ist aber nur der äußere Eindruck. Tief in seinem Inneren brodelt es. Schon lange.

An diesem Tag hat Bettina O. Spätdienst und muss sich erst um halb zwei auf den Weg zur Arbeit machen. Gegen 13 Uhr verlässt ihr Mann die Wohnung und geht in den Keller. Hier hat er immer ein Fläschchen Bier deponiert, seine Notration. Er setzt sich auf einen Stuhl und trinkt die Flasche in einem Zug halb leer. Er redet sich ein, dass ihn das beruhigt. Nach dem Ärger und der Meckerei seiner Frau. Doch an diesem Mittag spürt er keine Beruhigung. Kurz bevor er wieder in die Wohnung zurückkehren will, sieht er den Stiel eines Werkzeugs, der aus einem kleinen Haufen Gerümpel herausragt. Er zieht ihn wie ferngesteuert hervor und stellt fest, dass das Werkzeug ein Handbeil ist. In diesem Augenblick überkommt ihn ein fataler Gedanke: «Wenn ich damit nach oben geh und zuschlage, habe ich endlich Ruhe! Einfach nur Ruhe!»

Das ist nur ein Gedanke, der auch gleich wieder verdrängt wird. Der soeben aufgetauchte Plan ist sofort aus dem Kopf verschwunden, schließlich ist er kein Mörder. Er doch nicht. Er hat sich noch nie etwas zuschulden kommen lassen. Er ist ein guter Vater. Trotzdem nimmt er das Beil und kehrt damit in die Wohnung zurück. Später kann er nicht sagen, warum er es mitgenommen hat.

Gerhard O. schließt die Wohnungstür auf und steht im Flur. Rechts führt eine milchig weiße Falttür zur Küche. Sie ist geöffnet. Seine Frau sitzt auf einem Stuhl, genauso wie vorher, als er in den Keller ging. Mit dem Rücken zur Falttür. Leise betritt er die Küche und steht hinter ihr. In seiner rechten Hand hält er dieses Beil, er hat es fest umklammert. Plötzlich kehrt dieser Gedanke von vorhin zurück, der Gedanke aus dem Keller. Ruhe, einfach nur Ruhe. Für immer. Er holt aus. Genau in diesem Moment dreht sich seine Frau zu ihm um, als hätte sie die Gefahr geahnt. Er schlägt zu. Seine Frau hält noch schützend ihre Hände vor den Kopf, doch sie kann den wuchtigen Schlag nicht abfangen. Nach dem zweiten und dritten Hieb sackt sie tot zusammen. Blutüberströmt liegt sie auf dem Küchenboden, neben ihrem Kopf bildet sich eine glänzend rote Lache.

In diesem Moment trifft Olivia ein, sie ist vom Besuch bei ihren Großeltern zurück. Zufällig begegnet sie ihrer Schulfreundin Nina, zusammen stehen sie unten an der Haustür. Nina hat schon geschellt, und nun wird der Summer betätigt. Gemeinsam drücken die zwei Mädchen die Tür auf. Olivias Freundin wohnt eine Etage über ihr, im dritten Stock. Die beiden verabschieden sich auf dem Treppenabsatz, winken sich noch einmal zu. Nina läuft die letzten Stufen hoch, während Olivia die Wohnungstür aufschließt. Die Freundin hört noch, wie die Tür ins Schloss fällt und Olivia plötzlich laut und panisch aufschreit. Nina denkt: Olivias Bruder hat ihr sicher aus Scherz einen Schrecken eingejagt oder veranstaltet mit ihr eine «Spaßkloppe».

Was Nina nicht ahnt: Olivia kämpft in diesem Moment um ihr junges Leben. Doch das zierliche Mädchen hat keine Chance, denn als es seine Mutter tot auf dem Boden liegen sieht, schreit es vor Entsetzen auf und wird sogleich von seinem Vater attackiert. Er würgt es bis zur Bewusstlosigkeit und schlägt nach kurzem Kampf mehrfach mit dem Beil auf seine wehrlose Tochter ein. Seine so sehr geliebte Tochter, doch das kann Gerhard O. nicht mehr steuern.

Das Ausmaß der Familientragödie wäre noch größer geworden, wenn es Kevin pünktlich nach Hause geschafft hätte. Die Absicht des Familienvaters ist es, auch seinen Sohn umzubringen. Und anschließend sich selbst. Bei einem Telefonat mit der Firma, für die Kevin arbeitet, hört er aber, dass sein Sohn länger arbeiten muss und erst abends zu Hause eintreffen wird. Dass Kevin schließlich überlebt, ist dem Umstand zu verdanken, dass Herr O. nach der Tat Alkohol in sich hineinschüttet, um den Anblick seiner erschlagenen Frau und den seiner ebenso zugerichteten Tochter ertragen zu können. Er will sich betäuben, das hat früher ja auch immer geklappt. Später kommt er zu dem Schluss, dass alles keinen Sinn mehr macht. Er will sich selbst töten, obwohl sein Sohn noch nicht da ist. Der Suizidversuch schlägt aber wegen seines extremen Alkoholpegels fehl.

Als Kevin am frühen Abend ahnungslos die Haustür aufmacht, steht er vor dem schlimmsten Anblick seines Lebens. Ohnmächtig vor Wut, zertrümmert er in der Wohnung mit geballter Faust eine Türscheibe, wobei er sich selbst schwer verletzt. Tiefe Schnittwunden hat er sich zugefügt, doch er merkt den Schmerz nicht, seine Empfindungen sind im Ausnahmezustand. Er braucht einfach ein Ventil, um seine Trauer, seine Fassungslosigkeit und seine Hilflosigkeit auszudrücken. Er schreit seinen Vater an, rennt panisch hin und her. Schließlich ruft er die Polizei an und erklärt, dass sein Vater seine Schwester und die Mama erschlagen hat. Danach bricht er zusammen.

Als ich mir viel später die Aufzeichnung des Anrufs anhöre, bekomme ich eine Gänsehaut. Ich bin geschockt. Man kann nur erahnen, was in diesem Moment in dem jungen Mann vor sich gegangen sein muss. Er tat mir unendlich leid.

Nach einigen Tagen ist der Fall ermittlungstechnisch abgeschlossen. Für mich persönlich allerdings bis heute nicht. Und wie ist es erst dem Sohn ergangen! Ein Drama, das man mit Vernunft nicht erklären kann. Vielleicht belastet gerade das so sehr, denn eine Frage steht immer im Raum: Warum?

Fall 10

DER FRAUENJÄGER

Nora J. hat einen tollen Mittwochabend in der Disco. Mit Freunden tanzt die Fünfunddreißigjährige bis weit nach Mitternacht auf der «80er-Party» im «Bahnhof Langendreer». Und nun gehen ihr die netten Stunden nicht mehr aus dem Kopf, zumal sie einen alten Bekannten wiedergetroffen hat. Gut gelaunt pfeift sie die Musik aus dem Radio mit.

Es ist 1.20 Uhr an diesem Morgen im Juli 2000. Nora J. fährt mit ihrem Ford Ka über die Hattinger Straße nach Bochum-Linden. Am Sonnenberg wohnt die junge Frau mit den langen, dunklen Haaren. Was sie nicht bemerkt, ist das Auto, das sie seit der Disco verfolgt. Die Diplompädagogin parkt ihren Wagen am Straßenrand. Da entdeckt sie zum ersten Mal die Scheinwerfer eines Pkws, der jetzt einige Meter hinter ihr anhält. Sie freut sich über das unerwartete Licht, denn dadurch kann sie leichter das Schlüsselloch der Fahrertür finden und abschließen. Immer noch pfeifend, geht sie die letzten zwanzig Meter bis zu ihrem Hauseingang.

Auf einmal hört sie Schritte hinter sich. Sie erschrickt – und dreht sich um. Doch die Angst weicht sofort Erleichterung, denn sie glaubt, in der Dunkelheit den Freund ihrer Nachbarin zu erkennen. Nora J. nimmt entspannt den Schlüssel aus ihrer Handtasche und will die Haustür aufschließen. Genau in diesem Moment steht der Mann neben ihr. Die Dunkelhaarige schaut in sein Gesicht und will gerade freundlich grüßen. Da erkennt sie, dass der Mann gar nicht der Freund der Nachbarin ist, sondern ein ihr wildfremder Typ.

Sie spricht ihn beim Öffnen der Tür halb erschrocken, halb erstaunt an: «Na, so spät wollen Sie noch jemanden besuchen?» Der Mann antwortet leise mit einem flüchtigen «Ja», dann umfasst er mit der linken Hand die Klingelleiste des Mehrfamilienhauses, ohne ein weiteres Wort zu sagen. Zu Noras Verwunderung drückt er fast wahllos die obersten Klingeln. Noch bevor sie richtig nachdenken und fragen kann, was das zu bedeuten hat, packt sie der Mann, schubst sie in den Hausflur und dreht sie um, sodass ihr Gesicht von ihm weggewandt ist. Dann nimmt sie plötzlich einen brennenden Schmerz im Rücken wahr, dreimal hintereinander. Zuerst glaubt sie, der Mann habe sie heftig geschlagen. Doch als sie spürt, wie sich alles in ihrer Umgebung dreht und sie zusammenbricht, ahnt die junge Frau, dass etwas Schlimmeres passiert sein muss.

Der Mann beugt sich schließlich über sie. Er sagt immer noch nichts. Nora schießt es durch den Kopf: Der wird dich jetzt vergewaltigen und umbringen. Anfangs denkt sie, nicht um Hilfe rufen zu können. Doch auf einmal schreit sie, immer lauter. Der Täter sieht in ihre vor Panik geweiteten Augen. Als das Licht im Hausflur angeht, wendet er sich von ihr ab und rennt davon.

Jemand aus dem Mietshaus betätigt den Türöffner. Ein Mann brüllt von seiner Eingangstür aus nach unten, fragt, was denn da los sei. Ein anderer Nachbar, der aus der obersten Etage, hat die Hilferufe gehört und läuft nach unten. Als er den letzten Treppenabsatz erreicht, sieht er Nora J., die im Hausflur auf dem Boden liegt. Auf den grauen Fliesen entdeckt er, wie sich bereits eine kleine rote Lache um die dunkelhaarige Frau gebildet hat. Er ruft sofort den Notarzt.

Nach sieben Minuten ist der Rettungswagen eingetroffen. Schwer verletzt wird Nora auf eine Liege gehoben und sofort in eine Klinik gefahren. Die Ärzte stellen fest, dass ein Lungenflügel kollabiert ist. Ein Messerstich hat das Gewebe durchdrungen. Zum Glück haben die beiden anderen Stiche keine weiteren inneren Organe verletzt.

Nora J.s Leben hängt dennoch an einem seidenen Faden. Sie muss notoperiert werden. Die Mediziner versuchen alles, und es gelingt ihnen am Ende auch, die Lunge zu stabilisieren. Die erste Einschätzung des Oberarztes klingt aber noch sehr vorsichtig: «Wir müssen jetzt darauf hoffen, dass sich keine Infektion bildet, die könnte später tödliche Folgen haben.»

Da der Vorfall als gefährliche Körperverletzung aufgenommen wurde, waren nachts nur die Kollegen von der Kriminalwache am Tatort und im Krankenhaus. Am Donnerstagmorgen liegt der Vorgang dann beim KK 11 zur weiteren Ermittlung auf dem Tisch. Mein Chef Walter Pindur trägt wie üblich den Sachverhalt vor. Gleich im Anschluss sagt er zu mir: «Du bist ab sofort mit deiner Mordkommission im Einsatz. Bei den schweren Verletzungen, der Begehungsart – der Täter schlich sich von hinten an –, da handelt es sich möglicherweise um ein versuchtes Tötungsdelikt.»

Der Einsatz einer Mordkommission setzt voraus, dass jemand einem anderen Menschen bewusst schwere oder lebensgefährliche Verletzungen zugefügt hat – bei einer vorsätzlichen Tötung ist das natürlich von vornherein klar. Zum Glück kommt es eher selten vor, dass jemand durch Fremdverschulden stirbt, also Mord oder Totschlag, und wir von einem vollendeten Tötungsdelikt ausgehen. Ansonsten sprechen wir von einem versuchten Tötungsdelikt oder «nur» von einer gefährlichen Körperverletzung.

Die juristische Einschätzung wird letztlich von den zuständigen Dezernenten der Staatsanwaltschaft, den sogenannten Kapitaldezernenten, vorgenommen. Zuweilen ist diese äußerst schwierig, weil auch der Wille und die Absicht des Täters in unserer Rechtsprechung eine wichtige Rolle spielen. Dabei ist der Wille hinter einigen Straftaten nicht immer sofort zu erkennen. Wird beispielsweise eine Frau mit einem Messer niedergestochen und überlebt diesen Gewaltakt, ist zunächst von einer gefährlichen Körperverletzung auszugehen, nicht aber unbedingt von einem versuchten Mord. Sticht der Täter jedoch mehrmals in den Brustkorb einer Frau, muss spätestens jetzt überlegt werden, ob der Delinquent das Opfer nicht vorsätzlich töten wollte oder den Tod wenigstens billigend in Kauf genommen hat. Überlebt der Leidtragende die brutale Attacke, wird eine eindeutige Aussage durch die Tatsache erschwert, dass der Kapitalverbrecher selten freiwillig zugibt, die Tötung sei gezielt von ihm geplant worden. Es gibt sogar den sogenannten Rücktritt vom Versuch. Wenn jemand fünfmal auf sein Opfer schießt, ohne es zu töten, der Täter aber mit seinem Tun aufhört, obwohl er drei weitere Patronen in der Waffe hat, kann der Staatsanwalt das Handeln so werten, dass der Schütze bei der Tat von seiner Tötungsabsicht zurückgetreten ist. Das heißt: Hier handelt es sich um einen Rücktritt vom Mordversuch. Ein Beweis dafür könnte sein, dass der Täter den Notarzt ruft und versucht, seinem Opfer zu helfen.

Nachdem wir den Fall übernommen haben, lese ich mir zuerst die Unterlagen der Kollegen von der Kriminalwache durch. Rasch stelle ich fest, dass die bislang erfolgten Ermittlungen der eingesetzten Beamten nichts ergeben haben. Die angegriffene Frau konnte nur kurz vernommen werden. Bei der Befragung stand sie noch erheblich unter Schock, auch unter Medikamenten. Zudem befand sie sich kurz vor der Notoperation. Die abgegebene Täterbeschreibung war vage. Den Kollegen hatte sie erklärt, den Mann nie zuvor gesehen zu haben. Das würde, so überlege ich, eine Beziehungstat ausschließen. Leise murmele ich vor mich hin: «Wenn das stimmt, wird es schwer werden, einen Täter zu ermitteln.» Wohl allein aus diesem Grund will ich diese Variante anfangs nicht wahrhaben. Denn den meisten Tötungsdelikten geht am Ende doch irgendeine Täter-Opfer-Beziehung voraus. Vielleicht verheimlicht uns Nora J. ja etwas.

Sosehr wir auch nachfragen: Es scheint zu stimmen, was das Opfer aussagt. Die weiteren Ermittlungen führen unsere Mordkommission nämlich immer wieder auf den Boden der Tatsachen zurück: Es muss sich um einen Mann handeln, der keinerlei Vorbeziehung zu dem Opfer hatte. Ein Phantom also. Gleichbedeutend mit der Suche nach der Stecknadel im Heuhaufen.

Beim Klinkenputzen hoffen wir, wenigstens einen kleinen Schritt weiterzukommen. Da an dem Tag, an dem Nora J. mit dem Messer angegriffen wurde, schönes Wetter herrschte, hatte ein italienisches Ehepaar im Hof des Nachbarhauses einen Geburtstag gefeiert. Die Gäste verließen erst gegen ein Uhr nachts die Örtlichkeit. Die Gastgeber gingen anschließend zu Bett. Die Ehefrau erklärt uns, sie hätte ihr Schlafzimmerfenster auf Kipp gestellt, auch hätte man die Rollos nicht ganz heruntergezogen. «Wir haben noch nicht geschlafen, als plötzlich die Schreie dieser Frau in unser Schlafzimmer drangen. Es war der blanke Horror! Diese Panik in der Stimme, schlimm. Diese Person hatte Todesangst.»

Nachdem sie die Hilferufe gehört hatte, schaute die Italienerin durch die Schlitze des Rollos nach draußen und sah einen roten Pkw mit hoher Geschwindigkeit wegfahren. Ein weiterer Zeuge aus dem Nachbarhaus sagt am Tag nach der Messerattacke während seiner Vernehmung im Präsidium, dass er zuerst die Schreie und anschließend ein Fahrzeuggeräusch gehört habe. Obwohl er den Wagen nicht gesehen hat, gibt er zu Protokoll: «Das war ein Opel Astra mit oben liegender Nockenwelle.»

Als ich das mitbekomme – ich bin während der Vernehmung dabei –, kann ich mir einen Gedanken nicht verkneifen: Wieder einer von diesen Wichtigtuern. Wenn er jetzt auch noch Reifengröße und Profiltiefe kennt, dann weiß man genau, woran man bei dieser Person ist. Als könnte er meine Gedanken lesen, meint der Zeuge mit einem Lächeln: «Jahrelang habe ich bei Opel gearbeitet, und der Astra wurde bei uns im Bochumer Werk hergestellt. Deshalb kenne ich dieses Motorengeräusch so genau, da lege ich mich hundertprozentig fest. Ganz sicher.»

Kann ich mich genauso festlegen? Kann ich eine entsprechende Pressemitteilung herausgeben? Ich überlege: Vielleicht hat dieser Nachbar dennoch unrecht, und wir suchen die ganze Zeit nach dem falschen Fahrzeug? Eine allgemein gehaltene Version ist mir lieber. In meiner Erklärung für die Medien entscheide ich mich später für folgende Formulierung: «Bei dem Fluchtfahrzeug soll es sich um einen roten Pkw gehandelt haben, eventuell um einen roten Opel Astra.» Sicher ist sicher. Nicht dass der Corsa nachher ähnlich klingt und der entscheidende Zeuge sich nicht meldet.

Im Rahmen der Tatortarbeit überprüfen wir auch Noras Wohnung. Möglicherweise gibt es eine Vorgeschichte, die sich im Haus oder in ihrem Apartment abgespielt hat. Wir finden aber nichts, was auf ein solches Verbrechen hinweisen könnte. Absolut gar nichts.

Am Samstagnachmittag können wir endlich mit dem Opfer sprechen. Nach dem schlimmen Angriff und der Operation geht es Nora J. relativ gut. Micha und Peter Both – Peter ist ein schlaksiger Typ, sehr intelligent und einfühlsam, eine tolle Kombination für unsere Arbeit – sitzen an ihrem Bett. Die vielen Schläuche und Geräte machen klar, wie schwer die junge Frau verletzt wurde. Und wie knapp sie mit dem Leben davongekommen ist. Die Fünfunddreißigjährige beteuert immer wieder, den Mann nie zuvor in ihrem Leben gesehen zu haben. «Wirklich, das Gesicht war mir völlig unbekannt, da klingelt nichts. Im ersten Moment habe ich gedacht, es wäre der Freund der Nachbarin. Aber dann sah ich, dass es ein Fremder war. Ich überlegte noch, wer die Person sein könnte, die dieser Mann um die späte Uhrzeit besuchen wollte.» Streit mit Leuten, weder im Beruf noch im Privatleben, habe sie nicht gehabt, gibt Nora J. meinen Kollegen Micha und Peter zu verstehen. «Ich wüsste nicht, wer sich aus welchen Gründen an mir rächen könnte. Ich habe keine Feinde, auch keinen eifersüchtigen Exfreund oder so etwas. Wenigstens nicht bewusst.»

Als sie hört, dass wir ihre Wohnung durchsucht haben, wird Nora J. plötzlich unglaublich wütend. Sie schimpft über die Beamten, die das getan haben, und insbesondere über mich, weil ich das zu verantworten hatte. Sie fühlt sich in ihren Persönlichkeitsrechten und ihrer Privatsphäre beeinträchtigt. Nach geraumer Zeit gelingt es aber, sie zu beruhigen. «Wir wollen Ihnen doch helfen. Und die ersten Stunden sind bei einer Ermittlung sehr wichtig. Wir wussten ja nicht, wann wir damit rechnen konnten, mit Ihnen zu sprechen.» Die Situation entspannt sich daraufhin, und die dunkelhaarige Frau ist wieder kooperativ.

Am nächsten Tag fahren zwei andere Kollegen ins Krankenhaus, um mit dem Opfer ein Phantombild des Täters zu erstellen. Mit dabei ist ein Beamter vom Landeskriminalamt Düsseldorf. Die Mitarbeiter dieser Abteilung reisen zu den Dienststellen in ganz Nordrhein-Westfalen, um Fahndungsbilder von unbekannten Tätern am PC anzufertigen. Nora J. ist jedoch noch zu schwach, um die stundenlange Prozedur durchzustehen. Sie benötigt einen weiteren Tag für diese Tätigkeit, die viel Konzentration erfordert. Das passt mir gar nicht, weil dadurch Zeit vergeht. Schließlich möchten wir so schnell wie möglich eine Pressemitteilung mit dem Bild des mutmaßlichen Täters herausgeben. Es hilft aber alles nichts. Wir müssen warten und Rücksicht auf das Opfer nehmen.

In der Zwischenzeit habe ich eine Einsatzhundertschaft (EHu) angefordert. Hundertschaften kennen die meisten von Demonstrationen oder Fußballeinsätzen, aber gerade für groß angelegte Durchsuchungsmaßnahmen im Gelände sind diese Kollegen sehr wertvoll. Jetzt brauche ich sie, um das Tatwerkzeug zu finden. Der Täter hat ja mit einem Messer zugestochen. Es wäre also durchaus denkbar, dass er die Waffe auf seiner Flucht aus dem fahrenden Auto geworfen hat. Schwierig ist nur, eine genaue Suchstrecke festzulegen. Wenn die Kollegen unzählige Kilometer überprüfen müssen, sind sie irgendwann ausgepowert. Also beschränke ich mich auf einen bestimmten Radius: eine Strecke, die vom Tatort gut einen Kilometer entfernt ist. Mittlerweile sind wir uns nach der Aussage von Nora J. sicher, dass der Angriff letztlich an der Haustür erfolgte, das war uns bislang nicht ganz klar gewesen.

Die jungen Kolleginnen und Kollegen der EHu suchen Straßenränder und Gebüsche mit Metallsonden ab. Es wird auch ein Messer entdeckt. Doch das befand sich unter der Erde, nahezu vergraben. Als ich mir die Fundstelle genauer ansehe, stelle ich fest, dass die Erdschicht schon längere Zeit auf dem Messer gelegen haben muss. Das kann nicht das gesuchte Tatwerkzeug sein.

Bei einer Befragung weiterer Anwohner erhalten wir einen interessanten Hinweis auf einen Mann, der in derselben Straße wie das Opfer wohnt. Er soll durch sein aggressives Verhalten Frauen gegenüber wiederholt aufgefallen sein.

Micha und ich suchen die Wohnung der genannten Person auf. Er lässt uns sofort eintreten. Als wir kurz darauf blutähnliche Anhaftungen an einer Tapete im Eingangsbereich und einer Hose im Schlafzimmer entdecken, gibt er sich unwissend. Er sagt: «Keine Ahnung, letztens schnitt ich mir in den Finger, als ich einen Apfel schälte. Vielleicht ist es davon.»

Da der Mann keine schlüssige Erklärung für dieses Blut hat, nehmen wir ihn mit zur Dienststelle. Er gibt allerdings an, dass er in der Tatnacht bei seinen Eltern geschlafen hat. Bei einer Nachfrage bestätigen das sowohl seine Mutter wie auch sein Vater. Als mir unsere Spurensicherung zudem mitteilt, dass die Anhaftungen kein menschliches Blut seien, müssen wir den Mann wieder laufen lassen. Das wäre ja auch zu schön, den Täter zwei Tage nach der Tat festnehmen zu können. Zur Sicherheit zeigen wir dem Opfer ein Foto des Tatverdächtigen. Nora J. bestätigt endgültig: «Nee, der war das nicht. Ganz sicher nicht.»

Am dritten Tag haben wir endlich die genaue Täterbeschreibung und das Phantombild, das fast wie ein Foto aussieht. Augenblicklich gebe ich es weiter an unsere Pressestelle. Es wird veröffentlicht und erscheint am nächsten Tag in allen Zeitungen. In der Hoffnung, gleich würden die Telefone nicht mehr stillstehen und viele Zeugen Hinweise auf das Fahndungsbild geben, laufe ich über den Flur des Präsidiums zu meinem Büro. Ein Kollege vom KK 13 kommt auf mich zu und fragt:

«Na? Habt ihr den Ralf schon festgenommen?»

«Welchen Ralf?», frage ich.

«Na, den Ralf von der K-Wache.»

Ich schaue den Kollegen verdutzt an, worauf der sofort nachhakt: «Ihr habt doch das Bild vom Ralf zur Veröffentlichung freigegeben, oder nicht?», feixt der Kollege.

«Erzähl keinen Blödsinn», antworte ich. «So etwas sagt man noch nicht einmal im Spaß!»

In meinem Büro sehe ich mir das Phantombild noch einmal ganz genau an. Verflixt, denke ich. Das Bild hat tatsächlich eine verblüffende Ähnlichkeit mit dem Kollegen der Kriminalwache! Wieso bin ich nicht selbst darauf gekommen?

Kurz danach treffen alle anderen Mitarbeiter der Mordkommission im Präsidium ein. Es scheint, als wäre den anderen die Ähnlichkeit mit dem Kollegen Ralf ebenso noch nicht aufgefallen. Die per Computer erstellte Phantomzeichnung lege ich meinen Mitarbeitern vor und frage: «Na, kennt ihr diesen Mann nicht? Denkt mal an den eigenen Kollegenkreis.» Alle schauen auf das Bild, alle schweigen. Ich erkläre weiter: «K-Wache.»

«Nee», sagt Peter geschockt und fährt mit der Hand über sein dichtes Haar, «du meinst doch nicht den Ralf? O Mann, das darf nicht wahr sein! Tatsächlich! Das ist der Ralf!» Nachdem die ersten dummen Sprüche gefallen sind, werden alle todernst. Ich bitte Anke, eine junge Kommissarin mit dunkelbraunen gelockten langen Haaren, die zum ersten Mal in unserer Kommission aushilft, in Erfahrung zu bringen, welchen Dienst der Kollege zur Tatzeit hatte. Anke nimmt sofort das Telefon in die Hand. Wir können mithören, dass der «tatverdächtige» Kollege an diesem Tag krankgeschrieben war. Nachdem Anke die kurze Unterredung beendet hat, starren mich alle MK-Mitglieder erwartungsvoll an.

«Schaut nicht so! Da müssen wir durch! Jeder ist für das, was er macht, verantwortlich. Wenn er es war, ist er dran. Aber zunächst gilt für ihn wie für jeden die Unschuldsvermutung. Das Gespräch bleibt in diesem Raum.» Ich schwöre meine Truppe ein. «Wir dürfen keinen vorverurteilen!» Eigentlich brauche ich das nicht zu sagen, trotzdem platzt es aus mir heraus. «Unsere Ermittlungen werden wir wie in allen anderen Fällen ganz normal durchführen! Ob er Kollege ist oder nicht, das ist egal.»

Danach erkläre ich, dass ich anschließend zum Chef gehe, um ihm zu sagen, dass wir einen Tatverdacht gegen einen Kollegen haben und ihn zu Hause aufsuchen werden. Als das erledigt ist – Walter hat zwar erschrocken, aber letztlich sehr professionell reagiert –, überlegen alle im Besprechungsraum, wer welche Aufgabe übernehmen soll. Anschließend macht sich jeder an seine Arbeit.

Mit Micha fahre ich zur Wohnung von Ralf, begleitet werden wir beide von vier MK-Kollegen. Während Micha und ich zu dem Gebäude gehen, in dem Ralf wohnt, warten die anderen draußen. Zwei auf der Rückseite des Hauses, zwei am Eingang. Peter ist auf der Dienststelle geblieben, um im Notfall weitere uniformierte Kollegen zum Einsatzort zu berufen. Mit unseren Handys haben wir eine telefonische Standleitung eingerichtet, sodass alle mithören, was Micha und ich sprechen. Falls unser Kollege der Täter ist, muss mit allem gerechnet werden.

Als wir vor der Hauseingangstür stehen, überprüfen wir die Standleitung. Alles ist in Ordnung. Dann drücke ich auf den Klingelknopf. Nach einigen Sekunden wird der Türdrücker betätigt. Micha und ich gehen eine Treppe hoch und sehen oben am Treppenaustritt den Kollegen im Morgenmantel stehen, mittlere Statur, die Haare leicht zerzauselt, etwas blass.

«Hallo Ralf, können wir mal reinkommen?», frage ich.

Der Kollege wird sichtbar nervös, sein Gesicht wechselt die Farbe, obwohl er vorher schon kränklich bleich ausgesehen hat. Es gleicht jetzt aber auf einmal einem Kalkeimer.

«Was ist los?», will er wissen, ohne auf meine Frage zu antworten.

«Lass uns bitte erst einmal eintreten. Ich möchte das nicht hier auf dem Flur sagen.» Ralf ist auf einmal fix und fertig. Seine Hände und seine Stimme zittern, als er uns in der Küche einen Stuhl anbietet. Ich blicke zu Micha. Auch ihm ist das nicht entgangen. Für mich ist das ein «typisches Täterverhalten». Micha scheint genauso zu denken, jedenfalls entnehme ich das dem Ausdruck seiner Augen.

«Ralf», beginne ich ohne Umschweife, «es tut mir leid, dass wir dich am frühen Morgen aufsuchen. Du weißt ja, dass wir nach dem Messerstecher von Linden suchen. Wir haben ein Phantombild veröffentlicht, und das passt leider genau auf dich!»

«Der Messerstecher? Gott sei Dank!» Das Gesicht von Ralf hellt sich auf. «Ich dachte schon, es ist etwas anderes! Mann, bin ich erleichtert.»

Micha und ich verstehen erst einmal gar nichts. Da freut sich einer, dem wir gerade eröffnet haben, dass man ihn wegen versuchten Mordes im Verdacht hat? Was könnte denn noch schlimmer sein?

Ralf erklärt es: «Als ich euch gesehen habe, dachte ich sofort, dass meinen Eltern etwas passiert ist. Unfall. Tod. Oh Gott, bin ich froh! Jetzt erzählt, warum seid ihr noch mal hier?»

Mir wird klar, dass er Micha und mich als Kollegen des KK 11 und nicht als Kollegen der wegen versuchten Mordes ermittelnden Kommission ausgemacht hatte. Da wir vom KK 11 manchmal Todesbenachrichtigungen von Unfällen überbringen müssen, dachte Ralf, seinen Eltern sei etwas zugestoßen. Daran hätten wir auch denken können.

Ralf lässt anschließend gut gelaunt und mit wieder etwas rosigen Wangen alles andere über sich ergehen. Zum Schluss machen wir ein Foto von ihm und zeigen es später Nora J. im Krankenhaus. Ihre Reaktion kannten wir schon vom vorherigen Mal: «Nee, auch der nicht. Nie und nimmer.» Das Alibi von Ralf war zudem völlig in Ordnung, seine Freundin hatte bei ihm übernachtet. Der schlimme Verdacht war ausgeräumt. So viel zum «typischen Täterverhalten».

Als ich wieder im Büro sitze, meldet sich Uwe von der Spurensicherung. Ruhig und sachlich teilt mir der dunkelblonde Kollege mit dem sich lichtenden Haar mit, dass er keine Fingerabdrücke am Tatort gefunden hat, die uns weiterhelfen könnten. «An den Klingeln waren die Spuren überlagert, sodass nicht genügend Merkmale für einen Fingerabdruck vorhanden waren, um damit jemanden sicher zu identifizieren. Tut mir leid.» Wieder einmal ein Nackenschlag, den wir hinnehmen müssen.

Nach der Veröffentlichung des Phantombilds in den Zeitungen meldet sich zwar eine Vielzahl von Zeugen, die uns erklären, einen Mann zu kennen, der Ähnlichkeit mit dem abgebildeten Foto habe. Als wir den Hinweisen nachgehen – insgesamt sind es fünfunddreißig –, werden wir jedoch stutzig. Denn bei einigen ist alles andere als eine Übereinstimmung vorhanden. Wir fragen uns, warum diese Leute wohl bei der Polizei angeprangert wurden.

Vielversprechend ist ein Hinweis auf einen Mann, der von Bekannten als Psychopath bezeichnet wird. Er soll, wie wir von ihnen erfahren, Familienangehörige, darunter die eigene Mutter, mit dem Tod bedroht haben. Außerdem hat er angeblich diese dazu aufgefordert, ihm genau für den Zeitraum ein Alibi zu geben, in dem die Messerattacke in Bochum-Linden stattfand. Natürlich soll auch in diesem Fall das Computerfoto in der Zeitung dem besagten Mann ähnlich sehen. Der ist bei der Polizei kein Unbekannter, sodass wir der Geschädigten – so nennen wir in unserem Polizeideutsch ein Opfer – ein relativ aktuelles Foto aus dem Polizeicomputer zeigen können. Nora J. schaut es sich sehr lange an, meint dann aber: «Es war ja dunkel, ich hatte Panik. Ich weiß wirklich nicht, ob er es war. Aber ich kann nicht ausschließen, dass er es gewesen ist.»

Das reicht nicht für einen Haftbefehl. Den vorbestraften Mann vernehmen wir dennoch wenig später. Er behauptet, er habe seine Mutter nur im Spaß bedroht. «Und die Sache mit dem Messer, damit habe ich nichts zu tun, ehrlich.» Er bleibt der heißeste Kandidat in unserer Ermittlungsarbeit.

Langsam macht sich trotzdem Frust breit. Der Hinweis auf den roten Opel Astra bringt uns nicht weiter, neue Zeugen rufen ebenfalls nicht an. Doch dann passieren kurz darauf mehrere unglaubliche Ereignisse, die diesen Fall für mich einmalig machen.

Früher wurden Zeugen sogenannte Lichtbildmappen vorgelegt, dann, wenn sie einen Täter identifizieren sollten. Diese Mappen hatte man nach dem Alter schon zuvor fotografierter Straftäter und ihrer Delikte zusammengestellt. Heute erledigt diese Aufgabe ein Computer. Der wird mit Daten des Verbrechers gefüttert, die wir von Zeugen oder Opfern erhalten, wie zum Beispiel Geschlecht, Alter, Größe, Gewicht, Haarfarbe und -länge, Tätowierungen, eventuell Bart, mögliche Behinderungen. Aufgrund dieser Angaben bestimmt der jeweilige Sachbearbeiter, wie viele gespeicherte Täter mit wie vielen Übereinstimmungen der Computer ausspucken soll. Um die entsprechenden Aufnahmen anschließend dem Opfer zu zeigen.

Kollegin Anke und ich lassen neun Gesichter mit der höchsten Trefferwahrscheinlichkeit auf ein Blatt Papier drucken. Anke ist Ende zwanzig und arbeitet normalerweise bei der Sitte. Sie ist die Ersatzfrau für mein MK-Mitglied Tommi, der leider krank ist. Deshalb muss sie einspringen und ist jetzt bei diesem Einsatz dabei. Zusammen fahren wir mit den Reproduktionen ins Krankenhaus. Nora J. sagt bei unserem Kommen nur: «Ach, schon wieder Fotos.» Sie wirkt, als würde sie nicht mehr an einen Erfolg glauben. Doch kaum betrachtet sie das erste Bild, zeigt sie hektisch auf das Gesicht: «Ja, das ist er! Jedenfalls zu 99 Prozent, wirklich, das ist er!» Als wir uns das Foto genauer ansehen, sind wir überrascht. Es besteht tatsächlich eine unglaubliche Ähnlichkeit zwischen der abgebildeten Person und dem Phantombild. Anke schreibt die Aussage des Opfers auf – und sofort beginnen die Recherchen.

Wir bringen in Erfahrung: Bei dem jungen Mann handelt es sich um einen Gärtner, dessen Arbeitskollegin direkt neben Nora J. wohnt. Er ist dreiunddreißig Jahre alt, ledig und heißt Dirk S. Weiter ermitteln wir, dass dieser Gärtner beim Umzug der Nachbarin geholfen hat. Er hat also einen Bezug zum Tatort und damit vielleicht auch einen zum Opfer. Ohne dass Nora J. es ahnte.

Als wir den jungen Mann auf seiner Arbeitsstelle abholen,

erkennen wir, dass sein Gesicht schlanker ist als auf dem Foto, das wir der Geschädigten im Krankenhaus vorgelegt haben. Dirk S. beteuert auf unseren Vorhalt immer wieder seine Unschuld. Und so wie er redet, klingt das sogar glaubhaft. Aber er hat kein Alibi. «Ich weiß», sagt er, «dass alles gegen mich spricht, doch ich schwöre, ich war es nicht!»

Es ist schon spät, als wir entscheiden, ihn erst am nächsten Tag ein weiteres Mal zu vernehmen. Micha und Peter bringen Dirk S. in eine Zelle, er wird also in Polizeigewahrsam genommen. Während sie mit ihm im Aufzug zum Zellentrakt ins Erdgeschoss fahren, fordern sie den Festgenommenen noch einmal auf, genau zu überlegen, wo er zur Tatzeit gewesen sein könnte. Eine Nacht in einer solch kahlen Zelle mit Pritsche und Toilettenloch im Boden hilft oft ungemein beim Nachdenken.

Am nächsten Morgen lassen wir Dirk S. zunächst von Mitarbeitern des Erkennungsdiensts fotografieren. Danach steigen wir erneut in die Vernehmung ein. Der Mann hat in der Zelle beide Handinnenflächen beschrieben, auf denen seine möglichen Aufenthaltsorte zur fraglichen Zeit stehen.

Als Nora J. das neue Lichtbild von ihm sieht, ist sie sich nicht mehr sicher, ob er der Täter ist. Wir müssen ihn daraufhin entlassen, die Beweise gegen ihn reichen nicht aus.

Die Enttäuschung währt aber nur kurz. Denn bald darauf erhalten wir einen interessanten Hinweis einer jungen Frau. Nach ihren ersten Ausführungen am Telefon bitten wir sie, sofort aufs Polizeipräsidium zu kommen. Bei der Vernehmung stelle ich eine gewisse Ähnlichkeit mit unserem Opfer Nora J. fest. Auch sie ist hübsch, schlank und hat dunkle, lange Haare. Sie berichtet von einer Begegnung der besonderen Art.

«Ich war auf einer Achtziger-Jahre-Party in der Wittener ‹WerkStadt› und fuhr nachts alleine in meinem Auto nach

Hause. Unterwegs bemerkte ich plötzlich, dass ich ab Bochum-Langendreer von einem roten Auto verfolgt wurde. Der Wagen blieb mehrere Kilometer hinter mir, bis zu meiner Wohnung in Bochum-Riemke. Mit einem mulmigen Gefühl bog ich in die Straße ein, in der ich wohne, eine Sackgasse.» Sie hielt vor ihrer Haustür an, schaltete das Fahrlicht aus, blieb im Auto sitzen und duckte sich. Als der rote Wagen an ihr vorbeifuhr, stieg sie aus, rannte zu ihrer Wohnungstür und schloss diese auf.

Franziska A. erzählt weiter: «In diesem Moment stand der Mann aus dem roten Auto plötzlich neben mir, aus dem Nichts war er aufgetaucht. Er hat nur geschaut, aber nichts gesagt. Voll unheimlich, dieser Blick. Mir gelang es jedoch, ihm die offene Haustür vor der Nase zuzuschlagen.» Danach lief sie eine Etage hoch, öffnete das Flurfenster und sah nach unten. «Der Mann befand sich noch immer vor der Tür. Er hat mich direkt angesehen, dann verschwand er auf einmal. Ja, und als ich jetzt das Phantombild in der Zeitung entdeckte, habe ich sofort gedacht: Das ist doch dieser Typ von damals. Ich weiß jetzt, dass ich wahnsinnig viel Glück hatte, las ich doch vom Schicksal der Frau aus Linden.»

Wir alle in der Mordkommission sind elektrisiert. Jetzt haben wir zwei Frauen, die vermutlich von demselben Mann verfolgt wurden. Beide Frauen waren in einer Disco, die eine in Witten, die andere in Bochum-Langendreer. Sie sind sich optisch auffällig ähnlich, und in beiden Fällen spielt ein roter Pkw eine Rolle.

Sofort fragen wir uns alle: Haben wir es mit einem Serientäter zu tun? Gern würde ich darauf mit einem Nein antworten, denn der Druck, der in einem solchen Fall auf einem lastet, wird schlagartig größer als sowieso üblich. Besonders die Presse fordert bei einer solchen Tatsache massiv Ergebnisse ein. Möglichst schnell. Doch ich kann nicht ausschließen, dass es sich hier um einen Wiederholungsverbrecher handelt. Bei so vielen Parallelen müssen wir davon ausgehen, dass der Mann erneut zusticht.

Tags darauf spreche ich das Thema in unserer morgendlichen Besprechung an. Ich erkläre den MK-Mitgliedern, was auf uns zukommen wird, wenn wir es mit einem Serientäter zu tun haben. Allen ist sofort klar, dass damit extrem viel Arbeit verbunden ist und die nur in einem Team bewältigt werden kann, in dem jeder für den anderen einsteht. Da alle Kollegen meiner Truppe hoch motiviert sind und die Hoffnung haben, den Täter zu fassen, bevor er neue Verbrechen begeht, ist die Entscheidung schnell getroffen. Wir gehen jetzt davon aus, dass hier ein gefährlicher Wiederholungstäter am Werk ist, der jederzeit wieder zuschlagen kann. Alle Mitglieder der Mordkommission tragen diese Erkenntnis mit. Ich freue mich riesig über die Zustimmung, jetzt muss ich nur noch die Kripo-Führung überzeugen. Aber da gibt es keine Schwierigkeiten.

Unsere Strategie ist es, offensiv zu sein. Gegenüber der Presse wollen wir ohne Einschränkung von einem Serientäter sprechen. Das ist eine Chance, ihn vielleicht von weiteren Delikten abzuhalten. Die Bevölkerung ist zudem durch die Veröffentlichung gewarnt – und damit sind es auch weitere potenzielle Opfer. Mit der zweiten vom Täter verfolgten Frau wird ein etwas abgeändertes Phantomfoto erstellt. Die junge Frau hat die Person als dicklicher wahrgenommen als auf dem bereits veröffentlichten Bild.

Mittlerweile liegt die Ersttat fast drei Wochen zurück. Wir erklären auf einer Pressekonferenz, dass wir im Fall von Nora J. einen gefährlichen Serientäter vermuten, der mit Messerstichen zuschlägt. Viele Journalisten sind erschienen. Gut für uns, wir wünschen uns eine breite Berichterstattung. Am besten wäre es, alle Zeitungen würden morgen voll von dieser Geschichte sein. Außerdem fertigen wir einen Fahndungsaufruf an und hängen die Plakate in jeder Wache, in öffentlichen Gebäuden und in Bussen und Straßenbahnen auf. Wir wollen dadurch möglichst viele Hinweisgeber erreichen. Das gelingt uns auch, denn am nächsten Tag gehen vierzig Meldungen ein. Fraglich ist nur, ob der entscheidende Tipp darunter ist.

Den Gärtner Dirk S. haben wir in der Zwischenzeit nicht aus dem Fokus verloren. Denn auch das zweite Opfer, Franziska A., das flüchten konnte, hat ihn als möglichen Täter identifiziert. Daraufhin holen wir ihn ein weiteres Mal von zu Hause ab. Als wir ihm auf der Fahrt ins Präsidium eröffnen, dass eine weitere Zeugin ihn als Täter erkannt hat, bricht für ihn eine Welt zusammen. Er sagt: «Jetzt gehe ich für zwanzig Jahre ins Gefängnis, obwohl ich nichts gemacht habe. Das ist doch ein Irrsinn!» Die Worte kommen voller Verzweiflung aus seinem Mund. Irgendwie tut er mir leid. Die Niedergeschlagenheit wirkt echt. Aber vielleicht wirkt er auch nur so gedrückt, weil sich die Schlinge zuzieht und er doch der Täter ist.

Da unsere Hauptgeschädigte aus dem Krankenhaus bereits entlassen ist, bitten wir Nora J. und Franziska A. zu einer Gegenüberstellung mit dem Tatverdächtigen im Präsidium. Über einen «venezianischen Spiegel» sollen sich die Zeuginnen ein echtes Bild von der Person machen, die sie identifiziert haben: Dabei beobachten die Frauen Dirk S. von einem Nebenraum aus, doch er selbst kann sie nicht wahrnehmen. Es ist eine Situation, die in vielen Fernsehkrimis auftaucht: Mehrere Menschen stehen da mit Nummern in der Hand nebeneinander. Im echten Leben sieht es nicht anders aus. Unabhängig voneinander sagen am Ende beide Frauen aus, dass der Gärtner zu 90 Prozent der Messerstecher sei.

90 Prozent sind aber nicht 100 Prozent. Also müssen wir den Mann wieder entlassen. Dirk S. fällt mir beinahe um den Hals, als ich ihm zu verstehen gebe, dass er gehen kann. Er «droht», mit einer Kiste Bier zurückzukommen: «Die schmeiße ich, wenn ihr endlich den wahren Täter erwischt habt und ich wieder normal leben kann.» Ist er ein guter Schauspieler oder wirklich unschuldig? Wenn ich das nur wüsste.

Nach unserer Öffentlichkeitsfahndung melden sich in den nächsten Tagen mehr und mehr Frauen aus dem gesamten Ruhrgebiet, die von ähnlich mysteriösen Verfolgungsfahrten berichten. Zudem gehen Hinweise ein, dass Frauen von verdächtigen Personen auf Bahnhöfen oder in Bussen und Bahnen verfolgt wurden. Nach und nach vernehmen wir alle Zeugen schriftlich zu ihren Erlebnissen, eine logistische Herausforderung für meine Mordkommission. So viele Vernehmungen in verschiedenen Städten, immer wieder müssen Kollegen der örtlichen Kommissariate uns unterstützen.

Selbstverständlich überprüfen wir auch die Diskotheken, in denen sich die beiden ersten Opfer vor den Übergriffen aufgehalten haben. Sowohl am «Bahnhof Langendreer» als auch vor der Wittener «WerkStadt» haben wir die Kennzeichen der an den jeweiligen Abenden geparkten Fahrzeuge überprüft. Eine weitere Sisyphusarbeit. Die Hauptakte füllt bereits zwei dicke Ordner, etwa tausend Seiten. Zur besseren Übersicht habe ich zusätzlich einzelne Spuren- und Hinweisordner anlegen lassen. So können wir sicher sein, dass uns nichts verlorengeht. Bei den gemeldeten Anhaltspunkten liegen wir bereits im dreistelligen Bereich. Und jeder von uns hat mittlerweile rund 150 Überstunden auf dem Konto.

Immer wieder bekommen wir so gute Tipps von Zeugen, dass wir mehrmals glauben, endlich am Ziel zu sein. Doch dann gibt es immer wieder Rückschläge – und wir müssen frische Tatverdächtige von der Liste streichen. Trotz der Misserfolge wird meine Mordkommission weiterhin von der Hoffnung getrieben, dass wir den Messerstecher ermitteln werden. Wir haben schließlich noch offene Spuren.

Fünf Wochen nach der Tat an Nora J. meldet sich eine Frau aus Datteln und erzählt, dass sie von einem roten Pkw verfolgt worden sei: «Ich fuhr von der Autobahn ab, doch der Wagen blieb penetrant hinter mir. Daraufhin suchte ich eine Tankstelle auf und habe von dort eine Freundin angerufen. Die hat nur gesagt: ‹Merk dir alles, was du siehst, besonders das Kennzeichen.› Als ich die Tankstelle verließ, verfolgte mich der Wagen erneut. Im Rückspiegel erkannte ich auf dem Nummernschild die Stadtbuchstaben des Kennzeichens, und zwar NH.» Da die Frau das Auto weiterhin in ihrem Rückspiegel beobachten konnte, hielt sie an einer Telefonzelle an, die an einer Straße stand, und meldete sich nochmals bei der Freundin. «Während des Gesprächs fuhr der Wagen mehrmals an der Telefonzelle vorbei. Als ich mich nach fünf Minuten wieder in mein Auto setzte und weiterfuhr, war der rote Pkw noch eine Weile hinter mir. Kurz darauf ist er aber abgebogen.»

Auch eine Krankenschwester aus Herdecke meldet sich bei uns. Sie gibt in der Vernehmung an, dass sie gegen 22 Uhr vom Spätdienst im Herdecker Krankenhaus auf dem Weg nach Hause war, als Folgendes geschah: «Der Fahrer eines roten Autos hat mir durch Gesten zu verstehen gegeben, dass an meinem Wagen etwas nicht in Ordnung sei. Ich bin aber, ohne anzuhalten, weitergefahren, der Typ kam mir komisch vor. Er blieb auch hinter mir. Daraufhin habe ich vom Handy aus meinen Mann angerufen und ihm von dem Verfolger berichtet. Mein Mann wollte auf der Straße warten, bis ich bei uns zu Hause angekommen war. Nachdem ich meinen Wagen geparkt hatte, stieg ich aus. Und dann sah ich den Typen, er hielt sein Auto direkt hinter mir. Und als er seinen roten Pkw verlassen hatte, trat er auf mich zu. Genau in diesem Moment trat mein Mann aus der Haustür. Der Verfolger flüchtete. Als ich danach mit meinem Mann mein Auto kontrollierte, stellte er fest, dass im rechten Hinterreifen Luft fehlte.»

Als die Krankenschwester von diesem Vorfall in der Klinik berichtete, erklärten zwei ihrer Kolleginnen, dass sie ähnliche Erlebnisse gehabt hätten. Auch ihnen sei ein Mann gefolgt und hätte durch Gesten einen Defekt an ihren Fahrzeugen angedeutet. Nachdem sie ausgestiegen waren, seien sie von dem Mann bedroht und beschimpft worden. Auch bei ihren Wagen fehlte Luft in einem Hinterrad. Und dann sagt die Krankenschwester überraschend: «Die Polizei hat daraufhin unseren Klinikparkplatz überwacht und den Typen erwischt.» Die Aussage ist keine Minute alt, da telefoniere ich schon mit den Kollegen in Schwelm, die für den Bereich Herdecke zuständig sind.

«Ja, den Vorfall hatten wir», erfahre ich in dem Gespräch. «Der Verdächtige wurde von einem zivilen Team erwischt, als er in seinem Auto saß und den Parkplatz beobachtete. Der Mann hat alles abgestritten, und unsere Beweise reichten am Ende nicht aus. Außerdem hat er die Frauen nur beschimpft, mehr ist ja nicht passiert.»

Der Schwelmer Kollege sucht mir den Ermittlungsvorgang heraus und sagt kurz darauf in den Hörer: «Das Kennzeichen des Pkws, den der Typ fuhr, ist eines aus Norddeutschland. Er fährt mit der Stadtkennung NOH, das steht für Nordhorn. Der Mann heißt Jens B. und ist achtundzwanzig Jahre alt.»

Als würde das nicht reichen, gibt es zudem einen weiteren Fall aus Dortmund – mit demselben Mann und demselben Fahrzeug. Dort hatte Jens B. eine Frau mit dem Auto verfolgt, die sich schließlich in die Polizeiwache Aplerbeck flüchtete. Der Verfolger in dem roten Wagen fuhr daraufhin in eine Nebenstraße, die zu seinem Pech eine Sackgasse war. Das hatte jedoch die Frau nicht mehr mitbekommen. Die Beamten reagierten schnell: Sie liefen sofort nach draußen, um das Fahrzeug eventuell noch zu sichten. Zu sehen war es zunächst jedoch nicht. Erst bei Überprüfung der Seitenstraße entdeckten die Beamten einen abgestellten Pkw mit ausgeschaltetem Licht. Ein junger Mann saß im Fahrzeug. Als man ihn fragte, warum er der Frau so lange gefolgt sei, meinte er, er hätte sich verfahren. Und fügte hinzu: «Das ist nur ein dummer Zufall, ein Missverständnis.»

Im Auto fanden die Polizisten allerdings Paketklebeband, Paketschnur, Kabelbinder, im Handschuhfach ein Messer, ein weiteres Messer in einer Sporttasche sowie ein Seil. Angeblich hatte Jens B. diese Utensilien für seinen erst kürzlich erfolgten Umzug von Norddeutschland nach Wetter im Ennepe-Ruhr-Kreis benötigt. Da er tatsächlich kurz zuvor berufsbedingt seinen Wohnort gewechselt hatte, konnte man ihm nichts anhaben. Über den Vorfall, so erfahre ich weiter, gibt es eine Akte. Sie wird uns zugeschickt.

Nach dem Telefonat rufe ich die Mordkommission zusammen und schildere die hoffnungsvolle Entwicklung: «Wir haben nun mehrere Fälle, in denen dieser Mann Frauen mit seinem roten Auto verfolgt hat, und zwar immer zu einer Zeit, als es draußen schon dunkel war. Die dabei verübten Straftaten wie Sachbeschädigungen, Beleidigungen oder Bedrohungen konnten ihm nie nachgewiesen werden, doch der Mann ist ein heißer Kandidat für uns. Wäre ja schon komisch, wenn dies wirklich alles zufällig passiert wäre.»

Als Erstes durchleuchten wir den Verdächtigen. Jens B. arbeitet als Computerfachmann für eine große IT-Firma in Witten. Auf ihn ist ein roter Opel Astra zugelassen. Wieder ein Treffer, denn dank des Zeugen und Opel-Mitarbeiters suchten wir genau ein solches Auto. Die Frauen, die Jens B. gesehen haben, erklären alle, dass sein Aussehen dem des in den Zeitungen abgebildeten Phantomfotos sehr nahe kommt. Das allerdings beweist noch nichts. Eine Gegenüberstellung unseres niedergestochenen Opfers mit Jens B. soll Klarheit bringen. Doch zuerst wollen wir mit dem Mann aus Norddeutschland sprechen.

Ausgerechnet jetzt habe ich einen wichtigen privaten Termin. Der Grund dafür ist, dass ich mich in das Abenteuer gestürzt habe, ein Haus zu bauen, besser gesagt, eine Doppelhaushälfte. An diesem 22. August 2000 ist Richtfest. Zusammen mit meinen Nachbarn wollen wir im Kreis unserer Familien ein bisschen feiern. Und genau an diesem Tag haben wir den Plan gefasst, mit Jens B. zu reden.

Mehrmals bitte ich Micha, mich jederzeit über mein Handy zu unterrichten, sollte sich etwas Neues ergeben: «Ich trinke auch keinen Schluck Alkohol. Ich kann also sofort losfahren, wenn es nötig ist.» Wir sprechen noch ab, dass Micha und Peter den Tatverdächtigen vernehmen sollen. Der schlaksige Peter hat zwar noch nicht so viele wichtige Beschuldigtenvernehmungen durchgeführt, ist aber, wie bereits gesagt, einfühlsam und hochintelligent. Perfekt für eine Vernehmung in so einem schwierigen Fall.

Micha, Peter und weitere Kollegen fahren also zur Firma nach Witten, in der Jens B. erst seit kurzem tätig ist. Vor diesem Einsatz habe ich noch mit der Betriebsleitung telefoniert und mitgeteilt, dass wir den Mitarbeiter dringend sprechen wollen. Man solle ihm aber nichts sagen. Dass wir ihn lieber im Präsidium vernehmen wollen, hat Gründe. Dort, in der fremden Umgebung, bricht manches Lügengebilde schneller zusammen. Mancher Täter fühlt sich in unseren Räumen schon mehr oder weniger ertappt und gibt die Tat bereitwilliger zu.

Als die Kommissionsmitglieder ein Großraumbüro betreten, stellt sich Micha vor: «Guten Tag! Wir sind von der Mordkommission Bochum und wollten zu Herrn B.» Einer der Angestellten entgegnet: «Wie? Mordkommission? Zu unserem Jens?» Er fängt an zu lächeln. Auch die anderen schauen verdutzt und schmunzeln. Für alle ist offensichtlich unvorstellbar, dass Jens B. etwas mit der Mordkommission zu tun haben könnte. Micha und Peter erfahren weiter, dass Jens B. aber nicht in diesem Großraumbüro seinen Arbeitsplatz hat.

Meine Kollegen werden nun von einer Mitarbeiterin der Firmenleitung abgeholt und in das Büro des Chefs geführt. Man bittet sie, sich an einen großen Tisch zu setzen, während sie auf Jens B. warten. Er ist inzwischen benachrichtigt worden. Man hat ihm nur gesagt, dass Besuch für ihn da sei, aber nicht, wer sich dahinter verbirgt. Das ist aus taktischen Gründen sinnvoll: Es geht darum, seine Reaktion zu testen, wenn er hört, dass es sich bei diesem Besuch um Beamte von der Mordkommission handelt.

Dann öffnet sich die Tür. Ein großer, kräftiger, leicht untersetzter Mann betritt den Raum. Peter sitzt Micha genau gegenüber. Bei Jens' Erscheinen tritt Peter «unauffällig» gegen Michas Schienbein. Eigentlich wollte er ihn nur kurz anstupsen, weil ihm die Ähnlichkeit zum Phantombild sofort aufgefallen ist. Doch in der Aufregung fällt der Tritt so heftig aus, dass Micha beinahe aufschreit. Später wird an der Stelle sogar ein blauer Fleck sichtbar. Micha lässt sich aber – ganz der Profi – nicht ablenken und begrüßt Jens B. mit den Worten: «Guten Tag, wir sind von der Mordkommission. Sie müssen uns ins Polizeipräsidium begleiten.» Der Verdächtige wirkt erstaunt, sagt aber kein Wort.

Ebenso schweigend folgt er den Beamten zum zivilen Polizeiwagen. Wortlos setzt er sich auf den Rücksitz und schaut unbeteiligt aus dem Fenster. Seine Haltung ändert sich auch nicht auf der Fahrt zur Dienststelle. Normalerweise fragt ein Verdächtiger, warum man von der Mordkommission abgeholt wird. Jens B. nicht. Eigentlich müsste es ihn doch brennend interessieren, was man von ihm will. Gerade wenn man nichts auf dem Kerbholz hat.

Der Richtkranz hängt noch nicht lange, als ich den ersten Anruf erhalte. Micha ist soeben im Präsidium in Bochum eingetroffen und berichtet von der Begegnung mit Jens B. Da aber nichts weiter passiert ist, widme ich mich wieder meinen Gästen, merke aber, dass ich unruhig geworden bin. Ich weiß, dass jetzt die Vernehmung beginnt und alles von Micha und Peter abhängt, ob sie einen Zugang zu ihm bekommen. Vorausgesetzt, er ist unser Täter. Mit meinen Gedanken bin ich längst im Büro, nicht mehr auf dem Richtfest.

Nach anderthalb Stunden erfolgt ein weiterer Anruf. Dieses Mal ist Peter am Telefon und erzählt, dass der Tatverdächtige lügt: «Er will noch nie in Herdecke oder Dortmund gewesen sein, und in Bochum schon mal gar nicht.» Dabei wäre das noch längst kein Verbrechen. Offensichtlich will er nicht auf seine eher harmlosen Vortaten zu sprechen kommen. Ich selbst werde bei dieser Nachricht noch unruhiger, und die Freude über das Richtfest weicht der Anspannung. Im Moment kann ich aber nur auf neue Erkenntnisse warten, kann nur tatenlos zusehen. Also bleibe ich auf meiner Feier.

Nach dem dritten Anruf der Vernehmungsbeamten ist es mit meiner Geduld völlig vorbei. Peter teilt mir mit, dass Jens B. zugegeben habe, «nicht ganz die Wahrheit» gesagt zu haben: «Er meint jetzt, er sei doch in Dortmund und Herdecke gewesen. Als wir ihn fragten, ob er Frauen nachgefahren sei, hat er von drei Fällen berichtet, von denen wir aber nichts wissen. Die uns bekannten Verfolgungstouren streitet er dagegen vehement ab. Damit will er nichts zu tun haben. Schon komisch!» Der hat viel mehr zu verbergen, als er bereit ist, zuzugeben, schießt es mir durch den Kopf.

Beim folgenden Telefonat sind meine Kollegen wieder einen Schritt weiter. Der Mann aus Nordhorn hat nun endlich offenbart, der Krankenschwester in Herdecke und der Frau in Dortmund nachgefahren zu sein. Peter sagt am Telefon: «Aber in Bochum will er nur geshoppt haben.»

Als ich die nächste Info erhalte, ist es bereits Abend. Vor über sieben Stunden haben meine Kollegen den Verdächtigen abgeholt. Schließlich sagt mir Micha knapp: «Mach dich auf den Weg. Er hat gestanden! Die Einzelheiten erzähle ich dir, wenn du da bist!»

Als ich mich von meinen Gästen verabschiede, schauen mich alle ziemlich entgeistert an. Ich hoffe einfach nur auf ihr Verständnis und verspreche, es wiedergutzumachen. Dann sitze ich im Auto und fahre zügig zum Präsidium.

Davor warten bereits Robert, Anke und Guido, mein Kollege mit dem spärlichen Haarwuchs, mit dem ich bis heute gut befreundet bin. Die drei haben von Jens B.s Geständnis gehört und sofort ihre Ermittlungsarbeit unterbrochen. Auch sie wollen erfahren, was sich ergeben hat. Gemeinsam gehen wir hinein und entdecken Micha an der Kaffeemaschine. «Super gemacht!», sage ich. «Los, berichte, was ist Sache?» Ich kann es kaum erwarten, alles zu hören.

Micha grinst. Er genießt seinen Erfolg und unsere Neugier. Dann erzählt er: «Die Wende in der Vernehmung kam nach fast sieben Stunden. Ich musste mal aufs Klo, und Peter blieb mit Jens B. alleine in meinem Büro. Da hat er plötzlich gesagt: ‹Ich weiß schon, wozu ihr mich vernehmen wollt. Ihr wollt von mir hören, dass ich die Frau in Bochum niedergestochen habe! Das war ich auch. Jetzt nehmt euch mal ein Blatt Papier und einen Bleistift, denn ich habe noch mehr gemacht!› Und dann legte er los.»

Warum der Täter sich zu einer Aussage entschlossen hat, bleibt ungeklärt. Vielleicht wollte er seine eigene Anspannung lösen. Möglicherweise hatte er auch eingesehen, dass er krank ist und man ihm helfen muss. Dass sein Verhalten, Frauen nachzufahren, nicht richtig war, wusste er anscheinend selbst. Es kann sein, dass er einen Schlussstrich unter sein Doppelleben, unter seine zweite Persönlichkeit machen wollte.

Micha erzählt weiter: «Peter schrieb die ersten Taten auf, als ich zurückkam. Natürlich habe ich nicht schlecht gestaunt, als er mir sagte, dass Jens B. gerade ein Geständnis ablegt. Und dann hat der Beschuldigte im Telegrammstil seine nächtlichen Verbrechen geschildert.»

So steht's im Protokoll:

1. Im Januar 1993 setzte ich mich neben eine Frau ins Auto, um sie mit dem Messer niederzustechen. Das war in Delmenhorst, als ich beim Bund war. Die Frau schrie aber laut und hupte. Ich bin dann weggelaufen, ohne dass etwas passiert wäre.
2. Im Oktober 1998 habe ich auf eine Frau in Emden mehrmals eingestochen. Die sackte danach zu Boden.
3. Im Juni 1999 habe ich in Wuppertal eine Frau bis zur Haustür verfolgt und sie dann mit einem Radmutterschlüssel auf den Kopf geschlagen.
4. Im Juni 2000 bin ich einer Frau in Münster bis zu einem Studentenwohnheim gefolgt und habe sie mit mehreren Messerstichen verletzt.
5. Dann war die Tat hier in Bochum, im Juli. Ich bin der Frau einige Kilometer mit meinem Auto gefolgt. Als sie ausstieg und zu einem Haus ging, bin ich hinterher und habe ihr zwei-, dreimal in den Rücken gestochen.
6. Einen Monat später war ich in Venlo, in Holland. Da wollte ich eine Frau mit dem Messer angreifen, die hat das wohl geahnt und sich heftig gewehrt. Nach einem Tritt von ihr bin ich abgehauen.

Als Micha und Peter die Kurzinformationen von den Taten haben, beenden sie die Vernehmung. Jens B. erklärt sich bereit, am nächsten Morgen mit seinem Geständnis fortzufahren. Erst jetzt wird uns in vollem Umfang bewusst, dass wir es tatsächlich mit einem gefährlichen Serientäter zu tun haben, der immer weitergemacht hätte. Es gibt aber noch jede Menge Ungeklärtes.

Die wichtigste Frage ist die nach dem Motiv. Jens B. hat es aber an diesem Abend abgelehnt, mit uns darüber zu reden. Er macht sofort dicht, als wir ihn darauf ansprechen. Somit bleiben uns nur Spekulationen. Doch für uns liegt auf der Hand, dass er die Taten aus sexuellen Beweggründen heraus verübt hat. Es war die Lust, Macht über die Frauen, über ihr Leben zu haben. Es verschaffte ihm bei den Überfällen Befriedigung, die Todesangst in den Augen seiner Opfer zu sehen.

Kurz nach Mitternacht schließen wir das Dienstgebäude ab und fahren nach Hause. Der Täter bleibt in Polizeigewahrsam. Die Kollegen haben ihn in einer Zelle eingeschlossen.

Am nächsten Morgen stehe ich schon kurz vor sieben auf dem Parkplatz am Präsidium. Fast gleichzeitig kommt mein Chef an und fragt mich, ob es etwas Neues gibt.

«Ja», erwidere ich, «kann man so sagen. Wir haben unseren Messerstecher.»

«So?», fragt Walter freudig erstaunt. «Erzähl mal.»

«Es ist ein Achtundzwanzigjähriger, den wir gestern festgenommen haben. Er hat nicht nur die Tat am Sonnenberg gestanden, sondern noch fünf weitere Überfälle auf Frauen.»

«Das klingt hervorragend. Heute ist Mittwoch, da haben wir die große Frühbesprechung mit dem Kripochef. Hier kannst du die Sache vortragen.»

«Muss das sein? Ich hab noch so viel zu tun. Der Mann muss heute dem Haftrichter vorgeführt werden.» Ich versuche seinen Vorschlag abzuwimmeln.

«Es sind höchstens fünfzehn Minuten, die du für den Vortrag opfern musst. Stell dich nicht so an! Es ist doch der Erfolg deiner MK.»

Das heißt also: beschlossen und verkündet. Den Vortrag muss ich halten.

Im großen Sitzungssaal kommen bis zu zweihundert Kriminalbeamte zur großen Frühbesprechung zusammen. In wenigen Worten berichte ich über die sechs Taten, die Jens B. zugegeben hat. Danach verlasse ich den Saal. Ich höre mir nicht mehr an, was die anderen mitzuteilen haben. Viel gespannter bin ich darauf, was die erneute Vernehmung bringen wird. Es sind die grausamen Details seiner Taten, die nun ans Tageslicht kommen.

Der Norddeutsche gibt ruhig zu Protokoll: «Die erste Tat, bei der ich richtig zugestochen habe, war 1998 in Emden. In dieser Stadt habe ich studiert, und in dieser Nacht war ich mit meinem Auto unterwegs. Schließlich habe ich die Frau alleine in ihrem Fahrzeug gesehen. Ich fuhr ihr nach bis zu einem großen Parkplatz einer Reihenhaussiedlung. Die Frau lief über den unbeleuchteten Platz zu dem Eingang eines der Häuser. Im Juni 1999 habe ich dann in Wuppertal eine Frau gesehen, die zu Fuß unterwegs war. Ich habe mein Auto abgestellt und sie verfolgt. Aus meinem Kofferraum nahm ich einen Radmutterschlüssel mit und legte ihn in eine Plastiktüte, damit man nicht sofort erkennt, dass ich ein Eisenteil bei mir trage. Als die Frau eine Haustür aufschließen wollte, habe ich mit dem Radmutterschlüssel auf ihren Kopf geschlagen. In dem Moment machte sie eine Abwehrbewegung. Durch den Schlag fiel sie in den Hausflur und schrie ganz laut. Danach bin ich geflüchtet.»

Jens B. fiel dabei nicht auf, dass er nicht den Kopf, sondern «nur» die Schulter der Frau getroffen hatte, sodass sie die Attacke überlebte. Sie hatte den Angriff im letzten Moment bemerkt. Das erfahre ich später bei der Vernehmung des Opfers. Das muss aber erst noch ausfindig gemacht werden.

Da wir die Tat in Wuppertal nicht zuordnen können, unternehmen wir mit Jens B. eine Ausfahrt. Wir holen ihn aus der JVA Bochum ab, denn mittlerweile sitzt er in Untersuchungshaft. In einem gepanzerten Auto machen wir uns auf den Weg nach Wuppertal, um den Tatort zu suchen. Zu unserer Freude kann der Frauenjäger, wie ihn die Medien inzwischen nennen, die Stelle wiederfinden. In dem Mehrfamilienhaus wohnt auch noch das Opfer. Die Frau hat die Tat angezeigt, der Angriff unseres Täters wurde aber von den Kollegen damals nur als Körperverletzung gewertet. Die Frau ahnt nun, dass sie den Angriff nur mit viel Glück überlebt hat. Sie ist tief traumatisiert. Angst ist seitdem ihr ständiger Begleiter. Als sie aber von uns hört, dass der Täter gefasst ist, ist sie erleichtert. Sie ist froh, dass sie jetzt ein Stück Freiheit wiedergewonnen hat und die Furcht, dass der Angreifer nochmals wiederkommen könnte, nicht mehr zu haben braucht.

Zurück zur Vernehmung von Jens B. und zu seiner Verfolgung von Nora J. Er sagt: «Ich bin der Frau eine ganze Zeit mit dem Auto nachgefahren. Als sie ausstieg und zu einem Reihenhaus ging, bin ich auch ausgestiegen und habe sie bis zur Haustür verfolgt. Vorher hatte ich mir einen Einweghandschuh über die rechte Hand gestreift. Das Küchenmesser war in der rechten Jackentasche. Den Handschuh hatte ich deshalb an, weil ich mir mit dem Blut der Opfer nichts holen wollte. Ich meine Aids oder so. Als ich an der Haustür war, sprach sie mich an mit den Worten: ‹Na, so spät wollen Sie noch jemanden besuchen?› Ich murmelte ein kurzes ‹Ja› und fasste danach mit der linken Hand an die oberste Klingel. Eigentlich wollte ich gar nicht drücken. Ich habe aber wohl zu feste draufgedrückt.

Anschließend habe ich mir die Frau gepackt und ihr zweibis dreimal in den Rücken gestochen, ohne das Messer vorher aus der Jackentasche genommen zu haben. Ich habe also durch die Außentasche meiner Jacke zugestoßen. Sie fiel zu Boden und hat laut geschrien. Ich habe mich noch über sie gebeugt. Ich weiß aber nicht, was ich getan hätte, wenn sie nicht geschrien hätte. Danach bin ich abgehauen. Das Messer habe ich zu Hause abgewaschen und in die Küchenschublade ins Messerfach gelegt. Die Jacke habe ich nach der Tat nicht weggeworfen. Sie hängt im Schlafzimmerschrank, sie ist eingerissen, weil ich durch die Tasche zugestochen habe.

Die Tat in Venlo war genau einen Monat nach der in Bochum. Warum ich nachts in Holland war, weiß ich nicht mehr. Ich sah auf einer Hauptstraße eine Frau auf einem Fahrrad, der bin ich gefolgt. Als die Frau zu einer Siedlung fuhr, ließ ich mein Auto stehen und rannte ihr zu Fuß nach. An einer Hausecke sah ich sie wieder. Sie stellte gerade ihr Fahrrad an die Mauer ihres Eingangs. Wieder hatte ich ein Messer in meiner rechten Jackentasche. Ich ging erst ein paar Meter weiter, weil sie sich zu mir umgedreht hatte und mich ansah. Als sie sich zur Haustür wandte, lief ich schnell zurück, umfasste mit meiner linken Hand ihren Kopf und hielt ihr den Mund zu. Sie hatte aber fest in meine Hand gebissen, sodass ich mich losreißen musste. Die Frau fiel dann irgendwie zu Boden, schrie um Hilfe und trat nach mir. Dann bin ich weggelaufen.»

Den Tatort in Venlo haben wir einige Tage später auch aufgenommen. Die Frau, die von Jens B. angegriffen wurde, war eine Deutsche. Sie gab an, dass sie in deutscher Sprache um Hilfe gerufen und den Täter wohl dadurch irritiert hätte. Als sie nach ihm trat, traf sie mit dem Schuh in seine Weichteile, woraufhin er die Flucht ergriff.

Jens B.s Geständnis geht aber noch weiter. «Die Tat in Münster war vorher, im Juni 2000. Hier hatte ich eine Frau mitten in der Nacht alleine auf der Straße entdeckt. Ich stellte mein Auto ab und folgte ihr zu Fuß. Die Frau ging zu einem Haus, wo der Eingang über eine große Freitreppe zu erreichen war. Die Freitreppe konnte man von zwei Seiten hinaufgehen, links und rechts vom Hauseingang. Als die Frau oben angekommen war, bin ich ebenfalls die Treppe hoch. Ich sah sie dann in dem großen Vorraum. Sie wollte die Zwischentür zum Hausflur öffnen. In diesem Moment holte ich das Messer aus der Tasche und griff sie an. Ich habe in Richtung Bauch zugestochen, wie oft, weiß ich nicht mehr.

Ich merkte dann, dass ich mich an der rechten Hand verletzt hatte. Ich muss beim Zustechen abgerutscht sein, sodass ich mir selbst in die Hand geschnitten hatte. Es blutete sehr stark, und da die Frau sehr laut schrie, bin ich weggerannt. Ich lief zu meinem Pkw, ich wollte nur noch weg. Da meine Hand so blutete, habe ich mir im Auto einen Einweghandschuh übergezogen. Ich fuhr zur Autobahn, die A43 in Richtung Recklinghausen. Auf einem der ersten Rastplätze wollte ich mir die Hände waschen und hielt an. Den Motor stellte ich aus, den Schlüssel ließ ich jedoch stecken. Weder auf der Herren- noch Damentoilette funktionierte das Waschbecken, sodass ich wieder zu meinem Auto zurückging.»

Unfassbar ist auch die weitere Schilderung der Nacht. «Ich bekam dann einen fürchterlichen Schrecken, als ich wieder auf dem Parkplatz stand. Mein Wagen war weg, gestohlen! Ich musste befürchten, dass der Autodieb den Pkw irgendwo stehen lässt und von der Polizei gefunden wird. Dann wäre ich reif gewesen. Ich konnte ja nicht zur Polizei gehen, um meinen Wagen als gestohlen zu melden. Man hätte festgestellt, dass das

Blut im Auto von mir und das an dem Messer von der Frau aus Münster ist. Ich bin dann ein paar Mal den Rastplatz rauf- und wieder runtergelaufen, schließlich suchte ich nach meinem Auto auf einem Weg mit hohem Gras. Der lag hinter dem WC-Häuschen. Da waren hohe Sträucher, Büsche und ein Maisfeld. Hier warf ich erst einmal meinen blutigen Handschuh weg. Als ich in Höhe der Auffahrt war, sah ich dann mein Auto. Es stand hinter Büschen. Gott sei Dank steckte noch der Schlüssel im Zündschloss, sodass ich nach Hause fahren konnte.»

Ja, das erschien unglaublich. Da klaut jemand mitten in der Nacht auf einem Autobahnrastplatz das unverschlossene Fahrzeug eines Messerstechers, der sich nach einem versuchten Tötungsdelikt wegen einer eigenen Verletzung die Hände waschen will. Was muss der Dieb gedacht haben, als er in den Wagen stieg? Das blutverschmierte Messer lag im Fußraum des Fahrersitzes, aber auch überall sonst haftete Blut. Was hätte er Polizisten gesagt, wäre er mit dem gestohlenen und blutverschmierten Fahrzeug überprüft worden? Natürlich befürchtete der Dieb, mit einer Tat in Verbindung gebracht zu werden, die er gar nicht begangen hatte. Der Pkw-Diebstahl – okay, aber mit einem möglichen Mord oder ähnlichen Vorwürfen wollte er sich nicht herumschlagen. Also hatte er das Fahrzeug offensichtlich nach wenigen Metern wieder stehen gelassen.

«Im Jahr 1998», so berichtet Jens B. weiter, nun über die Anfänge seiner kriminellen Karriere, «habe ich ja in Emden studiert. Ich sah dort auch eine Frau, die nachts alleine mit ihrem Auto unterwegs war. Mehrere Kilometer fuhr ich ihr nach. Auf dem großen Parkplatz einer Siedlung stellte sie ihren Wagen ab. Ich parkte einige Reihen davor und ging ihr bis zum Windfang des Reihenhauses nach. Als sie die Tür aufschließen wollte, packte ich sie von hinten mit meinem linken Arm, zog sie etwas zu mir heran und stach mit der rechten Hand in ihren Ober- und Unterkörper. Die Frau sackte an der Wand runter bis zum Boden. Sie sah mich mit großen Augen an und fragte: ‹Warum? Warum?› Ich stach noch einmal in ihre Brust, dann bin ich weggegangen. Das Messer warf ich in eine Gracht, kurz bevor ich zu Hause angelangt war.»

Da Jens B. genau beschreiben kann, in welche Gracht er das Messer geworfen hat, fahren wir einige Tage später mit der Kommission nach Emden. Hier treffe ich den Sachbearbeiter, der das versuchte Tötungsdelikt in Bearbeitung hatte. Er ist hoch erfreut, dass der Fall endlich aufgeklärt ist, denn er hatte in der Bevölkerung sehr viel Unruhe ausgelöst. Für unsere Suche hat er alles bestens vorbereitet. Zur Unterstützung habe ich Kollegen vom BKA, vom Bundeskriminalamt, angefordert, die über eine spezielle Metallsonde verfügen.

Es herrscht ein schreckliches Wetter mit Kälte und Regenschauern. Die Gracht ist etwa hundert Meter lang, zehn Meter breit und nur wenige Zentimeter tief. Sie muss von den Kollegen des BKA Meter für Meter bearbeitet werden. Wir finden einiges an Metallgegenständen, aber kein Tatwerkzeug. Leider müssen wir die Suche ergebnislos abbrechen. Aber wir haben das Geständnis. Und selbst Jahre nach der Tat ist man hier erleichtert, dass der Täter endlich entlarvt ist und jetzt in U-Haft sitzt.

Die Akte aus Emden haben wir uns vor einer weiteren Vernehmung von Jens B. durchlesen können. Er soll beim Zustechen das Messer noch im Körper des Opfers gedreht haben, was B. jedoch vehement abstreitet. Insgesamt hat er der Frau zwölf schwere Stichverletzungen beigebracht. Sie wurde damals über acht Stunden notoperiert. Diese Frau muss ebenfalls mehrere Schutzengel gehabt haben, da sie diesen brutalen und feigen Angriff überlebte.

Die Kripo Emden vermutete damals eine Beziehungstat. Die Frau hatte in einer Bar gearbeitet, was den Verdacht nährte. Die Geschädigte hatte vor Jahren aus Liebe ihren Wohnort gewechselt, von Schwelm nach Emden. Weil sie befürchtete, dass der Täter sie nicht in Ruhe lassen und erneut versuchen würde, sie zu töten, zog sie wieder zurück nach Schwelm. Kaum zu glauben ist, dass ihr Peiniger von damals zwei Jahre nach der Messerattacke aus beruflichen Gründen fast in ihrer Nachbarschaft lebte. Sie wohnten nur wenige Kilometer Luftlinie auseinander. Fast noch unglaublicher ist, dass eine Freundin des Emden-Opfers von unserem Täter in Herdecke verfolgt wurde. Zu einem Übergriff ist es jedoch nicht gekommen. Die Welt ist klein – dieser Spruch bewahrheitet sich hier auf makabre Weise.

In seiner dritten Vernehmung erzählt Jens B., dass er anfangs Schuldgefühle hatte: «Nach der Tat in Emden habe ich mich selbst gefragt, was ich da bloß gemacht habe. Bei den anderen Taten danach ist dieses schlechte Gewissen aber nicht mehr vorhanden gewesen. Das war nur in Emden.»

Über sein Motiv schweigt er weiterhin. Dabei bleibt es auch. Er gibt zwar an, dass er nachts unruhig wurde und sich deswegen ins Auto setzte. Manchmal sei er über vierhundert Kilometer gefahren, immer auf der Jagd nach Frauen, die alleine unterwegs waren. Etwa siebzig Personen will er insgesamt nachgefahren sein. «Hin und wieder habe ich die Frauen sogar bis in den Hausflur verfolgt, weil sie mir die Tür aufhielten.» Nicht wissend, in welcher Gefahr sie schwebten. Aber nicht immer habe er die Frauen attackiert, fügt Jens B. hinzu. Ich glaube weiterhin: Für ihn war es ein Gefühl der Macht, diese Situation auszuleben. Quasi als Herrscher über Leben und Tod. Schlage ich zu oder nicht?

Nach seiner Festnahme gibt es eine Pressekonferenz, an der viele Fernsehteams teilnehmen. Bundesweit wird über den Frauenjäger berichtet. Diese Wortschöpfung der Presse ist übrigens in meinen Augen eine absolut zutreffende Bezeichnung für Jens B.

Die meisten Menschen nehmen an, dass nach der Festsetzung eines Täters der Fall abgeschlossen ist. Weit gefehlt. So will der zuständige Oberstaatsanwalt nun von dem Täter ein Bewegungsbild ab dem vierzehnten Lebensjahr. Als Grund gibt er an: «Wer weiß, ob der nicht noch mehr angestellt hat.» Für uns bedeutet das, zu ermitteln, wo sich Jens B. seit seiner Strafmündigkeit aufhielt. Wo hat er gelebt, wo ging er zur Schule, wo hat er mit seinen Eltern Urlaub gemacht? Wo hat er selbst später als Erwachsener Urlaub gemacht? Es ist nämlich davon auszugehen, dass Jens B. noch für andere Straftaten in Frage kommt, und zwar nicht nur in Deutschland. Wir erhalten aus dem Bundesgebiet und über Europol, die europäische Polizeibehörde, aus dem benachbarten Ausland Hinweise auf Straftaten, bei denen der Täter ähnlich vorgegangen ist wie Jens B. Unsere Mordkommission wird auf elf Mitglieder aufgestockt, damit wir allen Hinweisen nachgehen können.

Insgesamt wird Jens B. siebenmal vernommen. Wir holen ihn dazu morgens aus der JVA Bochum ab und bringen ihn in unsere Diensträume. Fast immer verbringen wir den ganzen Tag miteinander. Er fühlt sich offensichtlich wohl bei uns, weil er alles bekommt, was er will. Kaffee und Wasser, ein Essen, auf seinen Wunsch meist etwas aus einer Imbissbude oder einer Pizzeria. In der Justizvollzugsanstalt habe ich dafür gesorgt, dass er nicht Personen ausgesetzt ist, die ihm als potenziellen Sexualstraftäter etwas antun wollen. Im Knast herrscht eine besondere Hierarchie, in der Frauenmörder ziemlich weit unten angesiedelt sind. Auf der untersten Stufe stehen allerdings die Kinderschänder. Sie müssen hinter Gittern manchmal um ihr eigenes Leben fürchten.

Vor der siebten Vernehmung bitte ich Micha, zwei Fälle aus Norddeutschland anzusprechen. Der sogenannte Modus Operandi (die Tatbegehung) war bei ihnen exakt der gleiche wie in den Fällen, die er uns gestanden hatte. In einem der beiden Fälle wurde ein sechzehnjähriges Mädchen vor der eigenen Haustür getötet. Der Tatort war nicht weit entfernt von Jens B.s damaligem Wohnort. Der zweite Fall geschah direkt im Nachbardorf seiner Heimatstadt. Auch diese junge Frau überlebte den Angriff nicht. Ein Täter wurde nicht ermittelt, weder in dem einen noch in dem anderen Fall.

Vor der Vernehmung hatten wir die Akten aus Norddeutschland angefordert. Als Jens B. mit dem Mord an dem sechzehnjährigen Mädchen konfrontiert wird, verhält er sich sehr auffällig. Er wiegelt ab, mit der Tat in Verbindung zu stehen. Er wechselt die Gesichtsfarbe und kann den Blickkontakt zu meinem Kollegen Micha auf einmal nicht mehr halten. Obwohl er ja seit Tagen stundenlang mit ihm spricht. Wir nennen das, was er zeigt, «subjektive Unrechtselemente». Ist ihm unangenehm, dass wir ihn ertappt haben? Weil er weiß, dass es ein sechzehnjähriges Mädchen war und er hier zu weit gegangen ist? Jens B. schweigt.

Als mir Micha von dem dubiosen Verhalten berichtet, ist mir klar, dass unser Tatverdächtiger damit zu tun haben muss. Leider ist es uns bis heute nicht gelungen, ihm dies nachzuweisen. Ich sage aber bewusst: bis heute nicht. Ich gebe die Hoffnung noch nicht auf, dass sich dies einmal ändern wird. Natürlich darf ich niemanden falsch beschuldigen, und auch für Jens B. gilt bis zum Nachweis des Gegenteils die Unschuldsvermutung. Dennoch: Sein Verhalten war so auffällig, dass wir Verdacht schöpfen mussten. Zumal er bei anderen Vorhaltungen ganz locker geblieben war. Wenn er nichts damit zu tun hat, wie erklären sich dann seine Reaktionen?

Als wir ihn zur nächsten Vernehmung abholen wollen, der mittlerweile achten, staunen wir nicht schlecht. Jens B. will nicht mehr mit uns sprechen. Über die Gefängnisleitung hat er ausrichten lassen, dass «wir ihm nur etwas anhängen wollen». Diese Äußerung bestätigt meine Theorie. Warum plötzlich dieser Bruch, warum keine Kooperation mehr mit den Ermittlern?

Durch den Gutachter, der Jens B. untersuchte, kam während der späteren Gerichtsverhandlung noch etwas Licht ins Dunkel. Nach Ansicht des Psychiaters wollte er, wie ich schon vermutet hatte, sein Machtgefühl ausleben. Der Frauenhass hatte sich bei ihm offenbar im Pubertätsalter entwickelt. Eine Ursache konnte keiner nennen. Es gab zwar Erklärungsansätze, aber keine Festlegungen. Jens B. wollte in seiner Welt Frauen verletzen, ihnen Schmerzen zufügen. Seine grausamste Phantasie war, eine Frau durch einen Stich ins Herz zu töten. Das war für ihn eine Möglichkeit der höchsten Befriedigung.

Der renommierte Gutachter, ein Professor aus Essen, bescheinigte ihm eine «schwere seelische Abartigkeit» sowie «sadistische sexuelle Phantasien». Er sagte: «Wäre die Verhaftung nicht erfolgt, hätte es noch schlimmere Taten gegeben.» Nur in einer Psychiatrie könne ihm geholfen werden. «Nach dem derzeitigen Stand der Wissenschaft ist eine Heilung frühestens nach zehn Jahren möglich.»

Natürlich kamen in dem Prozess auch die Opfer zu Wort. Nora J. hatte bis zum Gerichtstermin ihre Angst nicht überwunden, das merkte man ihr an, als sie aussagte. Auch die Frau aus Emden war psychisch sehr labil, als sie vor dem Richter befragt wurde. Beide Frauen fühlten sich noch nach Monaten beziehungsweise Jahren verfolgt, hörten ständig Schritte hinter sich oder glaubten, getötet zu werden.

Und die Angst bleibt. Das bestätigte mir jedenfalls Nora J. bei unserem letzten Treffen im August 2011. Wir sehen uns immer noch regelmäßig, um einfach zu reden. Denn dieser Fall hat nicht nur das Opfer, sondern auch mich, den Ermittler, geprägt. Die Art, wie Nora J. es geschafft hat, einigermaßen klarzukommen, ist für mich bewundernswert. Nachdem sie professionelle Hilfe angenommen hatte, konnte sie ihrem Leben einen neuen Sinn geben. Heute braucht sie diese Hilfe nicht mehr. Sie hat es geschafft. Andere Opfer werden die Traumatisierung jedoch ihr ganzes Leben nicht mehr los.

Mit Spannung sitzen Micha und ich am letzten Verhandlungstag im Mai 2001 im Gerichtssaal, um das Urteil zu hören: Zwölf Jahre Freiheitsstrafe bei gleichzeitiger Unterbringung in einer geschlossenen Anstalt verhängt der Vorsitzende des Gerichts. Das bedeutet, dass Jens B. nur dann wieder ein freier Mann sein kann, wenn er geheilt ist.

Als der Täter bereits einige Tage im Gefängnis saß und Zeitungsjournalisten ihre Berichte nach unserer Pressekonferenz verfasst hatten, öffnete sich plötzlich eines Morgens die Tür zu meinem Büro. Ein junger Mann trat herein, sagte guten Tag und stellte eine Kiste Bier auf den Boden. Anschließend drehte er sich mit den Worten «Versprochen ist versprochen!» um. So schnell konnte ich gar nicht hinterher, da war er auch schon wieder verschwunden. Der Gärtner Dirk S. hatte sein Versprechen tatsächlich eingehalten: «Wenn ihr den richtigen Täter findet, gebe ich eine Kiste Bier aus.» Ich fragte mich allerdings, wie er mit einem Kasten durchs Haus marschieren konnte, ohne darauf angesprochen zu werden. Alkohol in den Diensträumen der Polizei ist nämlich verboten. Aber das hat er wohl nicht gewusst. Oder es war ihm schlichtweg egal.

Vier Jahre nach der Festnahme des Serientäters Jens B. sah ich im Fernsehen eine ZDF-Sendung mit dem Titel *Maske des Bösen*. Es war eine dreiteilige Reportage über Sexualstraftäter und ihre Phantasiewelten. Ich traute meinen Augen nicht, als ich hier «unseren Jens» im Gespräch mit dem Kriminalpsychologen Thomas Müller aus Österreich sah. Nach diesem Beitrag versuchte ich mit dem Profiler Kontakt aufzunehmen. Meine Hoffnung: Vielleicht konnte er mir mehr über den Täter sagen. Ich hatte noch die ungeklärten Morde an den beiden jungen Frauen aus Norddeutschland im Kopf.

In dem Fernsehbeitrag berichtet Thomas Müller, dass ein Sexualstraftäter drei wichtige Entscheidungen treffen muss, wenn er einen Mord begehen will:

1. Wer ist mein Opfer?
2. Wie bringe ich dieses Opfer um?
3. Was mache ich, nachdem ich mein Opfer getötet habe?

Müller erklärte dann über sein weiteres Vorgehen: Diese objektiven Kriterien werden den Kriminalpsychologen von den ermittelnden Sachbearbeitern mitgeteilt und vorgelegt. Die drei Entscheidungen des Täters findet man nämlich anhand der Tatortspuren am Tatort. Als Kriminalpsychologe versucht man danach das Verhalten des Täters mit anderen Fällen zu vergleichen. Er versetzt sich in die Gedankenwelt eines Täters. «Ein Täter», so Müller, «kann uns nämlich viel erzählen. Das Umsetzen seiner Gedanken sehen ‹Profiler› am Tatort und insbesondere an der Leiche. Wenn sich Kriminalpsychologen die Frage stellen, was der Täter gemacht hat und was er nicht hätte tun müssen, kommt man zu seiner Phantasiewelt.» Durch etliche Gespräche mit inhaftierten Sexualstraftätern habe man es geschafft, sich in die Denkweise eines Täters hineinzuversetzen und daraus Vorgehensweisen zu entwickeln, um bei einer aktuellen Tat einem Mordermittler entscheidende Tipps zu geben.

Thomas Müller erzählt von einem Fall: Ein Mörder aus Bern stach in einer Nacht zwei junge Frauen nieder, wobei eine davon nicht überlebte. Kollegen aus Bern baten ihn um Hilfe. Er entwickelte aus den Gesprächen mit einem deutschen Serientäter, der seiner Meinung nach in ähnlichen Phantasien lebte wie der Berner Täter, für die Schweizer Mordkommission eine Strategie, die half, den Mörder zu ermitteln und festzunehmen. Der Mann, der Thomas Müller an die Gedankenwelt des Schweizer Mörders erinnerte, war Jens B., der Frauenjäger.

Gut ein halbes Jahr nach der ersten Kontaktaufnahme ruft mich Thomas Müller auf meiner Dienststelle an. «Ich habe Sie nicht vergessen», sagt er in seinem österreichischen Dialekt. «Aber ich weiß nicht, ob ich Ihnen helfen kann.» Wir reden über die Psyche und die Verbrechen von Jens B. sowie über die Möglichkeiten, einen Tatzusammenhang zu den Morden in Norddeutschland herzustellen. Auch Thomas Müller hält es nicht für unwahrscheinlich, dass Jens B. diese beiden Morde begangen haben könnte. Die interessanteste Aussage des Profilers ist aber, dass er den Frauenjäger nach wie vor für «hochgradig gefährlich» hält. Ich hoffe, dass die begutachtenden Psychiater, die ihn untersuchen und ständig entscheiden müssen, ob er irgendwann als geheilt entlassen werden darf, es ebenso sehen.

Fall 11

DER SATANISTENMORD

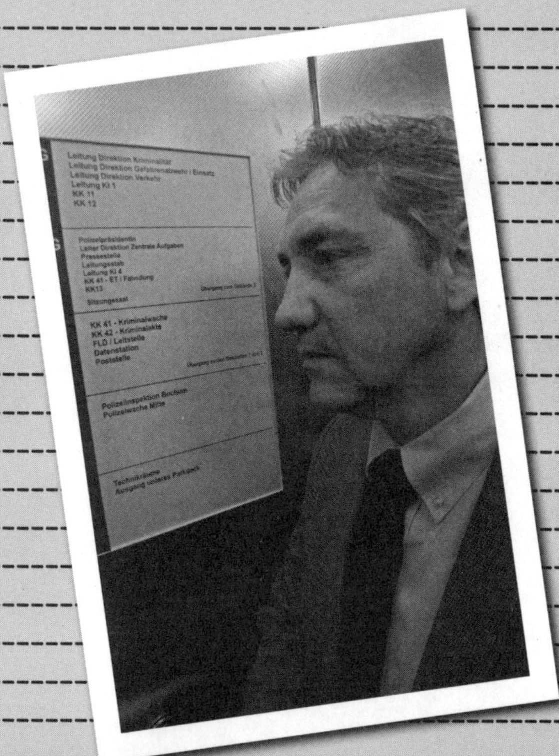

Der Serientäter Jens B. hatte für großen Wirbel gesorgt. Nicht nur bei uns, wegen der vielen Arbeit und des Fahndungsdrucks, sondern auch wegen des großen Interesses der Medien. Serientäter sind zum Glück nicht der Alltag, aber gerade sie sorgen für Angst und Schrecken in der Bevölkerung, weil keiner weiß, wer ihr nächstes Opfer werden könnte, da ihre Motivlage meist nur schwer einzuschätzen ist. Die Medien agieren nach dem Motto: Die Polizei muss ihn endlich fassen, damit er sich keine neuen Opfer holen kann. Oder noch schlimmer: Warum ist der Täter bislang nicht gefasst? Die Presse ist in solchen Fällen aber zugleich auch sehr wichtig für uns, da wir durch Fahndungsaufrufe viele Zeugenhinweise bekommen, die uns sonst wahrscheinlich nie erreichen würden. Gerade wenn der Täter überregional agiert. Polizei und Medien, das ist ein tägliches Geben und Nehmen.

In einem außergewöhnlichen Fall kam alles zusammen. Der Fahndungsdruck, eine bisher nie da gewesene Motivlage, die einem eiskalte Schauer den Rücken herunterlaufen lässt, eine unglaublich brutale Tat und ein weltweites Medieninteresse:

Es geht um den Satanistenmord von Witten!

An diesem recht kalten Wintermorgen im Januar 2002 bildet sich schon früh eine lange Schlange vor dem Gerichtsgebäude in der Bochumer Viktoriastraße. Der freie Platz zwischen den beiden Fahrbahnen, die nur für den Busverkehr freigegeben sind, ist überfüllt mit Übertragungswagen verschiedener Kamerateams aus ganz Deutschland. Sogar ein britischer, türkischer und ein amerikanischer Fernsehsender lassen sich das Spektakel nicht entgehen. Jeder einzelne Besucher, jeder Reporter und Kameramann wird in der Schleuse des Eingangsbereichs vom Justizpersonal durchleuchtet und anschließend extra abgetastet. Die höchsten Sicherheitsvorschriften sind angeordnet worden. Alle, die diese Prozedur im Augenblick über sich ergehen lassen, wollen in die zweite Etage, zum Saal C 240.

In diesem Raum sitzen bereits sieben Wachmänner und vier Polizeibeamte. Sie sind für die Sicherheit der Angeklagten verantwortlich. Aber auch dafür, dass der Prozessablauf durch mögliche Sympathisanten der Satanisten nicht gestört wird.

Etwa hundert Journalisten, Kameramänner und Fotografen haben sich akkreditiert. Es bleiben nur noch zwanzig Plätze für die Zuschauer frei. Der Andrang zu diesem Prozessauftakt war im Vorfeld schon so groß, dass Platzkarten für die Medienvertreter und Zuschauer ausgegeben werden mussten. Viele der anstehenden Menschen werden abgewiesen, weil der Gerichtssaal längst überfüllt ist. Viele gehen wieder nach draußen, verharren aber trotzdem vor dem Justizgebäude und beobachten das hektische Treiben vom Husemannplatz aus. Sie reiben ihre Hände, bewegen sich von einem Bein aufs andere, um die Kälte nicht zu sehr zu merken. Trotz der Witterung siegt bei ihnen die Neugier.

Auch auf dem Hinterhof des Justiztrakts, auf dem nur Angestellte und Bedienstete des Gerichts parken dürfen, warten heute gespannt Fotografen und Kameramänner. Sie stehen direkt neben dem Pförtnerhäuschen und der Parkschranke, um von hier aus einen Blick auf das Gelände erhaschen zu können. Insider wissen, dass die beiden Angeklagten mit Fahrzeugen der Justiz über den Parkplatz zu den Zellen des Gerichtsgebäudes gefahren werden. Doch als es so weit ist, steigen die beiden «Hauptdarsteller» dieses Spektakels nicht auf dem Hof aus, wie es bei anderen Beschuldigten üblich ist. An diesem Tag fahren die Gefangenentransporter in die Garage, direkt neben dem sogenannten Vorführtrakt. Danach wird das Garagentor geschlossen. Keine Chance, die beiden Angeklagten «abzuschießen», wie die Fotografen es gern salopp ausdrücken.

Doch das «Abschießen» ist nur aufgeschoben. Denn genau in dem Moment, als das Satanisten-Pärchen den Raum C 240 über eine Nebentür betritt, bricht ein Blitzlichtgewitter los. Es beginnt eine Show, die man so noch nicht in einem Gerichtssaal Deutschlands gesehen hat.

Bei den Angeklagten handelt es sich um das Ehepaar Z. aus Witten. Kirsten Z. ist dreiundzwanzig Jahre alt, sie ist auffallend blass geschminkt, ihr Gesicht ist nahezu weiß. Sie trägt komplett schwarze Kleider, dazu eine dunkle Sonnenbrille, hinter der sie ihre Augen versteckt. Die Augenbrauen sind dünn mit einem Stift nachgezogen, die Haare an den Seiten ihres Schädels abrasiert. Auf einer Seite bilden die Stoppelhaare ein auf den Kopf gestelltes Kreuz. Eine lange Strähne ihrer schwarzen Haare hängt rechts an der Seite herab. Dann schaut sie in die Menschenmenge und spreizt den Zeigefinger und den kleinen Finger nach oben, die anderen Finger sind angewinkelt. Als hinter ihr Marko Z. den Raum betritt, vollzieht er das gleiche Symbol, das Symbol des Teufels. Er trägt ein dunkles «Nosferatu»-Shirt mit dem Konterfei des Schauspielers Klaus Kinski. Der sechsundzwanzigjährige Ehemann der Satansbraut grinst in die Kameras, schneidet Grimassen und streckt immer wieder die Zunge heraus. Seine Augen wirken kalt und irgendwie unheimlich.

Gut zwanzig Minuten dauert das Blitzlichtgewitter, die Kameramänner versuchen, jede irre Grimasse der Teufelsanbeter einzufangen. Dann ist der Spuk vorbei. Der Richter hat den Medienvertretern zwar erlaubt, diese Bilder zu machen. Aber nur bis zum Prozessbeginn, danach müssen Fotografen und Kameramänner den Saal verlassen.

In den ersten zehn Minuten des Prozessauftakts verliest Staatsanwalt Werner M. die Anklageschrift. Was der Jurist dabei schildert, ist ein unbegreifliches Horrorszenario. Den Angeklagten wird vorgeworfen, einen ehemaligen Arbeitskollegen von Marko Z. regelrecht niedergemetzelt zu haben. Sie sollen den Dreiunddreißigjährigen unter dem Vorwand, eine Fete feiern zu wollen, in ihre Wittener Wohnung gelockt und mit einer Machete, mit Messern und einem Hammer getötet haben. Insgesamt sechsundsechzig Verletzungen führten zu seinem grausamen Tod. Sechs ist Zahl und Zeichen für den Teufel. Die Leiche lag direkt neben einem Sarg, der mitten im Wohnzimmer stand.

«Das ist das brutalste und gefühlloseste Verbrechen, das mir in meiner mehr als zwanzigjährigen Dienstzeit begegnete. Das Opfer wurde regelrecht hingerichtet» – dies waren die bezeichnenden Worte des Staatsanwalts in einer zuvor gegebenen Pressekonferenz gewesen. Nachdem er jetzt im Gericht nüchtern die Anklage verlesen hat, ist der erste Prozesstag bereits zu Ende, und die Delinquenten werden nach nur einer Viertelstunde in Begleitung der Wachmänner wieder zurück zum Zellentrakt gebracht. Die Masse der Besucher und Presseleute strömt wieder auf die Straße hinaus.

Wer sind die beiden jungen Menschen, denen die schrecklichste Tat der Bochumer Kriminalgeschichte vorgeworfen wird? Und warum gibt es so ein gigantisches, gar weltweites Medieninteresse?

In unseren Polizeiakten klingt es fast nüchtern: Marko und Kirsten haben am 6. 6. 2001 im Standesamt Witten geheiratet. Auch da spielt die Zahl Sechs eine wichtige Rolle, die beiden sind nämlich Satansjünger. Ihre Hochzeitsreise führte sie nach Rumänien, genauer gesagt, nach Transsilvanien. Auf den Spuren des Grafen Dracula. Kennengelernt hatten sich die beiden wenige Monate zuvor auf einem Friedhof. Tief in der Nacht, bei einer unheimlichen Party zwischen den Gräbern. Sie waren, wie sie später der Polizei und auch dem Richter sagen, füreinander bestimmt.

Eine Party auf einem Friedhof? Oder sollte man besser sagen: schwarze Messe? Marko und Kirsten bezeichnen sich nämlich selbst als Satanisten. Sie verehren den Teufel als ihre Gottheit. Das christliche Weltbild von Gut und Böse kehren sie für sich um. Offensichtlich glauben sie daran, dass die Macht des Bösen die Herrschaft über die Welt erlangt und dass sie selbst durch Überschreitung von Barrieren die «Kraft Satans» erhalten können. Deshalb taucht die Zahl Sechs immer wieder auf.

Die Sechs ist für das unheimliche Paar ein Symbol des Teufels wie das Spreizen von Zeige- und kleinem Finger – für Eingeweihte ist das der «Satansgruß». Ein Pentagramm, ein Stern mit fünf Zacken im Kreis, ist ein ebensolches Zeichen. Sie haben es mit einem Messer in den Bauch ihres Opfers geritzt.

Die Tat wurde am 6. Juli 2001 begangen. Auch hier taucht die Zahl Sechs nicht zufällig auf. Es sollte genau an diesem Tag passieren. Es war lange geplant.

Eigentlich hatte man noch ein weiteres Pärchen zu dieser angeblichen Fete in Witten eingeladen. Doch es erschien nicht. Später sagen sie aus, Kirsten und Marko Z. hätten auf sie zu «abgedreht» gewirkt. Darum folgten sie der Einladung nicht. Eine Entscheidung, die ihnen das Leben rettete.

«Je mehr Menschenopfer, umso näher kommt man dem Teufel», verkündet Marko nach seiner Festnahme in einer polizeilichen Vernehmung. «Wir holen uns ein paar Leute, schlachten die ab und bringen uns danach selbst um.» Dass sie sich selbst töten wollten, hatte Kirsten ihren Angehörigen bereits in einem Abschiedsbrief geschrieben und ihn nach der Horrortat per Post verschickt. Voller Sorge alarmierten Kirstens Angehörige nach Erhalt des Schreibens die Polizei. Es war der 9. Juli 2000, ein Montagmorgen.

Die Beamten staunten nicht schlecht, als sie vor der Wohnungstür im dritten Obergeschoss eines Mehrfamilienhauses in der Breitestraße in Witten standen. An ihr waren außen einzelne gemalte Buchstaben aufgeklebt. Dort lasen sie: «Kadaververwertungsanstalt – Bunkertor 7». Was sie nicht wussten: Es sind Wörter aus dem Song einer satanischen Szeneband. Ein Lied, dessen Text die Ermittler der Mordkommission II später erschaudern ließ. Darin geht es einzig um das Abschlachten von Menschen, über ihr Ausweiden und Zerfleischen und über die Lust am Töten.

Doch noch etwas anderes entdecken die Beamten auf dem Türblatt: eine Telefonnummer. Die Vorwahl war die von Dachau, in der nachfolgenden Rufnummer, die nicht vergeben war, befand sich viermal die Zahl Sechs. Mit dem Hinweis auf Dachau wollten Kirsten und Marko Z. offenbar auf das Konzentrationslager der Nazis hinweisen. Welche Bedeutung das hatte, klärten sie später nie auf.

Kirstens Angehörige, die die Polizisten begleitet hatten, schauten die Beamten ratlos an. Die reagierten sofort. Ein Schlüssel für die Wohnung war nicht vorhanden. Da aber Gefahr im Verzug bestand, durften die zwei Streifenbeamten ohne Durchsuchungsbeschluss in die Wohnung eindringen. Sie mussten davon ausgehen, dass sich das Ehepaar umbringen wollte oder es bereits getan hatte. Oder schwer verletzt war.

Ein gezielter Tritt in Höhe des Schlosses durch einen der beiden Polizisten – und die Tür sprang auf. Ängstlich warteten die Verwandten im Hausflur. Sie hatten Angst, Kirsten könnte tot in einem der Zimmer liegen. Die Beamten gingen mit gezogenen Waffen in die Wohnung hinein. Sie wussten nicht, was sie erwartete, alles war möglich. Besonders nach diesen eigenartig gemalten Buchstaben am Eingang. Langsam gingen sie von Zimmer zu Zimmer, öffneten vorsichtig die Türen. In solchen Momenten, in denen man nicht weiß, was sich hinter der nächsten Ecke verbirgt, ist der Adrenalinspiegel im Körper sehr hoch. So auch bei den beiden Wittener Beamten. Sie öffneten eine weitere Tür. Plötzlich standen sie in einem dunklen Raum. Das Zimmer wurde auch kaum heller, als sie die schwache Deckenbeleuchtung einschalteten.

Der Grund dafür: Der Raum war komplett schwarz gestrichen. Einzelne Möbelstücke standen spärlich im Raum verteilt, überall lagen Totenschädel aus Kunststoff herum, und an den Wänden entdeckten die Polizisten SS-Runen sowie ein Hakenkreuz. Ihr Blick fiel dann auf einen Eichensarg, der unter dem Fenster stand. Direkt davor lag blutüberströmt die Leiche eines jungen Mannes. Er war bis zur Unkenntlichkeit zugerichtet worden. Ein unfassbares Verbrechen.

Die Polizisten gingen augenblicklich zurück zu den Angehörigen, die noch immer im Hausflur warteten. Schockiert berichteten ihnen die Beamten, dass in der Wohnung eine Leiche liegen würde. «Es ist aber nicht Kirsten, es ist ein Mann.» Die Angehörigen waren völlig aufgelöst. Sie hatten zu diesem Zeitpunkt ja keinerlei Vorstellung, was mit Kirsten geschehen war und wer der Tote in der Wohnung sein könnte. War es vielleicht Kirstens Ehemann Marko? Es war ja zu diesem Zeitpunkt nicht klar, dass er ebenfalls Täter war.

Die Ermittler der Mordkommission II waren bald danach am Einsatzort. Alle Kollegen im Dienst waren zum Tatort ausgerückt. Die ersten Schilderungen der Polizisten vor Ort hatten dafür gesorgt, dass jeder diesen Tatort sehen wollte. Es klang schließlich unvorstellbar. Bei der Spurensicherung stellte sich schnell heraus, dass der oder vermutlich die Mörder wie im Wahn getötet haben mussten. Neben dem Leichnam lagen eine Machete, mehrere Dolche, ein Messer sowie ein Zimmermannshammer. An diesen Gegenständen waren überall Blutanhaftungen. Vermutlich hatten die Kollegen somit bereits die Tatwerkzeuge gefunden. Vorsichtig hoben die Beamten der MK II den Deckel des Sargs hoch, doch der war zum Glück leer.

An dem dunkel verhangenen Fenster des Raumes, in dem der Tote sich befand, waren Fotos von Kirsten aufgeklebt. Eines zeigte sie mit einer Machete in der Hand, sie leckt gerade die Klinge ab. Darüber hing eine Aufnahme, bei dem sie sich die Klinge der Machete an den Hals setzte. Auf einem weiteren Bild präsentierte sie sich freizügig in schwarzen Lederdessous und in Sado-Pose mit einem glatzköpfigen Mann. Fotografiert auf einem Friedhof, zwischen Grabsteinen. Auf der Fensterscheibe war in blutroter Schrift zu lesen: *«When Satan lives»,* und am Rahmen «blutgeil». Die rote Farbe lief von den Buchstaben wie Blut herunter. Es war wirklich wie in einem schlechten Horrorfilm. Aber es war grausame Realität.

Die Beamten machten nun eine weitere beunruhigende Entdeckung. An einer Wand standen sechzehn Namen. Darunter war zu lesen: «Freut euch! Ihr seid die Nächsten!» Allen war sofort bewusst: Dies war die Todesliste des Teufelspärchens. Jetzt ging man davon aus, dass Kirsten nicht allein, sondern mit ihrem Ehemann Marko die Tat an dem jungen Mann verübt hatte. Die erste Spurensicherung wies darauf hin. Der Tote, das hatte auch ein Angehöriger bestätigt, war nämlich nicht Kirstens Mann. Aber was hatten die beiden Mörder mit diesen Menschen vor, dessen Namen die Beamten vor sich sahen?

Man hatte nur Vor- und Zunamen an die Wand geschrieben. Einige dieser Personen wurden rasch ausfindig gemacht, weil sie in Witten wohnten. Andere erst nach mühsamen Recherchen in umliegenden Städten ermittelt. Als die hauptsächlich jungen Menschen mit der Bedrohungssituation konfrontiert wurden, nahmen viele den angebotenen Polizeischutz an. Die Auswahl der Opfer war nicht eindeutig, es handelte sich um vermeintliche Freunde, entfernte Bekannte und nahe Verwandte. Ob die Satanisten mit den potenziellen Opfern vorher Streit gehabt hatten, blieb unklar.

Für die Kollegen der Bochumer Mordkommission II bedeutete dieser Einsatz eine logistische Herausforderung, insbesondere weil zehn namentlich Genannte polizeilichen Schutz wünschten. Viele Polizeibehörden mussten eingeschaltet werden, damit der Schutz der gefährdeten Personen gewährleistet werden konnte. Die Betroffenen wurden dabei auf Schritt und Tritt von mehreren schwerbewaffneten Beamten eines Spezialeinsatzkommandos begleitet. Das Mörderduo hatte ja eindrucksvoll bewiesen, wie ernst seine Drohung zu nehmen war. Gleichzeitig lief die europaweite Fahndung nach dem Ehepaar auf Hochtouren.

Die siebenköpfige Mordkommission wurde auf zwanzig weitere Beamten aufgestockt. Zunächst musste ermittelt werden, wer überhaupt der Tote war. Es stellte sich heraus, dass es ein Mann war, der mit Marko Z. eine Zeitlang zusammengearbeitet hatte. Die Eltern hatten ihren Sohn, den sie als sehr zuverlässig beschrieben, bereits als vermisst gemeldet. Bei den Vernehmungen von Frederiks Angehörigen und Freunden erfuhren die Fahnder dann auch, dass er am Freitag, dem 6. Juli, bei den Eheleuten Z. eingeladen war. Seitdem fehlte sowohl von dem vermisst gemeldeten Frederik jede Spur, wie auch von dem Ehepaar Z.

Die endgültige Gewissheit, dass der Tote der Vermisste war, erfolgte erst mehrere Tage nach der Obduktion. Da war die DNA des Opfers mit Erbgutspuren aus der Wohnung abgeglichen worden. Zugleich konnte ermittelt werden, dass Kirsten und Marko Z. in ihrem Auto geflohen waren.

Zur ersten Pressekonferenz im großen Sitzungssaal des Polizeipräsidiums kamen über einhundert Journalisten verschiedenster Zeitungen und Fernsehsender. Sie stellten Staatsanwalt Werner M. und MK-Leiter Hans-Willi Schäfer immer wieder Fragen, die selbst für die Ermittler zu diesem Zeitpunkt noch Rätsel waren und nicht beantwortet werden konnten. Wer ist das Opfer? Wie genau wurde es umgebracht? Warum steht an der Wohnung der mutmaßlichen Mörder «Kadaververwertungsanstalt» und «Bunkertor 7»? Aber vor allem wurde gefragt: «War das ein satanistischer Ritualmord? Wurde der Mann dem Teufel geopfert?»

Der MK-Leiter präsentierte den Journalisten bei der Pressekonferenz ein Hochzeitsfoto des Ehepaars. In allen Zeitungen, bei fast allen Fernsehsendern war dieses Bild zu sehen.

Kirsten hatte am Tag ihres Jaworts pinkfarbene Haare, beide trugen schwarze Lack- und Lederkleidung. Weiterhin schauten sie mit bösem, diabolischem Blick in die Kamera. Kein Lächeln, das hätte nicht zu den beiden gepasst. Eines ließ sich Kirsten Z. aber nicht nehmen: Sie hatte einen kleinen Brautstrauß in der Hand. Außerdem wurde das mutmaßliche Fluchtfahrzeug des Teufelspärchens im Foto gezeigt. Ein heller Opel Vectra, zehn Jahre alt.

Gleich am nächsten Tag wurde in den Medien der Text des Songs «Bunkertor 7» veröffentlicht. Was in der Wohnung offensichtlich geschehen war und der Inhalt des Liedtexts, das passte auf entsetzliche Weise zueinander.

Auf der Pressestelle im Präsidium liefen die Telefone heiß. Immer wieder wurde die Frage gestellt, ob die Täter schon festgenommen worden seien oder ob es Hinweise auf ihren aktuellen Aufenthaltsort gebe. Auch wollte man wissen, was die Polizei unternahm, um die Täter festzunehmen. Bohrende Fragen, die man einerseits ungern beantworten möchte oder gar nicht beantworten will, weil man keine Erkenntnisse preisgeben darf, die einem Fahndungserfolg zuwiderlaufen könnten. Aber es besteht eine Verpflichtung der Polizei, die Medien zu informieren.

Weiterhin interessierten sich die Journalisten dafür, wie man die Menschen auf der «Todesliste» schützen würde und wie hoch ihr Gefährdungsgrad sei. Darüber hinaus wurde die Gefährlichkeit der Täter diskutiert. Aufgrund der Gesamtumstände der Tat und der Liste war anzunehmen, dass sich Kirsten und Marko Z. andere Opfer suchen würden, egal wen. In Witten hatten sie einen Menschen offensichtlich im Wahn getötet, es war zu befürchten, dass sie weitere Morde begehen könnten. Das Ehepaar musste also schnellstens festgenommen werden.

Ein größerer Fahndungsdruck war nicht vorstellbar. Hätten die beiden nämlich ein weiteres Verbrechen begangen und danach wieder flüchten können, irgendein Reporter hätte mit Sicherheit von einer Fahndungspanne bei der Polizei gesprochen. Selbst dann, wenn die Kollegen alle Möglichkeiten ausgeschöpft hatten. Es wäre nicht das erste Mal gewesen, der Polizei unbegründet Vorwürfe zu machen.

Die Kollegen der Kommission bekamen seit ihrem Einsatz in der Satanswohnung kaum ein Auge zu. Ständig gab es neue Erkenntnisse. Viele wollten das Ehepaar oder ihr Auto irgendwo in Deutschland gesehen haben. Diese Hinweise mussten alle überprüft werden. Jeder Zeuge musste ernst genommen werden. Und immer wieder mussten Kollegen mit hoher Vorsicht vorgehen, etwa dann, wenn Orte aufgesucht wurden, in denen das Ehepaar angeblich gesehen worden war. Durch die Zeugenvernehmungen hatte man erfahren, dass das Ehepaar anscheinend schon vor der Tat illegale Schusswaffen besessen hätte.

Bei der Fahndung durfte man eines nicht vergessen: Trotz der schweren Vorwürfe gegenüber den Tatverdächtigen musste man versuchen, ihr Leben zu retten. Schließlich hatte Kirsten Z. in einer Art Abschiedsbrief geschrieben, dass sowohl sie als auch ihr Mann aus dem Leben scheiden wollten. Es galt deshalb für die Polizei, das Leben des Paares zu retten. Ganz gleich, was sie vorher gemacht hatten. Also mussten die beiden auch aus diesem Grund gesucht und unbedingt festgenommen werden.

Den Fluchtweg von Kirsten und Marko Z. konnten die Beamten der Mordkommission II relativ genau rekonstruieren. Es stellte sich heraus, dass die zwei noch am Freitagabend, vermutlich unmittelbar nach dem Mord, an einer Wittener Tankstelle den Vectra vollgetankt hatten. Am Samstag und am Sonntag, also am 7. und 8. Juli 2001, hatten sie vom EC-Automaten einer Bank in Hannover Geld abgehoben. Außerdem hatten sie in der niedersächsischen Hauptstadt ihr Auto in eine Werkstatt zur Reparatur gegeben. Es wurden dort neue Reifen aufgezogen und die Bremsen ausgewechselt. Am Montag, dem Tag, an dem die Tat entdeckt wurde, waren sie angeblich in Thüringen gesehen worden. In dem kleinen Ort Sondershausen.

Wie sich herausstellte, wurde in der Nähe von Sondershausen im Jahr 1993 der erste und bisher einzige «Ritualmord» Deutschlands begangen. Eine Gruppe Jugendlicher hatte sich «Kinder des Satans» genannt. Die jungen Leute hatten damals den fünfzehnjährigen Schüler Sandro als Opfer für den Teufel ermordet. Waren die beiden Täter nun tatsächlich dort?, fragten wir Ermittler uns nach dem Warum. Sollte es eine Art Wallfahrt werden? Das wäre pervers. Aber die Wittener Tat war nichts anderes. Sie war abscheulich und unmenschlich.

Als dieser Hinweis aus Sondershausen bei uns einging, wurden sofort das Grab des ermordeten Jugendlichen und dessen Elternhaus von der örtlichen Polizei observiert. Aber weder das Auto noch die beiden Flüchtigen tauchten auf. Kirsten und Marko Z. blieben spurlos verschwunden.

Am 11. Juli 2001, es war inzwischen Mittwoch, wurde in Apolda, in der Nähe von Weimar, eine Apotheke von einer jungen Frau überfallen. Mit vorgehaltener Pistole hatte sie Medikamente gefordert und auch erbeutet. Die Personenbeschreibung passte haargenau auf Kirsten Z. Apolda war außerdem gerade siebzig Kilometer von Sondershausen entfernt. Die Fahndung im Osten Deutschlands wurde intensiviert.

Am Donnerstag, dem 12. Juli, dann ein erster Erfolg. Frühmorgens gegen halb acht rief auf der Dienststelle ein Kollege aus Jena an und teilte Hans-Willi Schäfer mit, dass das mutmaßliche Fluchtfahrzeug in der Nähe eines Waldgebiets am Stadtrand gesichtet worden sei. Weiter berichtete der Oberkommissar: «Personen befinden sich aber nicht in der Nähe. Ein Lkw-Fahrer hat den Opel Vectra dort stehen sehen und uns benachrichtigt. Das am Fahrzeug angeschraubte Kennzeichen wurde in Jena als gestohlen gemeldet. Wir werden das Auto erst einmal verdeckt observieren. Unsere Beamten haben schon Position bezogen, das SEK ist informiert. Jetzt müssen wir abwarten.»

Wir hofften inständig, dass die Kollegen cool bleiben und die Täter irgendwann zum Opel zurückkommen und festgenommen werden könnten.

Die Mitglieder der Mordkommission hatten sich wie jeden Morgen im großen Besprechungsraum getroffen, um die aktuellen Entwicklungen abzustimmen. Ich spürte aufkommende Nervosität. In den Gesichtern um mich herum sah ich aber auch Hilflosigkeit. Am liebsten wären alle sofort nach Jena gefahren, um dort auf die Mörder zu warten und sie festzunehmen. Doch den Ermittlern der Mordkommission II blieb nur das zermürbende Warten auf den nächsten Anruf der Beamten aus Thüringen.

Der eine oder andere Kollege hielt es schließlich nicht mehr aus und ging in sein Büro. Fragen wurden gestellt: «Wenn diese Chance nun vertan wurde, mit was müssen wir als Nächstes rechnen? Wo werden wir die Spur des Teufelspärchens wiederaufnehmen können? Vielleicht flüchten sie sogar ins benachbarte Ausland.»

Die Erlösung kam zwei Stunden später per Telefon. Der Verbindungsmann aus Jena teilte mit, das Ehepaar wäre zu seinem Fahrzeug zurückgekehrt. Und bevor sie wegfahren konnten, hätten die Beamten sie am Einsatzort überwältigen können. «Sie haben bei ihrer Festnahme keinen Widerstand geleistet. Im Handschuhfach des Opels fanden wir eine Schusswaffe. Zwar keine scharfe, aber eine geladene Gaspistole.»

Durchschnaufen konnten die Kollegen aber immer noch nicht, einzig bestand kein Fahndungsdruck mehr. Denn mit der Festnahme in Jena tauchten die nächsten Probleme auf. Wie konnte man die beiden jetzt sicher nach Bochum holen? Eine Fahrt mit dem Auto dauerte zu lange, denn Kirsten und Marko Z. sollten noch vor Verkündung eines Haftbefehls durch die Polizei vernommen werden. Schließlich wollten nicht nur wir, sondern sollte auch die Öffentlichkeit wissen, was in der Wohnung der Eheleute Z. geschehen war. Bei einer langen Autofahrt kam zudem die Frage des Sicherheitsproblems auf. Man musste gewährleisten, dass die beiden keinen Fluchtversuch unternahmen. Trotz dieser besonderen Gefahr waren jedoch Pausen einzulegen. Das war gesetzlich vorgeschrieben. Und konnte man ihnen nach mehrstündiger Autofahrt noch eine Vernehmung zutrauen? Sicherlich würde jeder Rechtsanwalt behaupten, sie seien nach der Rückfahrt nicht mehr vernehmungsfähig und ein mögliches Geständnis hätte keinen Wert vor Gericht.

Noch ein letzter Punkt kam hinzu. Eine Vorführung vor den Richter musste spätestens am Ende des Tages nach der Festnahme erfolgen. Wir hätten also nur bis zum Freitagabend Zeit gehabt. Es blieb nur eine Lösung: Ein Hubschrauber sollte die beiden abholen und nach Bochum bringen.

Nach Rücksprache mit unserer Hubschrauberstaffel war

das Problem des Transports von Kirsten und Marko Z. schließlich vom Tisch. Kurze Zeit später landete ein Polizeihubschrauber aus Dortmund auf dem Landeplatz der Polizeikaserne an der Krümmede, direkt am Stadion des VfL Bochum. Mehrere Kollegen des Personenschutzkommandos stiegen in den Helikopter ein. Das waren vier kantige, breitschultrige Kollegen, die sportlich fit waren, mit antrainierten Muskelpaketen an den Armen. Sie sollten für die Sicherheit der Festgenommenen wie auch der Hubschrauberbesatzung sorgen.

Der Hubschrauber kehrte zu derselben Stelle zurück, von der aus er vor gut drei Stunden gestartet war. Die mit Sturmhauben vermummten Personenschützer stiegen mit den beiden Tätern aus, die weiße Spurenschutzanzüge und Kopfhörer wegen des Krachs im Hubschrauber trugen. Man hatte ihnen die Kleidung in Jena abgenommen, um davon Faserspuren zu sichern. Das war notwendig für einen späteren Abgleich mit Spuren vom Tatort. Natürlich war ihnen eine Ersatzbekleidung zur Verfügung gestellt worden, die sie unter den Overalls trugen.

Die Pressevertreter hatten woher auch immer erfahren, dass die Satanisten mit dem Hubschrauber eintrafen. Kameramänner und Fotografen standen aufgereiht an der alten Polizeikaserne. Das Metalltor war bei der Landung geöffnet gewesen, sodass sie einen freien Blick auf das Gelände hatten. Und sie bekamen die erwarteten Bilder: Das Satanistenpärchen schaute mit bösem Blick auf den Boden, die vermummten Beamten führten die Mörder über den Asphalt zu den Polizeiwagen.

Uns war klar, dass die Reporter versucht hätten, auf Bäume zu klettern oder Autos zu steigen, um genau diese Fotos zu schießen. Bei dem Andrang an Pressevertretern und dem zu erwartenden Kampf um die besten Plätze hätte jemand verletzt werden können. Das wollten wir nicht. So erleichterten wir ihnen ihre Arbeit ein wenig, indem wir ihnen diesen freien Blick gewährten. Schließlich hatten sie mit ihrer Berichterstattung für den schnellen Fahndungserfolg gesorgt. Ich glaube nicht, dass bei einer weniger intensiven Aufklärung der Lkw-Fahrer etwas von unserer Fahndung mitbekommen hätte. Nur die gute medienwirksame Fahndung war der Garant für den schnellen Erfolg gewesen. Wie gesagt: Es ist ein Geben und Nehmen.

Fall 12

DER DOPPELMORD AM MILLIONÄRSEHEPAAR

Es ist ungemütlich an diesem nasskalten Novembervormittag im Jahre 1996. In der Halle der Autowerkstatt hinter der Polizeiwache Hofstede hört man das Rauschen der vielen Fahrzeuge auf der A40, die Auffahrt zur Autobahn liegt direkt gegenüber. Es ist die Werkstatt für Wagen des Polizeipräsidiums Bochum. Hier werden normalerweise Streifen- und Zivilfahrzeuge der Polizei repariert, gewaschen oder poliert. Vier fahrbare Werkzeugkisten stehen neben technischen Geräten und Abgasrohren, und in der Mitte der Halle sind zwei lange Gruben und zwei Hebebühnen, um Autos zu untersuchen. Die Neonlampen in der Halle sind eingeschaltet. Trotzdem wirkt das Licht etwas schummrig. Gerade eben wurde der letzte Wagen aus der Werkstatt gefahren. Der Platz wird heute nämlich für andere Dinge gebraucht.

Es riecht nach altem Öl und Benzin. Dieser Geruch hält sich hartnäckig in der Halle. Ich empfinde ihn aber nicht als unangenehm. Ganz im Gegenteil, das ist der Geruch von Arbeit. Normalerweise sind hier ja die Kfz-Mechaniker aktiv. Heute aber ist alles anders. Fünf Kripo-Beamte, eine Ärztin der Rechtsmedizin Essen und der Staatsanwalt warten angespannt auf den Tieflader eines Abschleppdiensts, der gerade auf das Polizeigelände gefahren ist und soeben die Schranke an der Wache passiert hat. Er nimmt den Weg über den großen Innenhof zu einer Rampe, hoch zum oberen Plateau, wo sich die Werkshallen befinden. Das große Rolltor mit dem Oberlicht wird hochgeschoben. Die Blicke der Anwesenden richten sich alle auf das Abschleppfahrzeug, oder besser gesagt, auf das Auto, das auf dem Tieflader steht. Es ist ein anthrazitgrauer Mercedes. Mit ihm soll gleich ein spektakuläres Verbrechen aufgeklärt werden.

Der Daimler wird abgeladen und in die Halle geschoben. Diese Arbeit erledigen die drei Beamten des Erkennungsdiensts, die bereits weiße Schutzanzüge und Einweghandschuhe tragen.

«Da stehen übrigens jede Menge Presseleute vor der Schranke», sagt der Fahrer des Abschleppdiensts, nachdem er sein Tun beendet hat.

«Ja, ist uns bekannt. Da stehen aber auch jede Menge Kollegen von uns herum. Da kommt schon keiner aufs Gelände», antwortet Christoph lächelnd. Der vollbärtige Christoph, von allen Kollegen nur «Chris» genannt, ist einer der drei Beamten des Erkennungsdiensts. Chris ist schlank und Anfang vierzig. Er trägt schulterlange, leicht graue Haare, die er zu einem Pferdeschwanz gebunden hat. Als ich ihn das erste Mal sah, erinnerte er mich an den britischen Musiker Ian Anderson von der Rockband Jethro Tull. Anderson spielt, meist auf einem Bein stehend, Querflöte, die grauen, zu einem Zopf gebundenen Haare von einem Piratentuch bedeckt. Nachdem Chris zum Kriminalkommissariat 11 gewechselt hatte und Spezialist für Waffen und Sprengstoffdelikte geworden war, habe ich irgendwann in seinem Zimmer ein großes Plakat von Jethro Tull an der Wand hängen sehen. Erst da wusste ich, dass Chris ein glühender Verehrer dieser Band war. Er lässt kaum ein Konzert aus, wenn sie irgendwo in Deutschland spielt. Und deshalb ist sein Aussehen ganz offensichtlich kein Zufall.

An diesem kalten Nachmittag ist für Gedanken an Musikbands aber kein Platz. Chris muss sich auf die Spurensicherung des Mercedes konzentrieren. Und auf seinen Inhalt. Das Fahrzeug ist vor zwei Stunden auf Dortmunder Gebiet aufgefunden worden. Es ist der Firmenwagen eines Millionärs. Der Mann ist Geschäftsführer eines großen Wurstwarenherstellers mit Hauptsitz im Sauerland. Eine Niederlassung der Firma befindet sich allerdings auch in Bochum.

Der dreiundvierzig Jahre alte Geschäftsführer wird zusammen mit seiner siebenunddreißigjährigen Frau vermisst. Am Montag, dem 25. November 1996, hatten Angehörige eine Vermisstenanzeige erstattet. Seitdem fehlt von dem Ehepaar T. jede Spur. Die Verwandten hatten sich Sorgen gemacht, da sie Herrn T. und seine Ehefrau telefonisch nicht erreichen konnten. Gegen Mittag hatte die Ehefrau des Topmanagers noch mit ihrer Schwägerin telefoniert. Das Gespräch beendete sie dann aber abrupt und sagte, dass sie sich gleich wieder melden würde. Bis zum späten Abend gab es aber keinen Rückruf. Die Schwägerin schickte daraufhin ihren dreiundzwanzigjährigen Sohn zum Bungalow der Eheleute T. in Witten-Rüdinghausen. Mit einem Schlüssel der Nachbarin gelangte der gegen 21 Uhr ins Haus. Zunächst wunderte er sich, weil die Alarmanlage nicht eingeschaltet war und die Fenster gekippt waren. Als er schließlich auf dem Fliesenboden im Flur Blutspuren entdeckte, schoss ihm der Schreck in die Glieder. Er lief aus dem Haus, um seine Eltern zu alarmieren. Die wählten sofort den Notruf.

Als wir uns den Tatort anschauten, sahen wir schnell, dass es sich zwar nur um einzelne Blutstropfen und Blutwischer handelte, die sich aber quer durch die Wohnung erstreckten. Vom Erdgeschoss des idyllisch gelegenen Einfamilienhauses konnte man über eine Metalltür in die Garage gelangen. Auf dem Betonboden entdeckten wir schließlich massive Blutanhaftungen, regelrechte Blutlachen. Auch vor der Garage, in der Einfahrt, gab es auf dem gepflasterten Boden weitere Blutflecken.

Das Spurenbild und der Umstand, dass das Ehepaar verschwunden und telefonisch nicht erreichbar war, ließen eigentlich nur einen Schluss zu: Hier ist ein Verbrechen geschehen. Die Mordkommission IV hatte in der letzten Novemberwoche Bereitschaft und musste den ungewöhnlichen Fall bearbeiten. Leiter dieser Kommission war ein ehemaliger Studienkollege von mir, Tjade Poppinga. Sein nordischer Name brachte ihm den Spitznamen «Popeye» ein, nach dem spinatvertilgenden Matrosen. Drei Jahre waren wir zusammen auf der Fachhochschule für öffentliche Verwaltung in Dortmund und absolvierten dort ein polizeiinternes Studium.

Tjade, einige Jahre älter als ich, ist ein Mann der Tat, kein Theoretiker. Besprechungen, insbesondere über organisatorische Angelegenheiten, hasst er. Ausschweifende Gespräche mit unnötigem Geplänkel ebenso. Er will immer alles kurz und knapp geregelt haben. Das funktioniert aber nicht in jedem Fall. Wenn es einmal nicht so läuft, wie er es sich wünscht, kann er auch lauter werden. Er schimpft dann über Kleinigkeiten, zum Beispiel über Fehler, die Kollegen bei der Anzeigenaufnahme gemacht haben. Hat ein Beamter vergessen, von einem Geschädigten oder Zeugen die telefonische Erreichbarkeit aufzuschreiben, kann es deswegen hoch hergehen. Für jeden Ermittler ist es aber schon Strafe genug, wenn er die Rufnummer über viele Umwege nachrecherchieren muss. Dabei wäre das beim Einsatz vor Ort einzig eine kleine Frage gewesen.

Schimpfen ist bei Tjade jedoch immer mit einer gewissen Form von Selbstironie, manchmal auch mit Zynismus verbunden. Ich möchte fast sagen, es ist sein persönlicher Ausdruck für Lebensfreude. Er braucht das, und seine Ausbrüche sind meist nicht wirklich böse gemeint. Um das herauszufinden, muss man ihn und seine Gepflogenheiten allerdings genau kennen. Kollegen, die das nicht tun, haben anfangs durchaus ein Problem mit ihm.

Um Tjade ranken sich einige lustige Geschichten, die nicht unbedingt zu seinem Vorteil ausgehen. Einige davon durfte ich während unserer gemeinsamen Zeit bei der Polizei miterleben, von anderen erzählte er mir selbst. So soll er, als er noch bei der Schutzpolizei war und Uniform trug, bei einem Ampelausfall an der Kreuzung Viktoriastraße / Westring in Bochum den Verkehr geregelt haben. Hier wurde er von einem Bürger mit den Worten angesprochen: «Herr Wachtmeister, ich hätte da gerne mal 'ne Frage!» Darauf Tjade: «Tut mir leid, hab ich nicht!» Der Bürger wieder: «Ich hätte nur mal gerne eine Frage!» Antwort von Tjade: «Habe ich aber nicht!» Nachdem der Bürger zum dritten Mal den gleichen Anlauf genommen hatte, soll Tjade gesagt haben: «Na gut, wenn Sie unbedingt wollen. Hier die Frage: Wie alt ist unser Bundespräsident?»

Den Bürger wiederum trieb dies auf die Palme, und auf direktem Wege lief er zum Präsidium, um sich an höchster Stelle zu beschweren. Daraufhin durfte Tjade den damaligen Leiter der Schutzpolizei höchstpersönlich in seinem Büro besuchen, der ihn maßregelte. Stur, wie er sein kann, beharrte Tjade aber darauf, dass er sich «völlig korrekt verhalten habe» und nur dem Wunsch des Bürgers nachgekommen sei. «Der hat gesagt: ‹Ich hätte gerne mal 'ne Frage!› Und genau die habe ich ihm gegeben.»

Seine Karriere als Motorradpolizist der Polizeiwache Bochum-Mitte endete nach einer kurzen Verfolgungsfahrt eines Verkehrssünders jäh im großen Schaufenster des Kaufhauses Wertheim. Das war aber nicht der Grund, dass es dieses Warenhaus an der Hans-Böckler-Straße / Ecke Bongardstraße heute nicht mehr gibt. Tjade musste aber viele Formulare ausfüllen, um zu erklären, warum er denn ausgerechnet in das Schaufenster hatte rasen müssen. Da er aber ein sehr guter Polizist war und ist, verschlug es ihn zur Kripo und dann zum Kriminalkommissariat 13.

Die Mordkommission IV war bereits nach Bekanntwerden des zu vermutenden Verbrechens personell auf zwölf Mann aufgestockt worden. Ich selbst hatte mich angeboten, bei der Spurensuche am sichergestellten Fahrzeug zu helfen und für mögliche Anschlussmaßnahmen zur Verfügung zu stehen. Mir war klar, dass es sich bei diesen Anschlussmaßnahmen um mögliche Obduktionen handeln würde, falls die Vermissten – wie von uns vermutet – tatsächlich ermordet im Kofferraum des Autos liegen sollten.

Diese schlimme Befürchtung hatte sich bereits bei der Auffindung des Fahrzeugs in einer Wohnsiedlung in Dortmund-Eving ergeben. Von außen seien am Mercedes überall blutähnliche Anhaftungen sichtbar – dies berichteten die Beamten über Funk, die dem Hinweis eines Zeugen auf das gesuchte Fahrzeug nachgegangen waren und die angegebene Fundstelle aufgesucht hatten. Die MK IV hatte über die Medien einen Fahndungsaufruf veranlasst, und einem aufmerksamen Zeitungsleser war der silberne Daimler kurz darauf auf der Evinger Straße aufgefallen. Er hatte die Dortmunder Kollegen sofort über Notruf benachrichtigt.

Nach der Auffindung des Pkws musste überlegt werden, ob der Kofferraum vor Ort oder lieber geschützt in einer Garage geöffnet werden sollte. Da eine Spurensicherung an dem Mercedes über Stunden dauern würde und diese Maßnahme Medienvertreter sowie unzählige Schaulustige angelockt hätte, entschloss man sich, den Wagen ungeöffnet abzuschleppen und in der Werkstatt an der Herner Straße zu untersuchen. Eine weise Entscheidung.

Chris öffnet mit einem Zweitschlüssel, den wir im Haus der Vermissten gefunden haben, den Mercedes. Der Pkw soll genauer überprüft werden. Am Einstiegsblech der Fahrertür sind tatsächlich rote Anhaftungen zu sehen. Ein erster Schnelltest bestätigt, dass es menschliches Blut ist. Nach dem Öffnen der Tür können wir aber nicht nur auf dem Einstiegsblech, sondern auch innen, an der A-Säule, im Fußraum und auf dem Fahrersitz Blutspuren feststellen. Auf der Beifahrerseite ist am inneren Türgriff ebenfalls Blut. Dann entdecke ich im Fußraum des Fahrzeugs ein blutiges Küchenmesser mit einer Klingenlänge von ungefähr zwölf Zentimetern. Direkt daneben liegen persönliche Papiere der beiden Vermissten. Am Kofferraum bemerken wir ebenfalls überall Blutspuren. Sie werden zunächst von außen gesichert.

Dann wird der Kofferraum vorsichtig geöffnet – und unsere Befürchtung wird zur schlimmen Gewissheit: Vor uns sehen wir die leblosen Körper der vermissten Eheleute. Beide sind vollständig angezogen. Die Bekleidung und die Leichen selbst sind voller Blut. Mit angewinkelten Beinen liegen sie nebeneinander.

Die Ärztin, eine Expertin für Blutspuren bei der Essener Rechtsmedizin, beurteilt das Spurenbild am und im Fahrzeug. Sie war vorher mit meinen Kollegen der Spurensicherung in dem Bungalow der beiden Opfer gewesen, um in ihm das Blutspurenbild zu beurteilen. Ihr Gutachten wird später ergeben, welches Blut von welcher Person wo gefunden wurde. Außerdem wird sie die Blutspuren im Haus, am und im Fahrzeug und an den Opfern im Kofferraum miteinander vergleichen. Es ist nicht auszuschließen, dass sich der Mörder verletzt haben könnte und irgendwo sein Blut klebt. Bei der Intensität, mit der er zugestochen hat, kann das sehr gut möglich sein.

Akribisch beginnt Chris gemeinsam mit seinen Kollegen nummerierte Folien auf die gesamte Bekleidung der Opfer zu kleben. Diese bis zu zwanzig Zentimeter langen Folien werden später der Reihenfolge nach wieder abgezogen und auf andere durchsichtige Folien geklebt. Es kommen auf diese Weise pro Opfer fast vierhundert Folien zusammen, auf denen die spezifischen Fasern der Kleidungsgegenstände haften. Das Abziehen der in der Garage aufgeklebten Folien soll jedoch erst in den Räumen der Rechtsmedizin in Essen erfolgen.

Hatte ein Täter mit seiner Bekleidung Kontakt zu der des Opfers, kann dieser durch mikroskopische Untersuchungen nachgewiesen werden. Die Fasern des Täters bleiben bei einer Körperberührung an den Sachen des Opfers hängen und finden sich auf den abgezogenen Klebefolien wieder. Vorausgesetzt, man kann den Täter ermitteln und die von ihm bei der Tat getragenen Bekleidungsgegenstände sicherstellen. Nur so kann der gerichtsfeste Beweis des Körperkontakts erbracht werden. Ist an den Fasern zusätzlich Blut, kann der Kontakt eigentlich nur bei der Tat oder danach geschehen sein. Hierfür müsste ein Tatverdächtiger eine plausible Erklärung abgeben, wenn er nicht der Mörder gewesen sein will.

Das Fotografieren der Beweismittel und das Sichern der Faserspuren dauern mehrere Stunden. Es ist bereits später Nachmittag, als die Arbeit beendet ist. Ich telefoniere mit einem Bestatter, der die Leichen in die Rechtsmedizin transportieren soll. Es ist vom Staatsanwalt zuvor entschieden worden, dass beide Opfer noch an diesem Abend obduziert werden sollen.

Als der Leichenwagen über den Parkplatz bis in die Werkstatthalle fährt, ist es draußen dunkel. Die Körper der Opfer werden vorsichtig in eine Plastikschutzhülle und anschließend in einen Zinksarg gelegt. Als der Leichenwagen sich schließlich entfernt, folge ich ihm mit meinem zivilen Dienstfahrzeug. Beim Passieren der Schranke sehe ich die eingeschalteten Scheinwerfer der Kameras, ein Blitzlichtgewitter der Fotoapparate setzt ein. Die Reporter hatten in der nassen Novemberkälte stundenlang auf diesen Moment gewartet.

Die Rechtsmediziner, zwei Assistenten sowie der Staatsanwalt, der die Kfz-Halle in Bochum bereits früher verlassen hat, erwarten uns in Essen. Auch Chris ist mit einem Kollegen da. Die beiden waren kurz nach mir aufgebrochen. Es werden Bilder von den Opfern gemacht, und auch während der Obduktion werden sämtliche Verletzungen fotografisch festgehalten. Die schrecklichen Einzelheiten dieser Bluttat werden erst jetzt richtig deutlich. Sechsunddreißig Stich- und Schnittverletzungen finden sich an beiden Körpern. Jede einzelne Verletzung wird genau ausgemessen und beschrieben. Jürgen D., der Mitarbeiter der Staatsanwaltschaft, protokolliert während der Obduktion die Worte des hauptverantwortlichen Rechtsmediziners. Bei über 4000 Obduktionen hat er die Protokolle getippt, früher direkt in die Schreibmaschine, nun unmittelbar in den Computer.

Unsere ED-Leute und die beiden Rechtsmediziner sind sich ihrer Verantwortung sehr bewusst. Insbesondere deshalb, weil zu Beginn der Obduktionen noch kein konkreter Tatverdacht bestand und somit kein Täterwissen mit Spuren verglichen werden konnte. Das heißt für die Beteiligten: an alle Details denken und sie akribisch sichern. Einfacher wäre es gewesen, hätte man ein Täterwissen mit den vorhandenen Spuren vergleichen können. Eine solche Möglichkeit erleichtert die Arbeit von Rechtsmedizinern ungemein. Da diese in dem aktuellen Fall nicht gegeben ist, dauert alles umso länger. Auch aus dem Grund, weil zwei Leichen zu obduzieren sind – schließlich muss ein Doppelmord aufgeklärt werden.

Normalerweise ist eine Obduktion mit anderthalb bis zwei Stunden anzusetzen. Bei Kapitaldelikten geht man, je nach Spurenlage, von drei bis vier Stunden aus. In diesem ungewöhnlichen Fall brauchten die Obduzenten mehr als fünf Stunden – pro Leichnam.

Meist redet der verantwortliche Rechtsmediziner. Er erklärt die Verletzungen, beschreibt den Mageninhalt, benennt Vorerkrankungen. Ich stehe daneben und stelle selten eine Zwischenfrage. Denn wenn zu viel gesprochen wird, kann der Kollege, der protokolliert, nicht mehr richtig folgen. Zwischendurch herrscht eine Art sakrale Stille im Raum.

Vor Beginn der zweiten Obduktion, es ist kurz vor zwei Uhr in der Nacht, benötigen alle Beteiligten eine kleine Pause. Ich fahre zu einer nahen Tankstelle, die rund um die Uhr geöffnet hat, und hole Mineralwasser und Süßigkeiten. Mir tut die kurze Fahrt gut, so kann ich frische Luft schnappen. Trotzdem merke ich, wie sich langsam Müdigkeit bei mir breitmacht. Aber auch bei der zweiten Obduktion muss und will ich bis zum Schluss anwesend bleiben. Neben den Kleinigkeiten kaufe ich mir noch eine Schachtel Zigaretten.

Wieder auf dem Parkplatz der Rechtsmedizin angekommen, schelle ich an der Tür. Siggi K., einer der beiden Präparatoren und Assistenten der Rechtsmedizin, öffnet mir die Tür. Ich gehe über den gefliesten Boden gleich nach rechts in den Aufenthaltsraum und lege Süßigkeiten und Getränke auf den Tisch. Jeder kann sich davon bedienen und nutzt die Unterbrechung zum Abschalten. Jürgen und ich gehen vor die Tür, schieben einen Keil in den Rahmen, sodass wir nicht klingeln müssen, um wieder ins Gebäude hineinzugelangen. Wir wollen den Leuten im Institut nicht noch mehr Arbeit machen, als sie schon haben. Draußen rauchen wir eine Zigarette. Natürlich diskutieren wir über den Fall. Warum musste das Millionärspaar sterben? Ging es um Geld? Oder Eifersucht? Oder haben geschäftliche Konkurrenten mit dem Doppelmord zu tun?

Aber auch die Kollegen der MK IV haben noch keine Nachtruhe. Tjade ruft immer wieder an und fragt, welche neuen Erkenntnisse sich bei den Obduktionen ergeben haben. Er selbst berichtet, dass sie am Nachmittag einen Zeugen nochmals zur Vernehmung gebeten haben. Es ist ein junger Mann, der schon am Dienstagabend angehört wurde. Dieser sechsundzwanzigjährige Olaf F. war nach unseren bisherigen Ermittlungen die letzte Person, die das Ehepaar lebend gesehen hat. Er gab an, er wäre am Montagmittag, dem Tag des Verschwindens, bei den Eheleuten T. gewesen, um im Haus eine Hi-Fi- und Satellitenanlage zu installieren. «Ich war aber nur kurz da, weil ich noch Teile der Anlage abholen musste.»

Nach Vernehmungen von Angehörigen der Opfer stellten wir Ungereimtheiten in den Äußerungen dieses Zeugen fest. Insbesondere soll er das Ehepaar bei der Fortsetzung seiner Tätigkeit immer wieder terminlich vertröstet haben. Schon Tage zuvor hatte der Millionär gegenüber seinen Verwandten die Vermutung geäußert, dieser Olaf F. könnte den Vorschuss, den er ihm in bar für die Hi-Fi- und Satellitenanlage gegeben habe, für sich selbst ausgegeben haben. Innerhalb der Opferfamilie hatte man sich schon lustig darüber gemacht, welche Ausrede der besagte junge Mann wohl beim nächsten Mal wieder vorbringen würde, um die Anlage nicht installieren zu können. An dem besagten Montag wollte er nämlich an ihr weiterarbeiten.

Von einem Vorschuss hatte dieser Zeuge in seiner ersten Vernehmung nichts erzählt. Er wohnt noch bei seinen Eltern in Dortmund, eine Freundin hat er nicht. Seine Hobbys sind Elektronik und Computer. Von seinem Umfeld wird er als Einzelgänger beschrieben. Als zwei Beamte der Mordkommission IV ihn von zu Hause abholten, um ihn erneut zu vernehmen, registrierten sie, dass das Fahrzeug des Millionärs nur wenige hundert Meter vom Wohnort des Zeugen entfernt aufgefunden wurde. Das allein reichte für einen dringenden Tatverdacht aber nicht aus. Mit den bislang bekannten Indizien ließ sich das Puzzle noch nicht vollständig zusammenfügen. Also: keine Festnahme, sondern nur eine weitere Vernehmung als Zeuge. Wichtig war es den Kollegen, mit dem mutmaßlichen Mörder ins Gespräch zu kommen, sein Vertrauen zu gewinnen und ihn so zum Reden zu bringen.

Das gestaltete sich jedoch als extrem schwierig. Als die beiden Beamten Platz genommen hatten und der Sechsundzwanzigjährige vor ihnen saß, sollte noch einmal die erste Vernehmung besprochen werden. Olaf F. gab aber kein einziges Wort von sich. Diese Sprachlosigkeit erstreckte sich über eine geschlagene Stunde. In der Zeit hatte der Kripo-Beamte, der an der Schreibmaschine saß, trotzdem immer wieder versucht, mit seinem Gegenüber eine Unterhaltung zu führen. Der zweite Beamte, Florian U., ein junger Kollege Mitte zwanzig, beteiligte sich dagegen selten an diesem Versuch. Erst nach über einer Stunde brach Olaf F. sein Schweigen. Er wandte sich an Florian und sagte: «Sie können sich an die Schreibmaschine setzen!» Was hieß: «Mit dem, der jetzt daran sitzt, rede ich nicht. Nur mit Ihnen!» Der Beamte an der Schreibmaschine war sprachlos, er wusste aber sofort, dass er den Raum zu verlassen hatte.

Jetzt war Florian mit Olaf F. alleine. Keiner traute sich, die folgende Vernehmung zu stören. Erst drei Stunden später trat Florian aus dem Zimmer und berichtete den MK-Kollegen: «Anfangs wollte er nur über allgemeine Dinge mit mir sprechen. Es ging um seine Familie, seine Freunde. Danach kamen wir auf sein Verhältnis zu den Eheleuten T. zu reden. Er gab an, bereits seit mehreren Jahren Elektroarbeiten für die Familie T. durchzuführen. Immer wieder hätte er im Bungalow Reparaturen oder Installationen vorgenommen. Man schätzte ihn als Experten, sodass Herr T. ihn häufiger für diese Tätigkeiten engagierte. Nie hätte es Probleme gegeben. Er hätte auch öfter Bargeld erhalten, um besonders gutes Material oder hochwertige Geräte einzukaufen.»

Vor einigen Wochen wurde Olaf F. erneut von Herrn T. beauftragt, dieses Mal, um eine Hi-Fi- und Videoanlage zu kaufen und aufzustellen. Er sagte: «Dafür bekam ich einen Vorschuss von 20 000 Mark.» Doch dann hätte er die Hälfte des Geldes für seinen eigenen Computer und Lebensunterhalt ausgegeben. «Ich war seit Oktober arbeitslos. Morgens bin ich aber wie immer um sieben aus dem Haus gegangen, damit meine Eltern mir keine Vorwürfe machen.» Er selbst hatte seinen Job als Einzelhandelskaufmann gekündigt und somit kein eigenes Einkommen mehr, auch nicht vom Arbeitsamt. «Ich hatte die Hoffnung, bis November einen neuen Job zu finden, dann hätte ich das Geld zurückzahlen können. Doch das gelang mir nicht.»

Nach einem Treffen forderte sein Auftraggeber, der Millionär T., das Geld zurück. Es kam zum Streit. Olaf F. stellte dem Manager am Ende einen Scheck über 6000 Mark aus. Es war allerdings ein Scheck, den er von seinem Vater gestohlen und mit dessen Unterschrift gefälscht hatte. «Mir war klar, dass der Schwindel irgendwann auffliegen wird, und aus diesem Grund wollte ich den Scheck an dem Montag von Herrn T. zurückfordern. Zum einen war er nicht gedeckt, und zum anderen drohte mir Riesenärger mit meinem Vater.» Olaf F. war klar, dass die Rückforderung «nicht ohne Drohung» ablaufen würde – «vorsorglich» steckte er sich ein Skalpell ein. Dieses OP-Messer gehörte seinem Vater, der als Sanitäter in einem JVA-Krankenhaus arbeitete.

Olaf F. erzählte Florian weiter: «Am Montagmittag fuhr ich mit dem Bus zu den Eheleuten T. Beide waren zu Hause. Mit ihnen hatte ich abgesprochen, dass ich die Geräte auf jeden Fall installieren sollte, trotz der Vorwürfe, die man mir gemacht hatte, und so spielte ich auf Zeit. Gegenüber Herrn T. behauptete ich, die Anlage stünde abholbereit in einer Wohnung in Schwerte, er müsse nur mit mir kommen, dann würde er es ja sehen. Und so fuhren wir zusammen im Mercedes los, Herr T. saß hinterm Steuer.» Die Fahrt endete auf einem Friedhofsparkplatz. Im Auto sitzend, gestand Olaf F. die Unterschlagung. «Er drohte, alles meinen Eltern zu erzählen. In diesem Augenblick habe ich rotgesehen und das Skalpell hervorgeholt. Anschließend schnitt ich seine rechte Halsseite auf. Herr T. hat stark aus einer Wunde am Hals geblutet.»

Es gelang dem Millionär noch, aus dem Fahrzeug zu steigen. Doch Olaf F. folgte ihm und schlitzte dem völlig wehrlos gewordenen Opfer erneut den Hals auf. «Der Herr T. ist dann zusammengebrochen. Ich stach wieder und wieder auf ihn ein, immer in den Oberkörper. Er wollte es doch meinen Eltern erzählen.» Den reglosen Körper zog er anschließend zum Mercedes und hievte ihn in den Kofferraum.

Mit der Leiche fuhr er zurück nach Witten-Rüdinghausen, zum Wohnhaus des Opfers. Die Ehefrau des Ermordeten war jetzt die Einzige, die ihm noch gefährlich werden konnte.

Das jedenfalls dachte Olaf F. «Den Mercedes parkte ich rückwärts in der Einfahrt. Anschließend läutete ich an der Haustür. Als Frau T. diese öffnete, erklärte ich ihr, ihr Mann käme später nach. Ich musste noch etwas an der Anlage im Keller einstellen. Arglos nickte Frau T. und drehte sich um.» Als sie schließlich vor Olaf F. herging, schlug er sie von hinten nieder, so heftig, dass sie bewusstlos auf dem Boden liegen blieb. «Ich habe dann aus der Küche ein Messer geholt und mehrfach auf sie eingestochen. Sie war doch Zeugin, sie musste auch weg.»

Die Leiche der Frau trug er in die Garage des Bungalows. Den Mercedes fuhr er rückwärts hinein und legte die erstochene Frau neben den getöteten Ehemann in den Kofferraum. «Im Haus habe ich mir noch das Blut abgewaschen, so gut das eben ging. Mit den beiden Leichen im Kofferraum fuhr ich dann in die Nähe meiner Wohnung in Dortmund-Eving und habe das Auto dort auf einem Parkplatz abgestellt und bin zu Fuß nach Hause gelaufen.»

Die Vernehmung lief parallel zu den Obduktionen. Erste Informationen erhielten wir kurz vor Mitternacht. Erst zu diesem Zeitpunkt war es Florian möglich gewesen, die Vernehmung kurzfristig zu unterbrechen. Der Kollege konnte aber nur sagen, dass er auf gutem Weg sei und der Täter ein Teilgeständnis abgelegt hätte. Diese Nachricht motivierte natürlich alle bei der Obduktion Anwesenden. Jetzt hatten wir die Hoffnung, den Doppelmord klären zu können.

Als ich nach der zweiten Obduktion gegen sieben Uhr morgens zum Polizeipräsidium nach Bochum fahre, habe ich ein gutes Gefühl. Kurz zuvor hörte ich noch, der Mörder hätte umfangreich gestanden. Und als ich auf der Dienststelle ankomme, bin ich von dieser Mitteilung und den Ereignissen der letzten Stunden total überdreht. Der berühmte tote Punkt ist vorbei, die Müdigkeit wird später zuschlagen.

Die Kollegen der Mordkommission vervollständigen jetzt das Puzzle. Das Spurenbild am Tatort und im und am Auto passt mit dem Geständnis überein. Noch an diesem Freitag können Tjade und der Staatsanwalt die Öffentlichkeit über erste Ergebnisse informieren. Eine große Last fällt nach dem aufsehenerregenden Doppelmord an dem Millionärsehepaar von den Schultern der Ermittler.

Ein halbes Jahr später wiederholte der Beschuldigte Olaf F. vor dem Landgericht Bochum in der Hauptverhandlung seine Taten. Er sagte, dass seine Handlungen nicht geplant waren, sondern im Affekt geschehen seien. Für ihn war das eine Möglichkeit, nicht als Mörder, sondern als Totschläger verurteilt zu werden. Das Gericht sah das aber anders und verurteilte ihn wegen zweifachen Mordes zur Höchststrafe: lebenslänglich. Außerdem wurde im Urteil die besondere Schwere der Schuld festgestellt.

Der Mord an dem Unternehmer geschah nach Ansicht der Schwurgerichtskammer aus niederen Beweggründen. Der Richter stellte fest, dass die Angst, vor den Eltern wegen der Geldunterschlagung entlarvt zu werden, das Mordmerkmal sei. Bei Frau T. erfolgte der Mord zur Verdeckung einer Straftat. Sie wusste, dass ihr Ehemann mit Olaf F. weggefahren war. Nach dem Auffinden ihres Mannes hätte sie sofort den Verdacht auf ihn gelenkt. Nur deshalb musste sie sterben.

Fall 13

DER UNGEKLÄRTE MORD

Gäbe es doch nur ein Motiv! Irgendeinen Grund, warum dieser Mann sterben musste. Dann hätte ich vielleicht auch eine Spur, die zum Täter führt. Doch es gibt kein Motiv. Jedenfalls kein erkennbares.

An diesem Freitag bin ich mit Dagmar im «Glas-Café» auf der Kortumstraße in Bochum verabredet. Es ist der 4. März 2011. Das Bistro am Husemannplatz, direkt gegenüber vom Landgericht, liegt in der Fußgängerzone und hat eine – darauf weist schon der Name hin – gläserne Fassade. Man kann hier auf zwei Ebenen in Ruhe seinen Kaffee trinken, plaudern und die Leute beim Shoppen beobachten. Dagmar ist wie immer pünktlich. Eine stets gut gekleidete Frau, knapp über sechzig mit dunklen, schulterlangen Haaren. Sie steht schon vor dem Eingang und winkt mir zu. Wie bei den vorherigen Malen begrüßen wir uns herzlich und steigen dann die Treppe hinauf in die obere Etage. Zwei Milchkaffee, auch das wie immer.

«Du weißt, dass gestern der Todestag meines Mannes war?», fragt sie mich. Die Kellnerin hat gerade die zwei Tassen auf den Tisch gestellt. Ich nicke: «Ja, natürlich! Das ist doch ein Tag, den ich nie vergessen kann!» Und schon sind wir beide mit unseren Gedanken wieder fünfzehn Jahre zurück in der Vergangenheit. Eine Vergangenheit, die uns ständig einholt. Und anscheinend kein gerechtes Ende finden will.

Der 3. März – für uns beide ist das ein besonder Tag. Genau vor fünfzehn Jahren mussten meine Kollegen Dagmar T. in ihrer Wattenscheider Wohnung die wohl schlimmste Nachricht ihres Lebens überbringen: «Es tut uns sehr leid. Wir müssen Ihnen eine traurige Mitteilung machen. Ihr Mann ist einem schrecklichen Verbrechen zum Opfer gefallen.» Kurz nach Mitternacht hatte der Täter zugeschlagen. Ein Schock, den ich bei unseren regelmäßigen Treffen auch noch heute in ihrem Gesicht erkennen kann.

«Und, Axel?», fragt sie mich. «Werden wir ihn irgendwann kriegen?»

«Natürlich!», gebe ich zur Antwort. «Das habe ich dir doch versprochen! Irgendwann werden wir ihn haben.»

Jedes Mal bedrückt es mich, wenn Dagmar mir diese Frage stellt. Denn leider musste ich ihr stets mitteilen, dass wir keine Neuigkeiten haben, die uns Hoffnung geben, den Mörder zu finden. Oder ich muss erzählen, dass eine neue Spur einmal mehr ergebnislos versickerte. Dennoch fühle ich mich verpflichtet, dieses Verbrechen aufzuklären. Ich habe Dagmar gesagt, dass ich nicht aufgeben werde. Ich habe es ihr sogar versprochen. Und nicht nur das: Ich selbst will diesen Mörder fassen. Den Unbekannten, der sein Opfer scheinbar ohne jeden Grund getötet hat.

Dieser ungeklärte Mord begleitet mich seit diesen fünfzehn Jahren. Nicht nur, weil der Kontakt zur Ehefrau des Opfers so persönlich geworden ist, sondern weil immer wieder Hinweise auftauchten. Hinweise, die manchmal äußerst vielversprechend waren, dann aber zerplatzten wie Seifenblasen. Es herrscht in diesem Fall einfach kein Stillstand, bis heute nicht. Obwohl es keinen Tatverdächtigen gibt. Das ist sehr ungewöhnlich.

Ebenso ungewöhnlich ist: Eigentlich müsste man meinen, dass das Interesse der Medien, über dieses Tötungsdelikt zu berichten, irgendwann abflauen würde. Schließlich können Journalisten nahezu jederzeit über neue Kriminalfälle berichten. Doch dieser so sinnlose Mord war über Jahre Thema in Zeitungen und im Fernsehen. Und auch die Wattenscheider Bürger haben ihn nie vergessen.

Wenn ich Kollegen von damals treffe, werde ich gefragt, ob ich den Täter mittlerweile ermittelt habe. Sie haben diesen Mord personifiziert. Mein Name ist unweigerlich verbunden mit dem Namen des damals Getöteten. Selbst Freunde und Bekannte sprechen mich weiterhin auf dieses Verbrechen an.

Dieses unfassbare Verbrechen. Begangen an einem netten vierundfünfzigjährigen Mann, der abends nur noch ein Bier trinken wollte, nachdem er sich einige Minuten vor Mitternacht von seiner Frau an der Haustür in Wattenscheid verabschiedet hatte. Beide kamen von der Versammlung einer gemeinnützigen Organisation. Immer am ersten Freitag im Monat traf man sich im Clubheim «An der Hönnebecke».

Richard T. ging zuerst zu seinem griechischen Stammlokal. Der Gastronom betrieb im Haus der Eheleute ein Restaurant. Dort trank er gern ein letztes Bier, das erzählte uns später der Wirt. Danach wollte der Opel-Angestellte noch in eine andere Kneipe, vermutlich ins «Kolpinghaus» am Wattenscheider Hellweg. Möglicherweise war es ihm in diesem seinem zweiten Stammlokal zu voll und zu laut gewesen – es hatte dort eine Feier stattgefunden –, sodass er beschloss, es zu verlassen. Eine fatale Entscheidung. Sein Weg führte ihn zur Lohackerstraße, Einmündung Beethovenweg, nur fünfhundert Meter von seinem Wohnhaus entfernt. Und genau hier traf er auf seinen Mörder. In der Nacht zum Samstag, am 3. März 1996, genau um zehn Minuten nach Mitternacht.

Die Tat wurde von einem Ehepaar beobachtet. Die beiden

hörten die Hilferufe des Opfers. Der Mann und die Frau sahen aus dem Fenster und bemerkten zwei Männer. Einer rannte in den Beethovenweg, der andere taumelte und fiel schließlich zu Boden. Das war Dagmars Mann, einer von über zwanzig Stichen hatte sein Herz getroffen. Er hatte keinerlei Überlebenschance.

Mitten in der Nacht überbrachten meine MK-Kollegen Micha und Robert der Witwe dann die Todesnachricht. Es ist nicht nur furchtbar für den Betroffenen, es ist auch die schlimmste Aufgabe eines Todesermittlers oder Mitglieds einer Mordkommission. Es haben sich schon unglaubliche Szenen bei den Angehörigen der Opfer abgespielt. Eine solche Nachricht lässt eine Familie von einer zur anderen Sekunde völlig zerbrechen. Als Kripo-Beamter kämpft man in diesen Momenten auch gegen die eigenen Emotionen. So manches Mal verliert man aber diesen Kampf und lässt seinen Gefühlen freien Lauf. Besonders dann, wenn man die Verzweiflung der kurz vor dem Zusammenbruch stehenden Ehefrau mit den Händen greifen kann. Das habe ich selbst noch bei den Vernehmungen in den Tagen danach gespürt.

Anfangs rief ich Dagmar sofort an, wenn ein aussichtsreicher Hinweis bei mir einging. Jedes Mal machte sie sich große Hoffnungen, könnte doch endlich der Mord an ihrem Mann aufgeklärt werden. Leider musste ich ihr später immer sagen, dass die Ermittlungen wieder im Sande verlaufen waren. Schließlich wollte ich ihr diese Enttäuschungen ersparen und berichtete erst im Nachhinein über unsere Arbeit.

Nach der Tat an ihrem Mann hatte ich Dagmar bestimmt zwanzigmal als Zeugin vernommen. Stundenlang haben wir zusammengesessen und die für mich wichtigen Details schriftlich festgehalten. Sämtliche Informationen über das Umfeld des Ermordeten brauchte ich, um mir ein Bild machen zu können. Um so vielleicht eine Spur zum Mörder zu finden. Irgendeine Kleinigkeit, die nicht ins Bild passte. Irgendeinen Streit, eine Meinungsverschiedenheit, irgendwas musste es doch geben. Für die Angehörigen der Familie waren das emotionale und belastende Zeiten. Denn dabei fielen auch Fragen, die man selbst Freunden gegenüber nur ungern beantworten möchte: Gab es eine andere Frau? War er Spieler? Hatte er Schulden? Gab es Streit an seinem Arbeitsplatz bei Opel? Die Fragen mussten aber sein, wir durften kein Motiv ausschließen.

Als Vernehmungsbeamter bekommt man hautnah die Gefühle der Zeugen mit. Mit den Jahren entwickelt man ein feines Gespür dafür, ob diese echt sind oder nicht. Für mich gab es keine Zweifel: Der Mord an Richard T. hatte seine Familie in ihren Grundfesten getroffen – und bis heute mit Fassungslosigkeit zurückgelassen. Natürlich haben wir in unserer Mordkommission alle Möglichkeiten in Erwägung gezogen. Ermittlungen «in alle Richtungen» sind nicht nur üblich, sondern dringend erforderlich. Bei jeder Zeugenbefragung versuchten wir festzustellen, welches Motiv der Täter gehabt haben könnte. Doch nie zeigte sich ein solches. Am Ende blieben uns nur Spekulationen. Nicht auszuschließen ist, dass die Tat von einem Psychopathen begangen worden ist.

Diese Vermutung wurde unterstützt durch die Aussage des Kriminalpsychologen Professor Adolf Gallwitz, der an der Hochschule für Polizei in Villingen-Schwenningen lehrt. Vor der Fernsehsendung *Fahndungsakte*, die am 2. November 1998 ausgestrahlt wurde, lernte ich ihn in Berlin kennen. Bereits mehrmals hatte ich wegen des ungeklärten Mordfalls mit ihm telefoniert. Kurz vor dem Beitrag im SAT.1-Studio, zu dem er auch eingeladen war, teilte er mir seine Vermutung mit. «Ich habe den Verdacht, dass der Mörder psychisch krank ist. Schon alleine die Brutalität, mit der er auf den Opel-Mitarbeiter eingestochen hat, lässt diesen Schluss zu.» Nach der Sendung diskutierten wir in einer kleinen Gaststätte bei einem Glas Bier weiter über diesen sinnlosen Mord. Es war zwar nicht zu erwarten, dass ich von ihm neue Fahndungsansätze erhielt, dafür kannte er die Umstände zu wenig. Aber das Gespräch mit dem Experten war sehr informativ.

Adolf Gallwitz erklärte mir, dass das Gewaltpotenzial bei diesem Täter derart ausgeprägt sei, dass er vermutlich weitere Straftaten begehen würde. Für ihn war klar, dass es kein geplantes Verbrechen, auch keine Beziehungstat war. Eine Zufalls- oder Kneipenbekanntschaft sei da viel wahrscheinlicher. «Das Ausrasten des Täters deutet auf Medikamenten- oder Drogenmissbrauch hin. Es muss zudem Menschen geben, die die blutverschmierte Kleidung oder das Messer kennen», betonte Gallwitz. Er deutete da bereits an, dass es nach seiner Ansicht Mitwisser geben muss, zumindest Personen, die etwas ahnen. «Der Täter hat eine aggressive kriminelle Karriere vor sich. Da wird noch mehr passieren», prophezeite er. In dem Fernsehmagazin hatte er hervorgehoben: «Wenn Bekannte des Täters aus falsch verstandener Freundschaft schweigen, machen sie sich beim nächsten Opfer zu Mittätern.» Markante Sätze, die bei mir haften geblieben sind. Leider hat sich kein möglicher Mitwisser gemeldet.

Ähnlich formulierte es Eduard Zimmermann, der berühmte Fernsehfahnder vom ZDF, als er noch moderierte. Seine Mitarbeiter von *Aktenzeichen XY … ungelöst* hatten versucht, uns bei der Suche nach dem Mörder zu helfen. Ein Jahr nach dem Verbrechen saß ich neben Eduard Zimmermann in seiner Live-Sendung. Er sagte damals in die Kamera, dass Richard T.

«lakonisch ausgedrückt, zur falschen Zeit am falschen Ort» gewesen sei. Mit anderen Worten: Es hätte genauso gut jeden anderen treffen können, der sich um zehn Minuten nach Mitternacht an diesem Ort in Bochum-Wattenscheid aufgehalten hätte.

Was er damit meinte, war klar: Ein unbescholtener Bürger wurde ohne jeden Grund Opfer eines grausamen Verbrechens. Ein unschuldiger Mann, der einem Konflikt mit hoher Wahrscheinlichkeit aus dem Wege gegangen wäre. Alle hatten Richard T. als friedfertig beschrieben. Ein Arbeitskollege von ihm sagte: «Er hätte nie Streit gesucht, er wäre einer Auseinandersetzung immer aus dem Weg gegangen.» Aber vermutlich wäre er eingeschritten, wenn er jemanden bei der Ausübung einer Straftat beobachtet hätte. Einen Autoaufbrecher zum Beispiel. Richard T. war ein Mann, der im Opel-Werk seiner Arbeit nachging und bei seinen Arbeitskollegen sehr beliebt war. Ein Vater, der sich sozial engagierte und zusammen mit seiner Frau Dagmar ein junges Mädchen als Pflegekind aufgenommen hatte. Ein Mann, der an diesem Abend nur noch ein Bier trinken wollte, nachdem er sich von seiner Frau verabschiedet hatte.

Jeden Fernsehbeitrag sprach ich mit den Angehörigen ab. Über jede zu erwartende Veröffentlichung habe ich Dagmar und meistens auch ihren Bruder Hermann informiert. Auch im Jahr 2002 war das so, als auf RTL II über *Ungeklärte Morde – dem Täter auf der Spur* berichtet werden sollte. Da wollte man, dass in den ungeklärten Fällen die jeweiligen Angehörigen in einem Interview zu Wort kommen. Dagmar und Hermann hatten das bis zu diesem Zeitpunkt abgelehnt. Doch bei dem Gedanken, dass der maßgebliche Zeuge vielleicht während dieser

Sendung den Fernseher einschaltete, entschieden sich beide mitzumachen. Dagmar selbst wollte nur schemenhaft erkennbar sein, womit der Sender einverstanden war. Aber selbst nach diesem Beitrag kam nicht der ersehnte Anruf, auf den wir seit so vielen Jahren warten.

Trotz aller Bemühungen war es nicht möglich, den entscheidenden Schritt weiterzukommen. Dabei hatten wir nichts unversucht gelassen – und zudem sehr viele Spuren vom Mörder. Unweit des Tatorts, in einer versteckt stehenden Mülltonne am Beethovenweg, hatten wir wichtige Indizien vom Täter gefunden. In dem Abfallcontainer lagen seine Jacke und das Messer, das er bei der Tat benutzt hatte. An der Klinge klebte noch das Blut vom Opfer. Das war das vermutliche Tatwerkzeug.

Diese Gegenstände wurden bei jedem Fernsehbeitrag gezeigt. Aber nie rief der richtige Zeuge an, dessen Tipp zum gesuchten Verbrecher geführt hätte. Niemand reagierte auf die hochwertige blau-grüne Jacke der Firma «Klepper». Eine Trekkingjacke mit der Aufschrift «Klepper-Aquastop», das Innenfutter hatte recht auffällige grün-blaue Längsstreifen. Sie war damals zu einem Preis von etwa 400 Mark verkauft worden. Und das nur 144-mal in ganz Deutschland. Trotzdem gelang es nicht, alle Käufer zu ermitteln.

Das Tatmesser war ein Billigprodukt aus Asien, ein sogenannter Stoßdolch, auch Verwandlungsmesser genannt. Die sehr scharfe Klinge kann in zwei Richtungen gedreht werden. Als Stoßdolch steht die Klinge dann im rechten Winkel vom Griff ab. Weiterhin fanden wir in der Mülltonne eine dunkelblaue Pudelmütze ohne Bommel und ein Paar schwarze Lederhandschuhe.

Wir sind uns sicher, dass diese Kleidungsgegenstände vom Täter getragen wurden, weil wir bei ihnen einen genetischen

Fingerabdruck fanden. Um den Täter zu überführen, wäre nur eine DNA-Untersuchung erforderlich. Doch es fehlt der Verdächtige, denn in der Gen-Datenbank des Bundeskriminalamts gibt es keinen Treffer.

Der Mordfall Richard T. ist einer von zwei Morden, die ich in meiner MK V nicht habe aufklären können. Der andere ungeklärte Fall ist der Mord an einer alten Dame, die alleine in einem Häuschen in Herne lebte. Eines Morgens lag sie tot in ihrer Küche, der Täter ist vermutlich ein Einbrecher gewesen. Vielleicht ein entfernter Bekannter, der wusste, dass die alte Dame Geld im Haus versteckt hatte. Auch wenn dies die einzigen Fälle sind, die ich in den einundzwanzig Jahren als Mitglied beziehungsweise Leiter der Mordkommission nicht habe aufdecken können, bleibt dies als ein unglaublich frustrierendes Gefühl zurück. Eine Frage quält mich besonders: Habe ich etwas übersehen? Doch ich gebe nicht auf, diese Mörder irgendwann doch noch zu ermitteln. Selbst wenn es weitere Jahre dauern wird.

Wenn ich einen Termin in Wattenscheid-Höntrop habe, fahre ich manchmal in die Lohackerstraße, zum Tatort des Messermords. Das Holzkreuz und die frischen Blumen, die an jedem Todestag davor abgelegt werden, motivieren mich immer wieder neu. Dagmar hat das Kreuz bereits kurz nach dem Mord am Tatort aufgestellt. Und sie pflegt es wie ein Grab. Hier starb ihr geliebter Mann einen sinnlosen Tod. Vielleicht meldet sich ja irgendwann beim Täter doch noch das Gewissen, und er kann mit dieser großen Schuld nicht mehr leben. Viele Täter können diese Last nicht ein Leben lang mit sich herumtragen.

Als sich Dagmar nach unserem Treffen im «Glas-Café» von

mir verabschiedet, denke ich daran, wie sie einmal leise und mit traurigem Blick sagte: «Ich möchte dem Täter in die Augen sehen. Ich finde einfach keine Ruhe, bis der Mörder gefasst ist.» Genau das will ich auch. Auch ich will ihn ansehen und ihn fragen: «Warum musste dieser Mann sterben?»

MIX
Papier aus verantwortungsvollen Quellen
FSC® C019821
FSC
www.fsc.org

Das für dieses Buch verwendete FSC®-zertifizierte Papier
Lux Cream liefert Stora Enso, Finnland.